本书出版得到广西科技大学学术专著出版基金、广西科技大学博士基金项目、
广西高校人文社会科学重点研究基地基金的资助

经济管理学术文库 • 管理类

印度尼西亚产业结构演变研究

Research on Evolution of Indonesia’s Industrial Structure

卢泽回／著

图书在版编目（CIP）数据

印度尼西亚产业结构演变研究/卢泽回著.—北京：经济管理出版社，2018.8
ISBN 978-7-5096-5849-9

Ⅰ.①印… Ⅱ.①卢… Ⅲ.①产业结构—研究—印度尼西亚 Ⅳ.①F269.342

中国版本图书馆 CIP 数据核字(2018)第 141051 号

组稿编辑：曹 靖
责任编辑：任爱清
责任印制：黄章平
责任校对：陈 颖

出版发行：经济管理出版社
（北京市海淀区北蜂窝 8 号中雅大厦 A 座 11 层 100038）
网 址：www.E-mp.com.cn
电 话：（010）51915602
印 刷：北京玺诚印务有限公司
经 销：新华书店
开 本：720mm×1000mm/16
印 张：13.25
字 数：223 千字
版 次：2018 年 10 月第 1 版 2018 年 10 月第 1 次印刷
书 号：ISBN 978-7-5096-5849-9
定 价：68.00 元

前　　言

目前学术界关于产业结构演变的论述颇多，但其研究对象普遍以发达国家为主。在发展中国家中，印度尼西亚是较早推行工业化的国家。20 世纪 80 年代中期，印度尼西亚由进口替代向出口战略转型成功后，其工业化进程加速推进，中途因东南亚金融危机而受阻产业结构经济恢复重回正轨，但近年来制造业发展缓慢导致印度尼西亚“去工业化”现象和中等收入陷阱问题的出现。这些现象令印度尼西亚产业结构发生了显著变化，具有鲜明特色，逐渐成为学术界关于发展中国家产业结构演变研究领域的典型案例。

本书在借鉴多种学科前沿研究成果基础上，运用实证与规范、定性与定量相结合的方法对之进行全面系统的研究，考察其整体及内部结构演变的一般性和特殊性、存在的问题、动力机制等内容，是一个全新的视角，有助于丰富这一领域的研究。全书共分为八章。第一章，绪论。主要介绍本书的研究主题、国内外文献以及研究方法和框架。第二章，阐述产业结构演变相关理论。包括基本规律、衡量标准、动力机制。第三章，对印度尼西亚产业结构演变进行总体分析。从产值结构、就业结构、偏离度三个方面概述其特征，并跟中美两国进行了比较，在此基础上对之进行评价。第四章至第六章，对印度尼西亚三次产业内部结构进行具体分析。目前，印度尼西亚农业由单一种植制向大农业体系转变，种植业趋向多元化发展，林、牧、渔业越发受到政府重视。化肥使用量、农机使用量、灌溉设施数量、作物单位产量等指标的持续上升表明印度尼西亚农业正由传统阶段向现代化阶段过渡。制造业和矿业在印度尼西亚的工业中占绝对主导地位，是工业内部结构演变的主线，电力、气、水供应业和建筑业发展相对滞后。制造业内部虽然出现了高级化趋势，但传统制造业占主导、新兴制造业发展缓慢的格局短期内仍难以改变。此外，目前印度尼西亚工业化进程处于霍夫曼法则第三阶段。印度尼西亚交通运输业、金融业、旅游业等主要服务业部门发展较快，但整体水平仍然较低；服务业内部各行业产值比重由显著变化转为相对稳定；服务业内部就业结构向传统服务业部门倾斜。第七章，对印度尼西亚产业结构演变的影响因素进行分析，包括国内需求、国际贸易、FDI、技术进步等视角，除定性分析之外，印度尼西亚在开放经济条件下还分别对货物贸易、服务贸易、FDI与产业结构演变的互动关系进行实证检验。第八章，对本书主要结论进行总结，并提出几点促进我国产业结构调整与升级的建议。

总结与借鉴印度尼西亚产业结构演变的经验与教训是本书的最终落脚点。通过深入研究，本书认为，印度尼西亚产业结构演变过程总体上与发达国家工业化进程所表现出来的规律相似，同时呈现出特殊性，因此印度尼西亚产业结构演变趋向合理与升级的同时仍存在许多不协调之处，导致印度尼西亚产业结构整体水平在国际比较中处于较低层次。由于我国与印度尼西亚同属发展中国家，在工业化战略推进过程中有着共同的发展目标，两国在产业结构调整与升级方面都有许多相似的难题，因此印度尼西亚产业结构演变为我国促进产业结构调整和升级提供了多方面启示。本书认为，我国既要借鉴印度尼西亚的成功经验，同时又要吸取教训，妥善处理好产业结构合理化与高级化问题，从多方面着手促进我国产业结构升级，包括产业政策制定、加强同发达国家产业互动、优化国际贸易结构和外资产业分布格局及技术进步，从而更好地推动我国经济发展。

目　录

第一章　绪论

产业结构演变是产业经济学的重要内容，是产业经济学中的热点研究领域。过往研究多以发达国家为研究对象，对印度尼西亚这样的发展中国家的研究相对缺乏。自推行工业化战略以来，印度尼西亚的经济建设取得了巨大成就，使得印度尼西亚成为了新兴工业化国家，其经济的崛起备受世界瞩目。在印度尼西亚经济向前发展的同时，其产业结构也发生了巨大的变化。受自身要素的约束及众多国际因素的影响，印度尼西亚产业结构演变颇具特色，演变历程在发展中国家中也具有一定的代表性，下面就印度尼西亚产业结构演变作为本书研究的主题展开论述。

第一节　问题的提出

自全球金融危机以来，面对复杂多变的国际经济环境，印度尼西亚经济仍然保持快速增长的趋势，成为全球少数经济增长亮点之一。据众多学者研究，印度尼西亚最有可能成为继中国、俄罗斯、印度、巴西、南非之后的又一个金砖国家。印度尼西亚经济发展取得了令人瞩目的成就，目前印度尼西亚已成为东盟最大的经济体和世界第十六大经济体，然而其经济建设历程却充满了曲折。

1945 年 8 月，印度尼西亚结束荷兰殖民统治取得民族独立，由于独立初期受到荷兰殖民者卷土重来和国内分裂势力、政权频繁更迭等负面因素干扰，因此印度尼西亚政府在很长一段时间内无法集中精力进行经济建设。直到 1950 年印度尼西亚共和国成立以后，印度尼西亚国民经济建设才开始起步。面对纷繁复杂多变的国内外环境，到 1965 年苏加诺执政结束之际，印度尼西亚仍是一个贫穷落后的农业国。1965 年苏哈托上台执政，印度尼西亚政府主动改善与西方发达国家之间的外交关系，积极利用外资发展国民经济，先后推行了进口替代工业化战略和面向出口工业化战略，到 1994 年，第一个 25 年长远发展规划顺利完成之际，印度尼西亚经济建设取得了显著的成绩，当时印度尼西亚与亚洲“四小龙”（韩国、中国台湾、中国香港、新加坡）以及马来西亚、菲律宾、泰国等东盟国家的经济快速发展现象被世界银行称为“东亚奇迹”。1997 年始于泰国的东南亚金融危机爆发，印度尼西亚在这次危机中受到的冲击最大，金融、房地产、制造业等经济支柱产业大幅衰退，导致印度尼西亚国民经济在 1998 年出现负增长，人均 GDP 降至 1987 年水平，经济发展水平可谓一落千丈，因此学者称东南亚金融危机使印度尼西亚经济发展倒退了 10 年。在这次金融危机中，除了经济受到极大的破坏之外，印度尼西亚社会、政治也出现了动荡，导致执政长达 30 年之久的苏哈托政权结束。1998 ~ 2003 年印度尼西亚政坛经历了哈比比、瓦希德、梅加瓦蒂三位总统执政，这期间印度尼西亚政府采取了许多积极谨慎的宏观经济措施整顿经济秩序，使得印度尼西亚经济得到一定恢复，到 2004 年苏西洛上台之际，印度尼西亚经济已逐步从谷底走出，并保持持续较快地增长。2005 年苏西洛上台执政以后，印度尼西亚国民经济建设进入了第二次快速增长时期。印度尼西亚政府制订了 2011 ~ 2025 年中期建设计划，印度尼西亚政府将构建全国六大经济走廊、加大基础设施建设和人才培养力度，努力消除区域之间的经济发展不平衡，提升产业国际竞争力，争取 2025 年前后进入世界工业强国行列。

印度尼西亚经济的崛起引起了学术界的广泛关注，学者从不同视角对其发展历程与前景进行了探讨，例如工业化战略、公共政策、经济全球化、区域经济一体化等。本书在前人研究的基础上，结合经济学领域相关理论，从产业结构演变视角出发对印度尼西亚经济发展历程进行研究，以期展现印度尼西亚经济发展和产业结构演变的整体脉络。产业结构演变主要包括产业结构演变规律、产业结构调整与升级、产业政策、动力机制等方面内容，已经形成相对独立、完整的理论体系，这些为本书的研究提供了良好的理论基础。产业结构演变研究领域，过往研究多以美国、日本、欧盟等发达国家和地区为研究对象。近年来，以中国、印度等发展中国家为对象的研究也有了一定数量的成果，然而像印度尼西亚这样正在崛起的发展中国家，其研究成果还不多。作为东盟创始成员国和二十国集团成员国，印度尼西亚的国际地位在不断提升，其产业结构演变在发展中国家工业化进程中具有典型性和可借鉴性。纵观整个工业化进程，印度尼西亚非常积极地参与经济全球化和区域经济一体化建设，经济开放度较大，其产业结构演变受国际因素影响程度较深，这些都是在开放经济条件下推进产业结构演变的动力因素，因此探讨它们对印度尼西亚产业结构演变的影响机制有着必要性。

我国和印度尼西亚同是发展中国家，都处于工业化发展阶段，随着两国战略伙伴关系和中国—东盟自由贸易区的建立，双方经济合作关系不断加深，双边贸易往来、对外直接投资规模进一步扩大，并且在世界经济由总量进入结构调整时代背景下，两国共同面临着产业结构调整和升级的问题。因此，非常有必要借鉴和吸收当代各国产业结构研究理论对印度尼西亚产业结构整体和内部结构演变特征、存在问题、动力机制以及印度尼西亚政府在促进产业结构调整升级的举措等方面进行系统研究，从而更好地为我国产业结构调整与升级提供相关参考和有益借鉴。

第二节　研究目的和意义

研究的目的在于揭示事物发展的本质规律，从而为实践活动提供理论指导。配第、克拉克、库兹涅茨等学者率先对发达国家工业化进程中产业结构演变规律进行了研究，结果表明：发达国家在工业化过程中三次产业产值比重和就业比重按照一定的次序进行变更，并且这种变更特征具有一般性。然而，由于自身条件和面临的外部条件不同，不同国家或地区的产业结构演变有可能呈现出特殊性。印度尼西亚作为发展中国家和战后推行工业化战略的典型代表，其产业结构演变内容非常丰富，包括三次产业产值结构和就业结构演变、农业内部结构转型、工业化战略调整、去工业化现象的出现、外资利用、国际贸易结构转型、产业政策扶持等。有鉴于此，本书利用现有的理论对以上内容展开系统研究，期望能够对这些现象进行深入的研究，进一步挖掘现象背后的动因。

1. 本书的研究目的

（1）探讨印度尼西亚产业结构整体演变的一般性和特殊性；

（2）探讨印度尼西亚三次产业内部结构演变特征及存在的相关问题；

（3）探讨印度尼西亚产业结构演变的动力机制；

（4）总结印度尼西亚产业结构演变的经验与教训，为我国产业结构调整和升级提供借鉴、参考。

2. 本书研究的意义

（1）理论意义。印度尼西亚作为东南亚地区不容忽视的区域性大国，其经济发展历程在发展中国家中具有典型性，在一定程度上代表了“二战”后东南亚国家推行工业化战略所走过的轨迹。然而，国内外学术界对印度尼西亚经济的研究相对缺乏，针对印度尼西亚产业结构的系统性研究成果更是少之又少。在产业结构演变为应用经济学研究领域热门课题的背景下，本书把印度尼西亚作为案例展开研究，一方面可以检验传统产业结构演变理论的正确性和指导经济建设的适用性，另一方面也可以丰富产业经济学理论研究领域内容。

（2）现实意义。作为东南亚地区最具影响力的国家以及我国全面战略合作伙伴之一，在经济全球化和区域经济一体化蓬勃发展的背景下，印度尼西亚同我国的经贸关系往来不断加深，尤其在“一带一路”合作框架下，双方经济关系在将来还会进一步深入发展，因此对印度尼西亚产业结构演变进行研究的根本落脚点在于为我国国内经济发展和国际产能合作提供相关参考，通过考察印度尼西亚产业结构演变特征、存在的问题及动力机制，总结其中的经验与教训，从而为我国产业结构调整和升级提供决策建议。另外，当前我国国内还没有专门针对印度尼西亚产业结构演变的系统研究成果，本书的探讨有助于弥补这一空白，希望能够为后来的研究提供一些有益的参考，进一步丰富我国学术界研究东盟国家的相关领域。

第三节 相关文献综述

印度尼西亚作为东南亚地区重要的国家，其经济发展历程跌宕起伏，长期以来受到国内外学者广泛关注。从整个东南亚地区对比来看，印度尼西亚是战后较早推行工业化战略的国家，其产业结构演变历程在发展中国家中具有代表性，国内外学者对其演变特征、动力机制、部分主要行业内部结构演变进行了研究。总而言之，学术界对印度尼西亚经济领域进行研究的成果非常丰富，因此，在众多研究成果当中，本书将重点阐述与印度尼西亚产业结构演变有密切关系的代表性文献，并分析当前的研究现状，提出有待进一步研究的主要问题。

一、国内研究现状

自20世纪80年代起，我国同印度尼西亚的外交关系逐步改善和深化，印度尼西亚经济发展及产业结构转型开始引起我国相关研究领域学者的关注，当时已经陆续有学者开始翻译这方面的外文文献。进入21世纪初，随着中国—东盟自由贸易区的提出，伴随着对东盟的关注，国内学术界对印度尼西亚的研究热度也不断升温。自2010年以来，随着中国、印度尼西亚两国建立战略合作伙伴关系和中国—东盟自由贸易区的建成以及印度尼西亚经济的迅速崛起，国内学术界已经形成一批专门研究东盟或印度尼西亚国家经济的学术机构和学者，我国对印度尼西亚的研究成果主要集中在这批学者当中。从数量上来看，国内学术界对印度尼西亚经济领域的研究成果相对丰富，在产业结构演变领域也有一定的成果，但这方面的论述分散于各种综合性著作和文献当中。

（一）把东盟某几个国家作为整体研究对象，有关印度尼西亚产业结构调整的研究

赵文骝、吴崇伯对亚太地区主要国家（包括日本、亚洲“四小龙”、东盟四国）的产业结构变化及外资的推动作用进行了研究。作者对东盟四国（印度尼西亚、马来西亚、菲律宾、泰国）产业结构演变特征进行了深入分析，并重点阐

述20世纪80年代中期以来东盟四国产业结构调整动因、绩效及经济发展趋势。有关东盟四国产值结构演变的结论有：第一，农业产值比重不断下降，农业已成为三大产业中产值最小的部门；第二，工业产值比重迅速提升，尤其是制造业；第三，服务业产值比重相应提高，成为最大产业部门。此外，作者从FDI流入规模和产业分布两个角度分析外资对东盟四国产业结构演变的推动作用，并提出外资存在两重性的观点。①

王勤对20世纪80年代中期以来东盟国家吸收外商直接投资热潮及产业结构调整进行了研究，重点阐述外商直接投资热潮形成的原因以及外资对东盟国家制造业部门的影响。作者认为“广场协议”签订后日元升值、日本及亚洲“四小龙”国内经济转型、东盟四国实行开放性政策等因素共同引发了外资大量涌入东盟国家，在这种背景下，外资通过直接设厂和生产工序转移、出口带动、劳动力就业、技术转让等途径促进了东盟四国产业结构调整。②

汪斌对东南亚金融危机前日本、亚洲“四小龙”和东盟四国工业化进程中产业结构演变进行了深入研究，涉及印度尼西亚的内容比较丰富。首先，作者对印度尼西亚工业化战略转型原因、特色以及相应政策进行了分析，重点探讨了印度尼西亚产业结构演变规律及存在的问题。其次，印度尼西亚农业产值比重稳步下降，但农业在国民经济中仍占有重要地位；工业部门中矿业占很大比重，制造业发展速度较快；在服务业部门中，传统部门仍占主导地位；工业部门吸收农业部门转移出来的剩余劳动力有限，大部分剩余劳动力在农业和服务业之间转移。最后，作者以霍夫曼系数为视角对印度尼西亚工业化阶段进行了界定，结果表明1990年印度尼西亚处于霍夫曼工业化第三阶段中后期。③

沈红芳对东亚主要发展中经济体发展模式进行了比较研究，对1960～1998年东盟三国（印度尼西亚、马来西亚、泰国）三次产业产值结构和就业结构演变进行了分析。作者指出，20世纪80年代中期外商直接投资主要流入资本密集型和技术密集型制造业，这些产业对农村剩余劳动力吸收能力有限，导致工业产值比重与就业比重不匹配，以至于印度尼西亚三次产业就业结构与产值结构变动

① 赵文骝，吴崇伯．亚太地区产业结构变化与外资的作用［M］．厦门：厦门大学出版社，1992.

② 王勤．东盟国家的外资投资热潮与产业结构调整［J］．科技导报，1992（4）．

③ 汪斌．东亚工业化浪潮中的产业结构研究［M］．杭州：杭州大学出版社，1997.

不一致。[①]

王勤对东盟五国（印度尼西亚、马来西亚、菲律宾、新加坡、泰国）三次产业产值结构和就业结构演变进行了研究，其中，对印度尼西亚产业结构演变的特征和动因进行了较为详细的分析。作者对印度尼西亚产业结构演变分析指出：农业产值比重迅速下降，工业（制造业）产值比重上升较快，农业劳动力在产业间转移相对滞后。最后，作者从社会需求结构、资源供给结构和国际市场需求三个角度分析了东盟五国产业结构演变的动因。[②③]

苏颖宏从企业市场行为角度研究产业结构变动机理。首先，作者假设企业追求利润最大化，根据利润等于总收益减去总成本公式，构建了一个包括价格、需求量、技术成本、要素成本、政策法律制度成本等变量在内的产业结构变动促进模型；其次，在此基础上对东盟四国（印度尼西亚、马来西亚、菲律宾、泰国）产业结构变动进行微观层面解释；最后，从外资促进、价格促进、政策促进和收入促进等角度阐述东盟四国产业结构变动的机制。[④]

陈文慧以产业结构相似度、变动速度和产品出口结构相似度为指标，对我国和东盟国家在产业结构、资源禀赋方面的相似性、趋同性和竞争性进行了研究，结果表明我国和印度尼西亚产业结构相似系数在 2004 年达到了 0.98，属于高度相似。[⑤]

姜文辉以国际贸易为视角对东盟五国（印度尼西亚、马来西亚、新加坡、菲律宾、泰国）产业结构演变进行了研究。与印度尼西亚相关的内容有两个方面：①1960 ~ 2009 年印度尼西亚农业、工业、服务业占 GDP 比重由原来的 54%、14%、32%变为 15%、48%、37%；②国际贸易因素促进了印度尼西亚产业结构升级，进口推动与出口拉动加快了印度尼西亚工业化进程，从而推动产业结构不断升级。作者最终总结指出，东盟五国产业结构演变存在的共同问题为：工业部门中新兴制造业有所发展，但传统制造业还占较大比重，制造业产品附加值和技

① 沈红芳．东亚经济发展模式比较研究［M］．厦门：厦门大学出版社，2002.

② 王勤．东盟五国产业结构的演变及其国际比较［J］．东南亚研究，2006（6）．

③ 王勤．东盟国际竞争力研究［M］．北京：中国经济出版社，2007.

④ 苏颖宏．东盟产业结构变动的微观机制［J］．东南亚纵横，2008（6）．

⑤ 陈文慧．中国与东盟国家产业结构现状分析［J］．东南亚纵横，2009（11）．

术含量较低；服务业部门中现代服务业发展相对落后。①

姜文辉对东盟五国产业结构演变的整体特征进行了研究，结果表明东盟五国三次产业就业结构与产值结构演变表现出显著的不平衡性，前者相对滞后，劳动力主要在农业和服务业之间转移。作者还从外商直接投资、货物贸易、服务贸易、国际技术转移与外溢等开放性视角探讨东盟五国产业结构演变的内在动因，并对外商直接投资、国际贸易进出口结构与产业结构演变互动关系进行了实证分析，包括协整关系、格兰杰因果关系及脉冲响应关系检验。②

（二）单独以印度尼西亚为研究对象，有关印度尼西亚产业结构调整的研究

李慧中对20世纪80年代印度尼西亚调整经济结构的动因进行了研究。作者认为，20世纪80年代国际石油价格下跌导致印度尼西亚政府通过原油出口为进口替代工业获取资金的计划难以为继，因此印度尼西亚政府决心扭转长期以来过分依赖石油的单一经济格局，大力发展非油气部门产业，尤其是制造业。③

尹翔硕对20世纪80年代中期以来印度尼西亚贸易结构调整的成因和绩效进行了分析。作者认为，国际油价的巨大波动是印度尼西亚调整贸易结构的主要因素，印度尼西亚政府在调整贸易结构方面取得了明显效果：一是改善了油气初级产品独大的畸形出口结构，使得非石油产品和制成品出口比重大幅上升；二是出口贸易额逐步回升，国际收支状况逐步改善。作者还指出，贸易结构调整是印度尼西亚进行经济改革和实行外向型经济发展战略的重要组成部分，它的成功推动了印度尼西亚经济发展战略的全面实现。④

汤平山对苏哈托执政时期印度尼西亚经济整体发展和国民经济主要部门进行了研究，包括广义农业（包括农、林、牧、渔）、矿业、制造业、交通运输、金融、旅游等部门，其中对广义农业、制造业、交通运输业的分析较为详尽。汤平山是国内最早以专著形式对印度尼西亚三次产业内部结构进行研究的学者。⑤

吴崇伯对印度尼西亚当代经济发展进行了全面系统的研究。作者于20世纪

① 姜文辉．浅析东盟五国的对外贸易与产业结构演进［J］．东南亚纵横，2011（2）．

② 姜文辉．开放经济条件下东盟五国产业结构研究［M］．北京：中国经济出版社，2013.

③ 李慧中．印尼调整经济结构的原因与措施［J］．世界经济文汇，1989（4）．

④ 尹翔硕．印尼调整贸易结构促进经济发展［J］．东南亚研究，1990（3）．

⑤ 汤平山．发展中的印度尼西亚经济［M］．厦门：鹭江出版社，1995.

90年代初开始对印度尼西亚经济进行跟踪研究，并多次到印度尼西亚进行实地考察和学术访问，掌握了很多翔实的第一手资料，对印度尼西亚农林渔业、矿业、油气产业、纺织服装业、汽车制造业、钢铁制造业等行业进行了深入剖析，涉及各个行业发展现状、相关产业政策、存在的主要问题等方面。此外，作者以印度尼西亚独立以来任职总统为标准对印度尼西亚经济发展进行了分阶段研究，包括苏哈托执政时期经济、梅加瓦蒂执政时期经济、苏西洛执政时期经济，清晰地展现了印度尼西亚经济结构整体演变的脉络。①

李鸿阶对印度尼西亚经济转型特征和三次产业产值比重变化趋势进行了阐述。作者认为，2001～2009年印度尼西亚工业（制造业）产值比重快速提升，经济增长动力已由农业转向工业和服务业，三次产业结构呈现出不断优化的局面。另外，作者分析了印度尼西亚经济转型面临的不利因素：基础设施建设滞后；经济增长拉力较弱，持续发展后劲不足；社会存在不稳定因素；区域经济发展不平衡。②

（三）国内研究现状小结

由以上分析可以看出，国内研究现状主要有以下四方面特点：

第一，研究对象群体性。国内对印度尼西亚产业结构演变的研究成果多见于经济领域各种综合性著作和文献里面，且由于东盟国家经济发展初始条件和进程存在很多共性特征，因此学者常将印度尼西亚和其他具有相似特征的东盟国家作为一个整体进行研究，以至于专门针对印度尼西亚产业结构演变的系统性研究成果非常少。

第二，研究时期分段性。自战后独立以来，受国内环境及各种全球性经济事件的影响，印度尼西亚工业化战略经历了不同的阶段，经济发展过程呈现出很明显的阶段性特征。针对这种情况，国内学者结合当时的经济现实对印度尼西亚不同时期的经济结构调整进行了研究，例如，20世纪80年代中期印度尼西亚经济结构调整、东南亚金融危机以来印度尼西亚经济结构调整，然而自苏加诺执政以来印度尼西亚经济结构和产业结构调整的系统性研究还相对缺乏。

---

① 吴崇伯. 当代印度尼西亚经济研究［M］. 厦门：厦门大学出版社，2011.

② 李鸿阶. 印尼经济转型及其与中国经贸合作前景［J］. 亚太经济，2011（5）.

第三，研究成果宏观性。我国国内学术界主要对印度尼西亚三次产业整体宏观结构演变进行了研究，包括三次产业的产值结构、就业结构和两者的偏离度，从而揭示印度尼西亚产业结构演变的主要特征，然而，深入分析印度尼西亚三次产业内部微观结构演变的成果仍相对较少。此外，研究的宏观性还体现在印度尼西亚产业结构演变动力机制方面，国际贸易、FDI 等因素对产业结构演变的影响还需进一步深入分析。

第四，研究指标典型性。目前国内学术界主要运用常用的指标对印度尼西亚产业结构演变进行研究，例如三次产业产值比重、就业比重、产业结构变动速度等，这些指标可以较好地对产业结构演变特征进行定性刻画和定量衡量，但我们还可以进一步拓宽研究的视角和方法，例如实证分析。

二、国外研究现状

对印度尼西亚经济领域进行研究的国外学者主要来自印度尼西亚本国以及日本、新加坡、澳大利亚等国家。现有的国外文献资料包括国内学者翻译的外文文献和未翻译的原始外文文献，从搜集到的资料来看，由于针对印度尼西亚经济结构演变的研究成果比较分散，数量还不多，因此，目前专门针对印度尼西亚产业结构演变的系统性研究成果相对更少。

（一）相关文献梳理

日本学者小滨裕久对 1965～1985 年印度尼西亚三次产业产值结构和就业结构变化趋势进行了研究。通过比较不同时期印度尼西亚三次产业产值比重和就业比重数值，小滨裕久认为，1965～1985 年印度尼西亚农业产值比重迅速下降，但农业就业比重却仍高达 50% 以上，这表明印度尼西亚农业部门劳动力转移存在相对滞后现象。①

澳大利亚学者哈尔·希尔针对苏哈托政权在国际石油价格下跌时期面临国际收支和国内财政收入双重缩减背景下对印度尼西亚经济结构作出的宏微观调整进行了研究。作者认为，国际石油价格下跌导致印度尼西亚贸易条件恶化，这严重影响了印度尼西亚原有的以初级产品为主的出口结构、财政收入和经济增长，以

① ［日］小滨裕久．印尼的经济结构调整［J］．东南亚研究，1988（4）．

至于印度尼西亚政府不得不对经济结构进行调整，转而推行面向出口工业化战略，因此国际石油价格下跌是20世纪80年代印度尼西亚经济结构调整的主要因素。①

印度尼西亚学者阿里·沃德哈纳对20世纪80年代中期国际原油价格暴跌导致印度尼西亚经济结构调整的逻辑进行了分析。作者认为，当时印度尼西亚政府发展非石化产业和放松经济管制是必然的，由于原油价格暴跌充分显露了过度依靠原油出口给经济带来的巨大风险，因此印度尼西亚政府扭转这种不利的单一出口局面也是必然的，采取鼓励非石化部门发展，结果表明印度尼西亚政府转向鼓励非石化产品生产和出口取得了重大成功。②

新加坡学者斯亚里尔对国际原油价格下跌与印度尼西亚经济结构调整的关系进行了研究。作者认为20世纪80年代初原油价格下跌迫使印度尼西亚将其经济结构调整得更加多元化、平衡化，并以实际数据充分验证了1983～1988年印度尼西亚非油气部门比油气部门增长更快的结论。此外，作者还探讨了印度尼西亚政府实行经济自由化政策对经济结构转变的影响。③

日本贸易振兴会对东盟国家经济结构演变进行了研究，其中印度尼西亚经济结构演变表现出以下两点特征：①工业产值比重上升很快，但农业产值比重仍然偏高；②劳动力就业结构变化比较缓慢，1989年农业就业比重仍高达53%，将近20年仅减少10个百分点，制造业就业比重仅为8.4%，服务业就业比重为33%。④

Asicahyono和Kelly Bird对印度尼西亚20世纪80年代中期产业结构演变和经济政策自由化的关系进行了研究，作者通过评估经济政策改革对卖家集聚、所有权归属、企业规模大小分布、厂商空间构成的影响，以及比较改革前后全要素生产率的变化，最后得出结论：经济政策自由化并不像自由主义学派宣扬的那样高

① ［澳大利亚］哈尔·希尔．石油繁荣期以后的印尼经济结构调整［J］．新加坡东南亚事务，1988.

② ［印度尼西亚］阿里·沃德哈纳．印尼的结构调整：出口和“高成本”经济［J］．印尼季刊，1989（3）．

③ ［新加坡］斯亚里尔．1990年东南亚事务［M］．新加坡东南亚研究所，1990.

④ 日本贸易振兴会．东盟国家的经济结构变化［M］．1991.

效，实际上它对印度尼西亚产业结构变化的影响程度有限。①

Hal Hill 首先探讨了工业化政策、外商直接投资、技术创新等因素对印度尼西亚产业结构调整的促进作用，其次深入研究了印度尼西亚纺织服装业和航天航空业的现状、前景及面临的主要问题，最后分析了中小企业在印度尼西亚工业化中所起的提速作用。②

Se Hark Park 以东盟五国为研究对象，利用 1975 年和 1985 年的产业投入产出表，首次对东盟五国制造业和服务业的互动作用进行了研究，并通过计算依赖度的方法考察了制造业和服务业之间的联系。③

Fredirk Sjoholm 对印度尼西亚产业结构演变中 FDI 的作用进行了初步研究。作者利用 1991 年印度尼西亚中央统计局工业调查搜集到的 16494 家企业数据，以国际工业分类标准为依据将这些企业划分为 329 个子行业，然后运用面板数据处理方法分析了 FDI 产业内溢出效应，揭示了外资对跨国公司子公司和东道国本地企业发展都有积极的促进作用。④

Hal Hill 对 1966 年以来印度尼西亚经济结构调整、农业现代化转型、工业化战略调整、服务业结构演变等内容进行了深入研究，结果表明：在 1966 ~ 1992 年，印度尼西亚农业产值比重迅速下降，工业和服务业产值比重不断上升，尤其是工业部门。⑤

Garrick、Blalock 和 Paul Gertler 等人以印度尼西亚制造业企业为研究对象，利用 1988 ~ 1996 年的面板数据对 FDI 溢出效应进行实证分析，结果表明：FDI 存在正的溢出效应，并对本地企业提升竞争力和改善经济福利均带来积极的影响。⑥

Jojo Jacob 分析了印度尼西亚制造业增长率的动态变化，认为进出口贸易以

---

① Asicahyono，Kelly Bird. What Happens to Industrial Structure When Countries Liberalise? Indonesia Since the Mid 1980s，the Journal of Development Studies Volume 32，Issue 3，1996.

② Hal Hill. Indonesia's Industrial Transformation，Institute of Southeast Asian Studies，1997.

③ Se Hark Park. Industrial Development and Environmental Degradation，Elgar：Edward Publishing，Inc，1998.

④ Fredirk Sjoholm. Technology Gap，Competition and Spillovers form Foreign Direct Investment：Evidence from Establishment Data，Journal of Development Studies，1999（36）.

⑤ Hal Hill. The Indonesian Economy（Second Edition），Cambridge University Press，2000.

⑥ Garrick，Blalock，Paul Gertler. Technology Diffusiion，Competition，and Welfare Gains from Foreign Direct Investment，Working Paper，Cornell University and University of California，Berkeley，2003.

及 FDI 流入产生的技术外溢效应有利于印度尼西亚制造业生产率增长。①

Abdul Khaliq 以非常详细的部门数据为基础，对 1997 ~2006 年期间 FDI 流入对印度尼西亚经济增长的影响进行了研究，得出结论：FDI 对印度尼西亚经济整体增长有比较显著的正溢出效应，但 FDI 对各部门的溢出效应不是很显著，尤其矿业和采掘业部门的溢出效应为负值。②

Fajar Bambang 对东南亚金融危机以来印度尼西亚三次产业产值比重变化进行了研究，结果表明印度尼西亚产业结构演变与钱纳里 1975 年提出的模式相一致。此外，作者运用相关系数和格兰杰因果关系检验对印度尼西亚三次产业产值与 GDP 的关系进行了实证研究，结果显示：农业、工业、服务业产值与 GDP 的相关系数分别为 0.6413、0.9875、0.9918；农业、工业产值与 GDP 均存在双向格兰杰因果关系，服务业产值与 GDP 存在单向 GDP 关系，即服务业是 GDP 的格兰杰原因，而 GDP 不是服务业的格兰杰原因。③

Agus Gunawan 对印度尼西亚成衣制造业进行研究，分析了该行业在过去 10 多年对印度尼西亚经济发展的推动作用、变化趋势以及当前面临的挑战。作者指出，中国、印度、越南等国家的同类产品竞争以及行业内部管理能力落后共同导致了印度尼西亚成衣制造业进出口结构发生了变化，印度尼西亚原是世界成衣制造领跑者，现在却每年从中国等国家大幅进口成衣。④

Enrique Blanco Armas 对印度尼西亚农业公共支出与增长的关系进行了研究，结果表明：1976 ~2006 年，农业科研、灌溉设施、公路基础设施等公共支出对农业增长有正面影响，化肥补贴则结果相反，这种综合效应从某种程度上解释了为什么过去 10 余年印度尼西亚农业大量的公共支出并没有带来与之相称产出的

---

① Jojo Jacob. International Technology Spillovers and Manufacturing Performance in Indonesia, Working Paper, Technische University Eindhover, 2006.

② Abdul Khaliq. Foreign Direct Investment and Economic Growth: Empirical Evidence from Sectoral Data in Indonesia, http: //www. economics. Hawaii, 2007.

③ Fajar Bambang. The Pattern of Growth in Indonesia after the Economic Crisis 1997/1998: Does the Primary Sector Still Need to Support Economic Growth? CSIS Working Papers, NO. 104.

④ Agus Gunawan. Increasing the managerial capabilities in Indonesian garment manufacturing. Int. J, Economic Policy in Emerging Economies, Vol. 3, No. 4, 2010.

现象。①

Victor Duggan 以全要素生产率和 OECD 外商直接投资监管限制指数为基础，结合印度尼西亚投入产出表中有关制造业服务投入强度指数，对 1997～2009 年印度尼西亚服务业部门实行 FDI 宽松政策对制造业产出效率的影响进行了实证研究，结果表明：服务业部门实行 FDI 宽松政策有助于提升自身的产出效率；对提升制造业全要素生产率贡献度达到 8%；交通运输业与电力、气、水供应业的关系比较显著。②

Roehlano Briones 对包括印度尼西亚在内的亚洲发展中国家农业发展及结构演变进行了研究。作者认为：相对产值比重，农业就业比重下降相对缓慢；农业在一定程度上从传统模式向高附加值产品模式转型；新兴工业化经济体将继续推行兼顾农业发展的工业化战略。作者还指出，亚洲农业发展面临着资源耗损大、环境压力、市场不稳定等不利因素，并提出利用技术突破和全球价值链等途径加以解决。③

（二）国外研究现状小结

综上所述，国外研究现状主要有如下几方面特点：第一，学者除了从宏观上对印度尼西亚经济结构调整和三次产业结构演变进行研究之外，也十分重视从微观角度出发研究印度尼西亚产业内部结构的演变，例如农业部门的演变。第二，学者除了对各部门结构演变进行专门研究之外，还对部门之间的联动作用进行研究，例如服务业与制造业之间的联动关系。第三，在产业结构演变动力机制中，学者主要集中研究 FDI 对产业结构演变的影响，对国际贸易、技术进步等因素的研究相对缺乏。第四，在研究方法上，学者除了运用经典指标进行描述性统计外，同时重视运用计量经济学方法对研究问题进行量化实证分析，包括时间序列数据和面板数据处理方法。

---

① Enrique Blanco Armas，Camilo Gomez Osorio. Agriculture Public Spending and Growth in Indonesia，The World Bank Policy Research Working Paper，NO. 5977，February 2012.

② Victor Duggan. Service Sector Reform and Manufacturing Productivity Evidence from Indonesia，the World Bank Policy Research Working Paper，NO. 6349，January 2013.

③ Roehlano Briones，Jesus Felipe. Agriculture and Structural Transformation in Developing Asia：Review and Outlook，ADB Economics Working Paper Series，NO. 363，March 2013.

三、有待进一步研究的主要问题

国内外学者运用产业经济学相关理论对印度尼西亚独立以来经济结构调整和产业结构演变规律进行了研究，分析了三次产业部门产值比重和就业比重变化趋势以及产业内部结构演变特征及动力机制，所涉及的研究内容、视角和方法对本书的研究有很多启发。结合当前国内外研究现状、印度尼西亚经济发展历程以及当今世界经济发展趋势，本书认为有待进一步研究的问题主要包括以下三方面：

1. 印度尼西亚产业结构演变的特殊性

由于各个经济体的发展要素是非匀质的，因此各个经济体产业结构演变模式在共性特征下存在多样性，即每个经济体的产业结构演变模式都存在一定的特殊性。配第、克拉克、库兹涅茨、霍夫曼等学者利用统计的研究方法对发达国家产业结构演变的共性特征进行了研究，从而归纳出产业结构演变的一般规律。这些规律在某种程度上具有代表性，但不一定具有绝对性。印度尼西亚作为战后独立的发展中国家，在工业化过程中所面临的种种因素与西方发达国家有很多不同之处，其产业结构演变过程可能呈现出不一样的规律，以及在各方面表现出特殊性，例如，三次产业产值比重变化速度的快慢状况、劳动力产业间转移次序、就业比重与产值比重匹配程度、制造业内部主导产业更替状况等，因此印度尼西亚产业结构演变特殊性及背后的原因都值得进一步研究。

2. 印度尼西亚产业结构演变的内部性

不同产业部门之间是紧密联系的，在每一种产业内部中各个行业之间也是互相影响的，因此必须进一步深入研究印度尼西亚三次产业部门内部结构演变的状况，从而更好地理解经济现象发生变化的背后动因。首先，农业在印度尼西亚国民经济中占有重要地位，农业内部结构演变比较复杂。当前印度尼西亚农业部门仍存在大量剩余劳动力，那么具体原因是什么，种植业、林、牧、渔业各部门协调发展程度如何，种植业由传统阶段向现代化农业转型程度如何？其次，工业是印度尼西亚国民经济的主导产业部门，但工业对劳动力吸纳程度有限，具体原因是什么，矿业、制造业、建筑业等部门之间如何演变，制造业内部劳动密集型、资本密集型、技术密集型等行业如何调整，制造业高级化趋势如何？最后，服务业是印度尼西亚国民经济新支柱，作为最大的劳动力就业部门，其产值比重一直变化不大，具体原因又是什么，传统服务业和现代服务业如何演变？以上所提到的这些问题很值得进一步深入挖掘。

3. 印度尼西亚产业结构演变的动力机制

产业结构演变动力机制是研究产业结构演变不可缺少的一部分。在开放经济条件下，某一国的产业结构演变受到诸多国际经济因素影响，例如国际贸易、外商直接投资、国际产业转移与技术外溢、国际能源价格冲击、区域经济一体化等。一般而言，一国经济的开放程度越高，其产业结构演变受到国际经济因素影响程度就越大。自苏哈托上台执政后，印度尼西亚政府就充分利用国际市场推行本国工业化战略，集中体现在面向出口工业化战略实施过程中。此外，印度尼西亚积极参与各种区域性和全球性组织，拥有东盟自由贸易区创始国、中国—东盟自由贸易区成员国、二十国集团成员国、欧佩克成员国等多种身份。由此可见，印度尼西亚经济开放度相当高，采取开放性视角对印度尼西亚产业结构演变动力机制展开研究具有合理性和必要性，因此有必要借鉴计量经济学相关方法对国际贸易、FDI 等因素与产业结构演变的联动关系进行实证分析。

第四节　研究方法、结构安排和可能的创新点

一、研究方法

马克思主义唯物史观是科学的世界观和方法论，是指导学术研究的根本法则，是研究现实经济问题的指导思想。本书在坚持马克思主义唯物史观的基础上，具体运用到以下三种基本的研究方法：

1. 定量分析和定性分析

定量分析以经济数据为基础，偏重客观分析，能够精确化描述事物的性质。定性分析则偏重主观判断，在分析的基础上对事物的性质进行综合、归纳。定量分析和定性分析两者相辅相成、互为支撑，在不具备定量分析的前提下，定性分析可以发挥很好的弥补作用。从各种数据库和其他渠道找到的大量关于印度尼西

亚产业结构演变历程中的统计数据是本书定量分析的客观前提，在此基础上本书将会用表格和图形直观地对印度尼西亚三次产业演变的整体和内部相关内容进行静态分析和比较静态分析，另外还会依据计量经济学相关理论对印度尼西亚产业结构与国际贸易、FDI 的联动作用进行定量实证分析，这些都为定性分析印度尼西亚产业结构演变特征、存在的问题、动力作用机制等内容作铺垫。

2. 实证分析和规范分析

实证分析和规范分析是经济学领域普遍适用的分析方法。实证分析主要分析现象“是什么”和“为什么”，重在解释现象和问题发生的原因，并对现象和问题的好坏作出价值评判。规范分析主要分析事物“应该是什么”，通过某种价值标准对现象和问题做出好坏判断，从而决定是否需要改进以及如何改进等，例如，西方经济学常以帕累托最优标准为依据对各种市场类型的有效性进行评判。实证分析和规范分析是研究问题所必须同时采取的两种思路，正如马克思所说：“哲学家们只是用不同的方式解释世界，而问题在于改变世界。”本书将会以搜集到的数据为基础对印度尼西亚产业结构演变的特征和动力机制进行实证分析，在此基础上结合产业结构合理化、高级化、霍夫曼法则、罗斯托经济发展阶段论等标准对印度尼西亚产业结构演变进行必要的规范分析。

3. 静态分析和比较静态分析

静态分析是对事物某一状态进行独立分析，没有参考点。比较静态分析则通过对事物在不同状态下的特征进行对比分析，从而能够易于发现事物的变化趋势。印度尼西亚工业化进程长达 60 多年，产业结构演变在不同阶段呈现出不同的特征。因此本书将单独分析某一时期印度尼西亚产业结构演变的静态特征，同时也会对不同时期印度尼西亚产业结构演变的特征进行比较分析，从而揭示印度尼西亚产业结构演变的特征与规律。此外，为了更好地判断某一时期印度尼西亚产业结构演变所处的阶段，本书还将对印度尼西亚与其他东盟国家（如马来西亚、新加坡、泰国等）、印度尼西亚与其他新兴经济体（如印度、中国等）进行比较分析。

二、结构安排

在文献综述和相关理论综述基础上，本书紧扣印度尼西亚产业结构演变的主线，首先，分析印度尼西亚产业结构演变的整体特征并对之作出归纳、总结、评价；其次，分别剖析农业、工业、服务业内部结构演变特征、结构转型及存在的主要问题；最后，从国内需求、国际贸易、FDI、技术进步四个角度阐述印度尼西亚产业结构演变的动因并进行相应的实证分析。本书共分为八章，具体章节如下：

第一章：绪论。本章主要介绍本书的选题背景、研究目的和意义、研究方法，以及对现有文献进行综述，并指出本书可能存在的创新点与不足之处。

第二章：产业结构演变相关理论。本章首先对产业结构相关概念进行厘清，然后阐述本书所涉及的产业结构演变理论相关内容，包括产业结构演变基本规律、衡量标准、影响因素三方面，具体涉及配第—克拉克定律、库兹涅茨定律、霍夫曼定律、罗斯托经济发展阶段论、产业结构合理化与高级化衡量标准等内容，本章的梳理为后续章节的展开提供必需的理论基础。

第三章：印度尼西亚产业结构演变总体分析。本章首先对印度尼西亚经济发展成就和经济周期特征进行简单概述；其次对印度尼西亚三次产业结构演变特点展开分析，包括产值结构、就业结构、两者的结构偏离度等方面；最后对印度尼西亚产业结构演变进行评价并阐述印度尼西亚政府促进产业结构调整和升级的主要举措。

第四章：印度尼西亚农业发展及转型分析。本章首先分析印度尼西亚农业转型现状，涉及种植业、林、牧、渔业四个部门的发展以及它们之间的协调关系；其次考察印度尼西亚农业现代化水平；最后分析印度尼西亚农业发展面临的制约因素及印度尼西亚政府发展农业的政策选择。

第五章：印度尼西亚工业化推进及工业内部结构演变分析。本章首先对印度尼西亚工业化推进的进程进行分析，包括工业化战略转型及具体政策取向；其次分别对印度尼西亚工业和制造业的内部结构演变进行分析；最后以霍夫曼法则和罗斯托经济发展阶段论为依据对印度尼西亚工业化发展阶段进行定量和定性衡量，并指出印度尼西亚工业发展所面临的主要问题。

第六章：印度尼西亚服务业发展及内部结构演变分析。本章首先对印度尼西亚主要服务业发展现状进行分析，包括交通运输业、金融业、旅游业；其次分析服务业内部结构演变特点；最后指出印度尼西亚服务业发展面临的主要瓶颈。

第七章：印度尼西亚产业结构演变影响因素及实证分析。本章从国内需求、国际贸易、FDI、技术进步四个视角探讨印度尼西亚产业结构演变的影响因素，并通过运用计量经济学相关方法对国际贸易、FDI与产业结构演变的联动作用进行实证研究。

第八章：结论与建议。本章对研究内容进行总结，并结合我国当前产业结构现状提出几点促进我国产业结构调整与升级的建议。

本书的逻辑框架如图1-1所示。

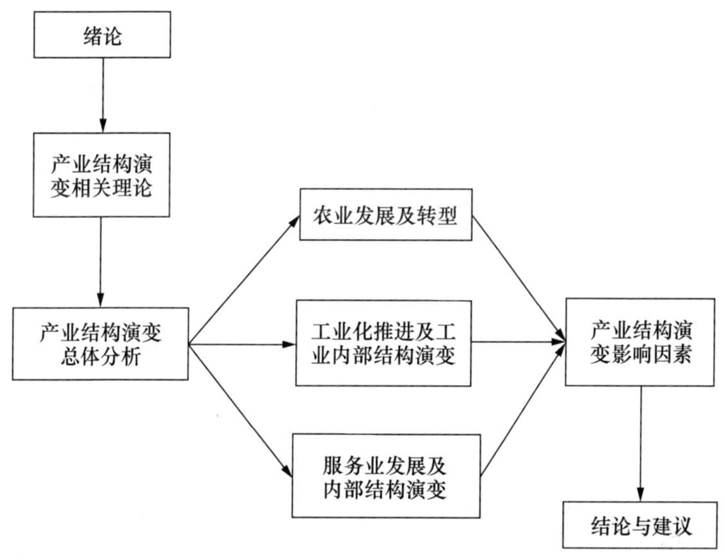

图1-1　本书逻辑框架

三、可能的创新点与不足之处

本书运用产业经济学相关理论对印度尼西亚产业结构演变进行了较为详尽的研究，研究过程中深感个人学识浅薄，很多方面还有待后续进一步深入探讨。

1. 本书相对以往研究的创新点有三个方面

（1）研究对象。纵观学术界过往有关产业结构演变的研究多以西方发达国家为研究对象，尽管近年来也涌现了不少以中国、印度及东盟五国为研究对象的成果，然而到目前为止，国内还没有学者对印度尼西亚产业结构演变进行专门且系统的研究，在这种背景下，本书首次以印度尼西亚为对象进行产业结构演变方面的研究是一种新的尝试。

（2）研究内容。本书从国内需求、国际贸易、FDI、技术进步四个角度分析印度尼西亚产业结构演变动力机制。除了将需求因素区分为国内需求和国外需求（国际贸易）之外，还将国际贸易细分为货物贸易和服务贸易两部分，在此基础上进一步将货物贸易细分为初级品贸易和制成品贸易，服务贸易细分为传统服务贸易和现代服务贸易。本书在研究内容上希望做到多角度、多层次、精细化。此外，本书还通过计量经济学方法分别对国际贸易、FDI 与产业结构的联动作用进行了实证研究，希望能够更准确地把握它们的内在联系。

（3）研究视角。本书按总分顺序展开研究，除了从整体上宏观把握印度尼西亚产业结构演变之外，还将深入研究印度尼西亚三次产业的发展趋势、内部结构演变特征、面临的主要问题，希望能够提升印度尼西亚产业结构演变研究的全面性、系统性和立体性。

2. 本书存在的不足之处主要有三个方面

（1）一国产业结构演变是各种经济和非经济因素共同综合作用的结果，本书在此仅重点研究了国内需求、国际贸易、FDI、技术进步等主要经济因素对印度尼西亚产业结构演变的影响，还有一些影响因素没能一一阐述，例如自然资源禀赋、人力资源基础、收入分配差距、政治体制和政策、文化习俗等。

（2）由于某些统计数据缺失和不公开等原因，印度尼西亚某些行业的具体数据难以找到，例如，农、林、牧、渔业的产值比重和就业比重，2000 年以来印度尼西亚服务业各部门的就业比重等，因此这部分内容分析没能做到完全的详尽和深入。

（3）本书在现有理论、文献资料和统计数据基础上运用科学方法对印度尼西亚产业结构演变进行研究，由于一国产业结构总在不断向前演进，因此所得出的部分结论可能也存在一定时滞性。

第二章　产业结构演变相关理论

产业结构演变是多种经济学科共同关注的领域，目前该学科已经形成了系统的理论体系，包括研究方法、基本规律、衡量标准与动力机制等内容，这些都是研究现实产业经济现象的理论基础。例如，早期配第、克拉克、库兹涅茨等学者对产业结构演变进行了研究，他们发现在一国经济发展过程中产业结构演变会遵循一定的规律，后人在此基础上不断深入探索，所获学术成果极大地丰富了产业结构演变相关的研究领域。本章对这些成果进行阐述，为后续章节的展开提供必要的理论基础。

第一节　相关概念内涵与外延

概念是理论研究的起点，在一定程度上也界定了理论的研究范围。只有在明确界定的相关概念范畴内探讨，才能更好地发展和继承理论，进而可以对理论进行创新，因此在运用相关理论对印度尼西亚产业结构演变进行研究之前，对一些相关概念进行界定，以便正确地把握其内涵和外延是很有必要的。

一、产业的内涵及划分

“产业”是产业经济学理论最基本的概念，是整个产业经济学科理论体系构建的基础，有着非常丰富的内涵。在现实经济研究中，学者往往根据实际需要以不同的标准对“产业”进行分类，同时印度尼西亚国内也有相应的划分方法。

（一）产业的内涵

“产业”的界定至关重要，关系到产业划分、产业体系建立以及产业结构演变研究的展开，甚至关系到整个产业经济学理论体系的构建。在《现代汉语词典》中，“产业”没有明确的定义，只以描述性语言存在——“产业指土地、房屋、工厂等私有财产，或者工业生产用语，如产业工人、产业部门等”[①]。在英文中，“产业”对应的单词是“Industry”，而“工业”“行业”等名词也可以表达为“Industry”。[②] 由此可见，目前学术界还没有对“产业”形成统一的定义。“产业”内涵非常丰富，根据实际研究的需要，本书从以下几方面对之进行阐述：

首先，“产业”是一个概念，概念是思维的基本形式之一，是能够反映客观事物一般的、本质的特征。[③] 由此可知，“产业”概念背后对应的是某些客观存在的事物或现象，并且这些事物具有某些共同属性，正是共同属性的存在，使得人们可以对它们进行聚类分析。“产业”通常是指“具有某种同一属性的经济活动的集合”[④]，或是指“提供相近商品或服务，在相同或相关价值链上活动的企业共同构成的企业集合”[⑤]。从学者对“产业”概念的界定中可以发现，只要界定了某种共同属性，就可以对不同的企业进行产业类别划分。

其次，“产业”是一个介于宏观和微观层面之间的中观概念。产业是某些具有共同属性的企业的集合，企业是产业的微观个体。从某种程度上来讲，在现实经济中所有的企业都有相对应的产业类别归属，属于某一产业类别的所有企业经济活动的总和构成了该产业类别的某一属性，例如，第一产业所有企业的产值总和构成了第一产业的总产值。

最后，“产业”划分必须符合研究的现实需要，方便科学研究的开展。对产业进行划分是为了更好地研究经济现实，从中认识规律、把握规律、运用规律。产业划分有不同的方法，只要符合完备性原则，不同的标准就会产生不同的产业划分类别，但是在具体研究中，必然要对分类标准进行权衡与取舍，以便更好地

① 现代汉语词典［M］. 北京：商务印书馆，2002 年增补版：137.
② 杨公朴，夏大慰. 产业经济教程［M］. 上海：上海财经大学出版社，2002：1.
③ 现代汉语词典［M］. 北京：商务印书馆，2002 年增补版：404.
④ 郭万达. 现代产业经济辞典［M］. 北京：中信出版社，1991.
⑤ 龚仰军，应勤俭. 产业结构与产业政策［M］. 上海：立信会计出版社，1999：1.

对事物进行归类和展开研究。

（二）产业的划分

按照不同的标准，可以将产业划分成不同种类，目前产业分类方法有主要三次产业分类法、国际标准产业分类法、农轻重产业分类法、生产要素密集度分类法、马克思两部类分类法等。根据本书研究需要，在此重点介绍以下几种产业分类法，并对印度尼西亚本国的产业划分相关内容进行简单介绍。

1. 三次产业分类法

三次产业分类法首先由英籍新西兰学者费希尔在其著作《安全与进步的冲突》中提出，费希尔认为人类经济活动可以分为三个阶段，以此为依据也就有了三次产业划分法。从人类经济发展史角度来看，人类生产活动的第一个阶段是以农业（种植业）和畜牧业为主的初级生产阶段，与之对应，第一产业包括农业、畜牧业及采掘业；第二个阶段是以工业生产为主的物质资料生产阶段，相应地，第二产业就是制造业；第三个阶段是以资本和劳动力大量投入服务领域为特征的阶段，相应地，第三产业为劳动服务业。[①]

澳大利亚经济学家和统计学家科林·克拉克在其著作《经济进步的条件》中，以费希尔分类为依据对经济发展和产业结构变化之间的关系进行了研究，并将这种分类方法大规模推广，故而称为“克拉克大分类法”。克拉克在著作中将农业、畜牧业、渔业、林业和采矿业划分为第一产业，将制造业、建筑业、电力、煤气供应业划分为第二产业，将运输、通信、批发零售、金融、房地产等划分为第三产业。[②] 1951 年，克拉克在《经济进步的条件》第二版中，将原来划分在第一产业的采矿业归入第二产业。

目前，各种国际经济组织广泛采取三次产业分类法。经济合作与发展组织（OECD）将全部经济活动划分为三类：第一产业，即广义农业（Primary Industry），包括种植业、林业、畜牧业、渔业、狩猎业等；第二产业，即广义工业（Secondary Industry），包括制造业、采掘业、矿业、建筑业、公共事业（电力、气、水供应业）等；第三产业，即广义服务业（Tertiary Industry），包括交

① Fisher. The Clash of Progress and Security，London：Macmillan，1935.

② Clark. The Conditions of Economic Progress，London：Macmillan，1940.

通运输业、商业贸易、金融业、房地产业、餐饮旅游业、教育、文化、传播、生活服务业等。世界银行和亚洲开发银行对各国国民经济进行统计分析亦采取这种划分标准。从上述划分内容可以看出，第一产业的劳动对象基本上直接源于自然界，第二产业主要是对取自于自然界的物质进行加工，第一产业和第二产业均属有形的物质财富生产领域，而第三产业主要是指那些在无形的非物质生产领域进行活动的产业。

2. 国际标准产业分类法

国际标准产业分类法（ISIC）由联合国统一制定和颁布，此方法与三次产业分类法相一致。联合国根据不同时期的需要对 ISIC 略有修订，目前最新的版本是联合国于 1988 年制定的。按照此种分类方法，全部经济活动可以分为十个大项，每个大项下面分为大、中、小、细四个中项，每个项目都有相应的统计编码。十个大项包括：①农业、狩猎业、林业、渔业；②矿业和采石业；③制造业；④电力、煤气、供水业；⑤建筑业；⑥批发与零售业、餐馆业与旅店业；⑦运输业、仓储业和邮电业；⑧金融业、不动产业、保险业及商业性服务业；⑨社会团体、社会及个人的服务业；⑩不能分类的其他经济活动。其中①、②项为第一产业，③～⑤项为第二产业，⑥～⑩项为第三产业。①

3. 农轻重产业分类法

此种分类法以物质生产的不同特点为标准，最早来源于苏联，当时社会主义阵营国家制订经济发展计划时曾普遍采用这种方法，后来德国经济学家霍夫曼（W. G. Hoffmann）等学者也采用这种分类法对一国工业化发展阶段进行研究。农业包括种植业、畜牧业、渔业、林业等；轻工业包括食品、饮料、纺织、服装、印刷、家具制造等工业部门；重工业包括钢铁制造业、煤炭、电力、石油、化工、机械制造等工业部门。②

4. 生产要素密集度分类法

此种分类法根据不同产业在生产过程中对劳动力、资本、技术等生产要素的需求依赖程度不同，将国民经济各产业划分为劳动密集型产业、资本密集型产业

① 张平，王树华．产业结构理论与政策［M］．武汉：武汉大学出版社，2009：9.
② 姜文辉．开放经济条件下东盟五国产业结构研究［M］．北京：中国经济出版社，2013：24.

和技术密集型产业，这种分类方法可以较好地对一国产业结构高级化趋势进行研究。一般而言，食品饮料、纺织服装、家具制造以及各种传统服务业（餐饮、零售等）属于劳动密集型产业；钢铁制造、化工、汽车制造、非金属产品制造等属于资本密集型产业；计算机制造、航天航空业、生物工程、新材料、新能源等属于技术密集型产业。

5. 服务业分类

服务业分类是指三次产业分类法中的第三产业，其种类繁多，包括批发和零售、贸易、酒店、餐饮、交通运输、通信、仓储、金融、房地产、旅游、社会与个人服务等行业，涉及经济活动各个层次。学者为了便于研究，依据不同的标准对服务业进行归类分析。下面简单分析与本书研究内容关系密切的两类服务业，即现代服务业和生产性服务业。

按照一定的标准，服务业可以划分为现代服务业和传统服务业。现代服务业是一个与传统服务业相对的概念，它具有高技术性、知识性、新兴性等属性，主要包括金融、保险、通信、房地产、物流、广告、营销策划等行业。[①] 传统服务业概念由 Beyers 首先提出，他将服务业划分为“传统服务业、补充性服务业和新兴服务业”[②]。在此基础上，国内学者对传统服务业内涵进行研究后进一步提出，传统服务业包括“需求传统”和“生产方式传统”两层含义[③]，主要包括贸易、餐饮、旅店、商店、旅游等行业。一般而言，随着服务业向前发展，现代服务业占服务业的比重会逐步上升，而传统服务业的比重会逐渐下降。

生产性服务业概念最早由美国经济学家布朗宁和辛格曼（Browning and Singlemann，1975）提出，在《服务社会的出现》一书中，他们依据功能性标准将服务业分为流通服务、生产性服务、社会服务和个人服务四大类，其中生产性服务业包括金融、保险、法律工商服务、经纪、R&D、设计等行业，它具有知识密集和为客户提供专门性服务的特点。[④] 加拿大经济学家赫伯特·G. 格鲁伯和迈克

① 朱晓青，林萍．北京现代服务业的界定与发展研究［J］．北京行政学院学报，2004（4）．

② Beyers. Producer Services，Progressing Human Geography，1993（2）．

③ 黄少军．服务业与经济增长［M］．北京：经济科学出版社，2000.

④ Browning，Single. The Emergence of a Service Society：Demographic and Sociological Aspect of the Sector Transformation of the Labor Force in the USA，Springfield，1975：9.

尔·A. 沃克进一步研究指出，生产性服务不是用来消费的，也不是直接可以产生效用的，它是一种中间投入，而不是最终产品，它扮演着一个中间连接的重要角色，用来生产其他产品或服务，同时它能够促进生产专业化，扩大资本和知识密集型生产，从而提高劳动、资本、技术等生产要素的生产率。[①] 跟生产性服务业相对应的是生活性服务业，主要包括旅游业、批发零售贸易业、餐饮及旅馆业、社会公共服务业、个人服务业及其他服务业等。生产性服务业与制造业有着密切的互动关系：生产性服务业进步使得制造业向服务化阶段发展，同时制造业是生产性服务业的需求方。[②③]

6. 印度尼西亚本国产业划分

在经济全球化和区域经济一体化背景下，印度尼西亚积极参与各种国际性经济组织，其产业划分、经济数据的收集与统计、发布在很大程度上与国际惯例相一致。根据印度尼西亚中央统计局（Statistics Indonesia）出版的《2012 年印度尼西亚统计年鉴》相关内容，印度尼西亚的产业划分主要包括广义农业、采掘业和能源业、制造业、建筑业、旅馆和旅游业、交通运输业等几大类，几个大类再细分为农林牧渔业、采掘业、矿业、制造业、电力煤气及水供应业、建筑业、批发零售业、餐饮及酒店业、交通运输仓储及通信业、金融保险业、地产及商业服务业、个人与社会服务业、其他行业等部门。此外，对印度尼西亚而言，广义农业还可以分为粮食作物种植业、经济作物种植业、蔬菜水果种植业、畜牧业、林业、渔业等细分行业；制造业按照国际标准产业分类细分为食品饮料制造、化工、基础金属制造等 23 个子行业。总体而言，印度尼西亚产业划分内容较细致，种类较齐全，大部分细分行业都有全面系统的统计数据，但个别细分行业中某些数值仍有所缺失，例如，林业、渔业只有产量数据，并没有详细的产值数据，服务业内部各行业的就业人数也不详，这些会给本书分析印度尼西亚三次产业的内部结构演变带来难度。

---

① 格鲁伯，沃克．服务业的增长：原因及影响［M］．上海：三联书店上海分店，1993：220－223.

② Cohen. Manufacturing Matters：The Myth of the Post－industrial Economy，New York：Basic Books，1987.

③ Guerrieri. International Competitiveness in Producer Services，Paper Presented at the SETI Meeting，Rome，2003.

二、产业结构

产业结构是本书的核心概念，同时也是一个比较容易让人产生混淆的概念，它具有丰富的内涵和外延，在此对之进行比较详细的阐述。

（一）产业结构的内涵

“产业结构”是合成词，由“产业”和“结构”共同组成。“结构”一词源自于构成整体的各个部分的关系，是指各个有机组成部分的搭配和排列关系，[①]“结构”较早用于自然科学研究中，如原子结构、高分子结构。在经济学领域，“产业结构”这一概念的提出始于20世纪40年代，但一直没有很清晰的界定，直到20世纪70年代初，在日本经济学家的极力倡导下，产业结构理论领域的研究对象才明确界定为产业部门之间的比例关系。根据“产业”和“结构”的内涵以及经济学界对产业结构理论研究对象的界定，可以认为：“产业结构”是指国民经济体系中各产业之间所具有的一定搭配和排列的结构关系，包括了产业之间的构成比例关系以及单独某一产业内部各细分行业的构成比例关系。在产业经济学研究领域中，与“产业结构”相近的概念有“产业组织”和“生产力布局”，目前这三者已经逐步明确各自的研究范围：产业结构理论专用于研究产业间的关系，产业组织理论专用于研究产业内部企业间的关系，而生产力布局理论则专用于研究地区产业分布及规律问题。[②]

（二）产业结构演变

1. 基本内涵

“演变”即发展变化，亦可以表述为“演进”“演化”。[③] 产业结构演变是指产业结构不断向前发展变化，包括各产业部门内部的绝对变化和产业之间的相对变化。产业结构演变包括两方面含义。

（1）量变方面，是指国民经济中各产业之间和各产业内部的比例关系。这种量变至少可以从三个层次来考察：①国民经济中第一、二、三次产业的构成；②三次产业各自的内部构成，如第二次产业的内部结构；③三次产业内部的行业

---

① 现代汉语词典［M］. 北京：商务印书馆，2002年增补版：646.

② 刘保珺. 产业结构演变成因分析模型及其应用［M］. 北京：中国统计出版社，2010：1.

③ 现代汉语词典［M］. 北京：商务印书馆，2002年增补版：1451.

构成。

（2）质变方面，是指国民经济中各产业的素质分布状态，即技术水平和经济效益的分布状态。它可以从两个方面考察：①从加工深浅度、附加值高低、资本集约度、高新技术产品产值比重等来考察；②从规模效益和国际竞争角度来考察。[①]

产业结构演变在量变和质变方面具有什么样的规律，以及这些规律背后的动力机制如何，这些都构成了产业经济学研究目的和任务的重要组成部分。

2. 产业结构演变的研究方法

研究产业结构演变常用的方法主要有经验实证分析方法、静态分析方法、动态分析方法。

（1）经验实证分析方法必须以大量的统计资料为基础，在对产业进行科学分类的基础上构建分析指标，进而进行实证研究并作出经验总结、发现规律，克拉克、库兹涅茨、钱纳里等学者都曾采用过这种方法揭示产业结构演变规律。产业结构演变常用的分析指标主要有三类：第一类是各产业部门就业人数及其所占总就业比重；第二类是各产业部门产值及其所占国民经济总产值比重；第三类是各产业的资本投入额大小及其所占总投资额比重。

（2）静态分析方法是对某个地区或国家在某个时点产业结构呈现出的静态特征进行考察，从而揭示产业结构内部关系、产业结构发展水平。与之相关的是比较静态分析方法，通常两个不同时点之间的产业结构特点可以进行比较分析，从而发现产业结构变化趋势，但这种分析方法缺乏对两个不同时点的产业结构的演变过程进行研究。

（3）动态分析方法是对某个国家或地区一个时期之内产业结构演变特征进行考察。与静态分析方法不同，动态分析方法主要用在长期分析中，并且要对现象背后的动因和演变路径进行研究，并对事物未来的发展趋势进行分析和预测。动态分析指标主要有产业结构变动指标（产业结构变动值、劳动力结构变动值等）和产业结构联系指标（如结构相似系数、霍夫曼比率等）。

① 苏东水．产业经济学［M］．北京：高等教育出版社，2000：223.

(三) 相近概念辨析

跟产业结构相近的概念有经济结构和产业组织，它们与产业结构既相互联系又有所区别，对其进行简单辨析有助于研究的展开。

1. 经济结构

经济结构有广义和狭义两种界定：狭义的经济结构特指产业结构；广义的经济结构内涵非常丰富，包括产业结构、收入分配结构、就业结构、供给结构、需求结构等，其中产业结构是经济结构的核心。一般地，经济结构常指广义上的界定，下面简单概述其内涵。物质资料生产是人类最基本的实践活动，经济结构是人类社会系统的核心内容，由于经济结构本身的复杂性，对它的理解和定义也就有了多种维度。美国经济学家兰斯·泰勒（Lance Taylor）认为，"一种经济体系，如果它的制度和成员的行为在资源分配过程中逐步发展形成某些格局，它就有了结构"①。法国经济学家佩鲁将经济结构定义为"在时间和空间里有确定位置的某个经济整体内部的比例和关系"②。首届诺贝尔经济学奖获得者（1969）、荷兰经济学家丁伯根则认为，经济结构是对经济系统变化作出反应的不可直接观察到的一些特征。马克思政治经济学家则从另一种视角来定义经济结构，认为"生产关系的总和构成社会的经济结构"，国内许多学者在此基础上对经济结构做出了不同的诠释。《政治经济学辞典》中将经济结构表述为两重含义：一是指由生产资料所有制结构决定的一定社会生产关系的总和；二是指国民经济各个部门、社会再生产各个方面的组成和构造。此外，还有许多经济学家从国民经济各要素、各部门或各生产环节相互联系的角度出发对经济结构进行定义。③ 本书认为，经济结构是指经济系统各组成部分在资源配置过程中所形成的特定比例关系和本质规律，它不仅能反映经济系统内部各组成部分之间相互作用的数量关系，而且还能反映经济系统内部各部分之间的本质属性关系。

2. 产业组织

产业组织和产业结构均是产业经济学的重要概念，但两者的研究对象和研究

---

① 泰勒．结构主义宏观经济学［M］．北京：经济科学出版社，1990：1.

② Perroux. Economics Space：Theory and Applications，The Quarterly Journal of Economics，Vol. 64，No. 1（Feb，1950），pp. 89－104，Oxford University Press.

③ 项俊波．结构经济学［M］．北京：中国人民大学出版社，2009：1.

视角偏重程度有所不同。产业组织（Industrial Organization）通常是指同一产业内企业间的组织或市场关系，主要包括交易关系、行为关系、资源占用关系和利益关系。产业组织研究主要以竞争和垄断及规模经济关系为基本线索对企业之间的市场关系进行具体描述和说明。[①] 产业集群、产业集聚、SCP 范式、市场定价模型等均属于产业组织学的研究内容。由此可见，产业组织偏重于微观角度，而产业结构则偏重于中观角度，两者构成了同一问题的不同研究视角，存在目的一致性和视角互补性，有时为了更全面地揭示事物发展规律，同时应用多种研究视角也是必需的（如图 2-1 所示）。

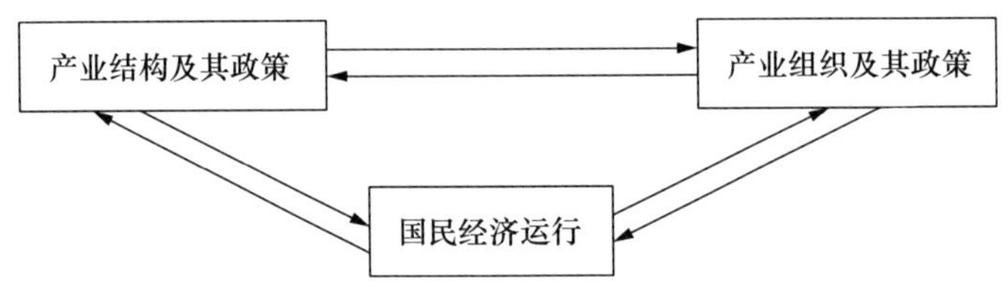

图 2-1　产业结构、产业组织及国民经济之间的互动关系

资料来源：胡立君．产业结构与产业组织互动关系的实现机理研究［J］．中国工业经济，2005（5）．

第二节　产业结构演变基本规律

配第、克拉克、库兹涅茨等学者在收集大量资料的基础上对产业结构演变规律进行了研究，结果表明一国经济发展过程中三次产业产值比重和就业比重变化遵循一定的次序，这种变更次序具有一定的普遍性。这些规律为一国预测产业发展方向和制定产业政策提供了参考标准，同时也是我们研究一国产业结构演变一般性和特殊性的基本准则。

① 苏东水．产业经济学［M］．北京：高等教育出版社，2000：83.

一、配第—克拉克产业结构演变定律

配第、克拉克等学者最早对产业结构演变规律进行揭示。17 世纪配第在著作《政治算术》中对产业结构变动趋势进行了分析，他通过研究经济发展不同阶段中三次产业的不同比例关系后指出“制造业比农业收入高，商业比制造业收入高，产业间收入相对差异促使劳动力从低收入产业向高收入产业发生转移”①，后人将这一发现称为“配第定律”。克拉克在配第定律的基础上，通过收集 20 多个国家的经济数据进行统计分析，对配第定律进行了验证，他指出经济进步过程中产业结构变化呈现出一定的规律：随着人均国民收入水平提高，劳动力先由第一次产业向第二次产业转移，随着人均国民收入的进一步提高，劳动力继续向第三次产业转移。② 综合两人的研究成果，学者把“配第定律”以及克拉克的验证合称为配第—克拉克定律，该定律深刻地揭示了产业结构演变的一般规律。

通过进一步深入研究，克拉克认为产业结构演变的动因来自经济发展中各产业部门之间存在相对收入差距，由此导致劳动力从低收入产业向高收入产业转移，③ 这一结论与配第的结论相一致。此外，克拉克还从需求和效率两个角度对这种规律背后的动因进行了解释。从需求角度来看，随着人均收入的增加，早前人们对农产品的相对需求一直处于下降趋势，对制造品的相对需求先上升后下降，之后逐步让位于服务业；从效率角度来看，农业虽然没有像制造业那样出现劳动生产率迅速上升的趋势，但在长期中劳动生产率整体趋势也是上升的。在需求和效率共同作用下必将出现这样一种整体格局：农业就业比重持续下降，制造业就业比重先升后降，服务业就业比重持续上升。

二、库兹涅茨产业结构演变规律

库兹涅茨在配第—克拉克定律的基础上，搜集和整理了 20 多个国家的庞大数据，进一步对产业结构演变规律进行了系统研究。在对时间序列数据进行分析后，他得出这样的结论：第一，随着时间的推移，农业部门产值在整个国民收入

① ［英］威廉·配第．政治算术［M］．北京：商务印书馆，1928.

② Clark. The Conditions of Economic Progress，London：Macmillan，1940.

③ 张平，王树华．产业结构理论与政策［M］．武汉：武汉大学出版社，2009.

中的比重以及农业劳动力在全部劳动力中的比重均呈不断下降趋势；第二，工业部门产值的相对比重大体上是上升的，然而劳动力相对比重则大体不变或略有上升；第三，服务业部门劳动力相对比重差不多在所有国家中均呈上升趋势，但其产值的相对比重却并不一定与劳动力相对比重上升趋势同步，整体呈大体不变或略有上升趋势。[①] 另外，库兹涅茨还通过截面数据对三次产业部门产值份额与人均国内生产总值关系进行了分析，得出结论：农业部门产值份额与人均国内生产总值呈负相关关系；工业部门产值份额与人均国内生产总值呈强正相关关系；服务业部门产值份额与人均国内生产总值呈弱正相关关系。[②] 库兹涅茨还对三次产业部门内部演变动因进行了分析。

1. 农业部门演变的原因

根据恩格尔定律，随着人们收入的提高，饮食消费支出占人们总支出的百分比不断下降，这就意味着农产品需求占总需求的比例下降。随着这种消费结构的变化，国民收入的支出结构也发生变化，进而影响到农业部门相对收入比例。农业劳动生产率的不断提高是农业劳动力相对比重不断降低的重要因素。农业具有土地有限性和低收入弹性的特点，必然会出现大量的劳动力转向其他产业的现象。一般来说，由于农业劳动力相对比重的下降速度落后于国民收入相对比重的下降速度，因此农业的相对国民收入份额也总是比其他产业要低。

2. 工业部门演变的原因

消费结构变化趋势不仅使工业的收入弹性处于有利地位，而且在国民收入中用于投资部分的增长也不断地扩大着工业市场，因此整个国民收入的支出结构变化有助于工业的高收入弹性，所以工业部门的相对收入比重呈上升趋势。

工业部门劳动力相对比重上升不多或基本保持不变是工业化达到某种阶段后出现的现象，主要由两方面因素共同决定。第一，由于工业部门资本有机构成不断提高，导致劳动力要素需求下降。第二，随着科学技术不断发展，工业部门内部规模不断扩大，导致劳动力要素需求上升。当这两者的力量趋于平衡时，工业部门劳动力相对比重便趋于稳定。

---

① 邓根伟．产业经济学研究［M］．北京：经济管理出版社，2001：108－110.

② 库兹涅茨．各国经济的增长［M］．北京：经济管理出版社，2001.

3. 服务业部门演变的原因

“服务商品”比农产品具有更高的收入价格弹性，随着人均国民收入上升，人们消费“服务商品”的有效需求将越来越大，然而劳动力要素和资本要素都比较容易进入第三产业中的许多行业，相对开放的准入门槛使得服务业市场不易形成垄断，致使“服务”这一无形商品相对工业品来说附加值相对较低，因此服务业在国民经济中的相对比重上升速度较为缓慢。

三、霍夫曼工业结构演变定律及其修正

霍夫曼本人通过对工业内部结构演变进行研究并提出了霍夫曼定律，霍夫曼定律对一国工业化阶段进行了定量和定性分析，是产业结构演变重要规律之一。

（一）霍夫曼工业结构演变定律

1931 年霍夫曼在其专著《工业化阶段和类型》中对工业结构理论进行了详细阐述，霍夫曼定律揭示的是在工业化进程中工业内部结构的变动规律，它揭示了某个国家在工业化过程中消费资料工业与生产资料工业此消彼长的一般性规律。霍夫曼利用近 20 个国家的时间序列数据对制造业部门消费资料工业净产值与生产资料工业净产值相对比值进行了研究，结果表明：随着工业化水平的不断提高，这种比值（即霍夫曼系数）不断下降，并且这种趋势不会随着某个经济体工业化进程起步时间早晚不同而改变。霍夫曼系数计算公式为：

霍夫曼系数 = 消费资料工业净产值/资本资料工业净产值

霍夫曼将制造业部门划分为消费资料工业、资本资料工业和其他工业三部分：当某一产业产品的用途有 75% 是消费资料时，就把该产业划为消费资料工业；当某一产业产品的用途有 75% 是资本资料时，就把该产业划为资本资料工业；其余难以归类的产业统称为其他产业。[①] 在计算霍夫曼系数时，霍夫曼选择了八类有代表性的产品进行了观察，这八类产品被划分为消费品工业和资本品工业两大类，其中，消费品工业包括：①食品、饮料、烟草，②布匹、制鞋，③皮革制品，④家具等；资本品工业包括：①生铁、有色金属，②机械，③车辆，

① Hoffmann. The Growth of Industrial Economies，Jena：Verlag von Gustar Fischer，1931.

④化工等。[①] 根据霍夫曼系数大小变化趋势，霍夫曼将一国工业化过程由低到高分为四个阶段（如表 2－1 所示）。

表 2－1　霍夫曼对工业化阶段的划分

霍夫曼系数范围	工业化阶段
5.0（±1.0）	第一阶段
2.5（±1.0）	第二阶段
1.0（±0.5）	第三阶段
<1	第四阶段

资料来源：Hoffmann，The Growth of Industrial Economies，Jena：Verlag von Gustar Fischer，1931.

第一阶段，消费资料工业在制造业中占优势，其净产值平均为资本资料工业净产值的 5 倍左右，资本资料工业不发达；第二阶段，虽然消费资料工业的规模仍远远大于资本资料工业，但资本资料工业获得了较快的发展；第三阶段，资本资料工业规模与消费资料工业相当；第四阶段，资本资料工业规模开始超过消费资料工业。

（二）霍夫曼定律的修正

1964 年日本学者盐野谷祐一运用“商品流动法”对霍夫曼系数进行重新计算并对霍夫曼定律进行了修正，他指出：当一国或一地区人均国民收入超过 200～300 美元（1950 年美元价格计算）时，即当工业化阶段达到较高水平时，霍夫曼系数保持稳定不变；而人均国民收入低于 200～300 美元时，霍夫曼系数不断下降。因此，霍夫曼定律在工业化初期基本适用，而在工业化中后期则存在一定的偏差，主要原因是当工业化进程进入较高阶段后，重工业发展达到一个饱和点，以至于霍夫曼系数趋向稳定，而此时产业结构将出现新的特征，即技术、知识密集型产业和现代服务业将逐步兴起。[②]

① 任佳．印度工业化进程中产业结构的演变——印度发展模式初探［M］．北京：商务印书馆，2007：46.

② ［日］盐野谷祐一．美国和瑞典的工业增长模式［J］．东京：一桥大学经济研究，1964.

四、罗斯托经济成长阶段理论

美国经济学家华尔特·惠特曼·罗斯托（Walt Whitman Rostow，1916～　）对产业结构演变过程中主导产业转换进行了研究，于1960年提出了主导产业转换及经济成长阶段理论。罗斯托认为，无论任何时期经济之所以能保持增长态势，是为数不多的主导产业部门推动的结果。主导产业通过扩散效应对其他产业发展产生带动作用，包括前向效应、旁侧效应和后向效应。

罗斯托将一国经济成长过程从低到高分为传统社会阶段、为起飞创造前提阶段、起飞阶段、向成熟推进阶段、高额群众消费阶段和追求生活质量阶段六个阶段。一般而言，经济成长的各个阶段都存在某些主导产业部门，而经济成长从低级阶段向高级阶段演进就是以主导产业的交替变更为主要特征的。与六个经济成长阶段相对应的，罗斯托列出了五种主导部门综合体系：①作为起飞前提的主导部门综合体系，主要包括食品、烟草、饮料、水泥、砖瓦等工业部门；②替代进口消费品制造业综合体系，主要包括非耐用消费品生产的部门；③重型工业和制造业综合体系，主要包括钢铁、电力、煤炭、肥料、通用机械等工业部门；④汽车工业综合体系；⑤生活质量部门综合体系，主要包括服务业、城市和城郊建筑等部门。罗斯托认为，不能随意改变主导产业部门演化次序，任何国家都要经历从低级阶段到高级阶段的发展过程。[①]

五、服务业结构演变一般趋势

（一）服务业整体变化趋势

服务业发展过程比较特殊，它与一国经济增长并非简单的线性关系。当一国经济发展初期时，服务业可能在国民经济中占主导地位，像美国、英国这样的发达国家在工业化之前就存在服务业居第一位的现象，即一国开始工业化之前有可能存在一个商业化社会阶段。[②] 在这个阶段里，商业服务业在国民经济中所占比重很大，这表明服务业在经济发展处于较低阶段时相当重要。工业化早期服务业

① Rostow. The Stages of Economic Growth：A Non－Communist Manifesto，Cambridge：Cambridge University Press，1960.

② Bell Daniel. The coming of post－industrial society，Heinemannn Educational Books Lt，1974.

产值比重可能会下降，但幅度不会很大。随着工业化进一步发展，以及人均收入水平的提高，服务业产值比重会重新上升。根据发达国家经济发展历程，服务业发展一般规律为：当人均收入水平较低时服务业产值比重较高，甚至高于工业产值比重；随着人均收入水平向中等水平提高，服务业产值比重可能会略微下降，但整体上不变；当人均收入水平进一步上升时，服务业产值比重又重新上升。[①]由此可见，服务业发展跟一国经济增长水平之间存在着一种复杂的关系，即随着经济发展水平提高和人均收入水平增加，服务业整体趋势上升，但并不是简单地线性上升。

（二）服务业内部结构演变趋势

服务业行业种类繁多，从内部结构演变来看，不同行业有着不同的发展规律，各行业往往呈现出交替演变的次序，大致过程为：个人和家庭服务→交通、通信及公共设施服务→商务服务、金融、保险服务→企业生产性服务→休闲性服务→社会公共或集体服务。[②] 这些行业在不同的社会发展阶段活跃程度不同，一般地，农业社会时期以传统的个人和家庭服务以及商业服务为主，工业化社会时期以那些跟商品生产有密切关系的生产性服务为主，后工业化社会以知识性服务和公共服务为主。

20 世纪 70 年代初至 90 年代中期，经济合作与发展组织（OECD）成员国[③]服务业内部结构演变趋势如表 2-2 所示。随着 OECD 成员国经济向前发展，传统的零售、住宿与餐饮业产值比重呈下降趋势；交通、仓储、通信业产值比重保持稳定或有所下降；政府服务业产值比重不断下降；金融、保险、房地产及商务服务以及社会与个人服务产值比重均呈上升态势，并且前者增长速度更快。自 20 世纪 80 年代初以来，金融、保险、房地产及商务服务就一直在 OECD 国家服务业中占主导地位，并对这些国家经济发展起到巨大的推动作用。综上所述，发

---

① 郑凯捷．分工与产业结构发展——从制造经济到服务经济［D］．复旦大学硕士学位论文，2006：38.

② 郭晓琼．俄罗斯产业结构研究［M］．北京：知识产权出版社，2011：342.

③ OECD 成员国包括澳大利亚、奥地利、比利时、加拿大、捷克、丹麦、芬兰、法国、德国、希腊、匈牙利、冰岛、爱尔兰、意大利、日本、韩国、卢森堡、墨西哥、荷兰、新西兰、挪威、波兰、葡萄牙、斯洛伐克、西班牙、瑞典、瑞士、土耳其、英国、美国、智利、爱沙尼亚、以色列、斯洛文尼亚 34 个国家。

达国家在工业化进程中，随着产业结构向前演变，诸如金融、保险以及商务服务等生产性服务业逐渐在服务业中占主导地位，而这些服务业的共同特性表现在它们满足了制造业中间产品需求，从而为生产和经营提供服务。发达国家在进入后工业化社会后，生产性服务业成为国民经济主导产业，在提升发达国家综合国力和国际竞争力方面发挥了重要作用。

表 2-2　OECD 成员国服务业内部结构演变趋势　　单位:%

类别 年份	批零、贸易、旅店	交通、仓储、通信	金融、房地产、经营服务	社区、社会与个人服务	政府服务	其他
1971	29.5	14.1	22.9	12.6	20.0	2.3
1980	25.0	11.5	23.6	14.4	20.6	2.1
1990	22.6	10.7	28.0	15.6	18.9	2.0
1995	22.8	12.1	33.2	21.8	14.5	—

注：①在服务业分类方面，社区、社会与个人服务主要包括各种社区服务、娱乐休闲与文化服务、个人与家庭服务；经营服务主要包括法律、会计、工程和广告等服务。②产值比重指各行业占服务业的比重。③“—”表示数据不详。

资料来源：根据有关内容改编，引自郑凯捷．分工与产业结构发展——从制造经济到服务经济［D］．上海：复旦大学硕士学位论文，2006：55—56.

第三节　产业结构演变衡量标准

产业结构演变衡量包括产业结构合理化和高级化两方面，两者密切相关。产业结构合理化是产业结构高级化的基础，一旦没有产业结构合理化，产业结构高级化就失去了前提。产业结构高级化是产业结构合理化的发展方向和目标，产业结构合理化本身就是为了推动产业结构向更高层次演进，从而实现产业结构高级化。

一、产业结构合理化内涵及衡量方法

产业结构合理化是评价产业结构演变效益的重要标准，主要包括美国经济学家霍利斯·钱纳里（Hollis B. Chenery，1918～1994）的标准和产业结构偏离度两种衡量方法。

（一）产业结构合理化内涵

产业结构合理化是指产业在发展过程中合理配置生产要素以及协调各产业部门的比例关系，从而达到有效利用生产要素的过程，包括产业结构协调和产业结构均衡两个方面。产业结构协调是指产业间具有较强的转换能力和互补能力，主要表现为产业之间相对地位的协调、产业之间发展素质的协调、产业之间关联关系的协调、主导产业交替演变的协调以及供求结构的协调等。产业结构均衡是指产业之间要保持发展的稳定性和连续性，主要表现在产业间增长速度的均衡和产业间比例关系的均衡。由于各国之间要素存在差异，产业结构合理化衡量不存在绝对的单一标准，它既是一个相对概念，同时也是一个动态概念，对同一个国家，产业结构合理化的衡量标准也会随着经济发展阶段不同而有所改变。

（二）产业结构合理化衡量方法

1. 钱纳里标准

1960年美国经济学家钱纳里对51个不同类型国家的经济数据进行计算并得出制造业各部门产值相对比重在不同人均收入水平下的标准值，进而用来衡量一国在特定人均收入水平下的工业结构偏离程度。[①] 1975年，钱纳里和摩西·赛尔奎因利用101个国家在1950～1970年期间产业结构的数据进行归纳分析，在此基础上提出了“世界发展模式”，并从“世界发展模式”出发提出一国经济发展的“标准产业结构模式”，即不同经济发展阶段各产业部门产值比重标准，如表2-3所示。

① Chenery. Pattern of Industrial Growth，American Economic Review，1960，9.

表 2-3 钱纳里标准产业结构 单位:%

	国内生产总值人均水平（1964 年美元价格）									
	100 以下 (1)	100 (2)	200 (3)	300 (4)	400 (5)	500 (6)	800 (7)	1000 (8)	1000 以上 (9)	总变化（1~9）(10)
A	52.2	45.2	32.7	26.6	22.8	20.2	15.6	13.8	12.7	-39.5
M	12.5	14.9	21.5	25.1	27.6	29.4	33.1	34.7	37.9	25.4
S_1	5.3	6.1	7.2	7.9	8.5	8.9	9.8	9.8	10.9	5.6
S_2	30.0	33.8	38.5	40.3	41.1	41.5	41.6	41.3	38.6	8.6

注：①A 代表第一产业市场占有率；M 代表制造业市场占有率；S_1 代表公共服务业市场占有率；S_2 代表一般服务业市场占有率。②公共服务业包含煤气、水、电供应等基础设施。

资料来源：Chenery，H. B. M. Syrquin，Pattern of Development 1950 - 1970，London：Oxford University Press，1975.

钱纳里等人为了提高"标准产业结构模式"的准确性，后来又对模型进行了改进，并对三次产业对 GDP 的贡献度变化趋势进行了描述，如图 2-2 所示。①

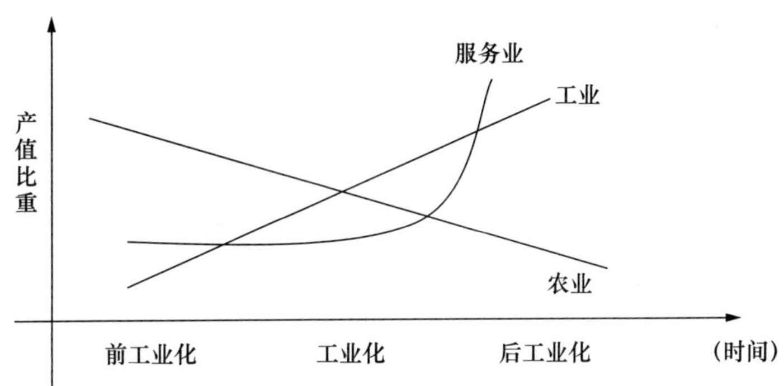

图 2-2 钱纳里经济增长模式

资料来源：Chenery，H. B. M. Syrquin，Pattern of Development 1950 - 1970，London：Oxford University Press，1975.

① Chenery. H. B. M. Syrquin，Pattern of Development 1950 - 1970，London：Oxford University Press，1975.

2. 产业结构偏离度

产业结构包括产值结构和就业结构两方面，一般而言，两者都会随着经济向前发展而演变，然而两者变化常常不同步，尤其是发展中国家在工业化进程中劳动力转移相对滞后的现象并不少见，因此学者一般采用结构偏离度指标（用 E 表示）对产业间协调程度和资源有效利用程度进行衡量。结构偏离度的计算公式为：

$$E = \sum_{i=1}^{n}\left|\frac{L_i/L}{Y_i/Y} - 1\right| = \sum_{i}^{n}\left|\frac{L_i/Y_i}{L/Y} - 1\right|,\text{或者 } E = \sum_{i=1}^{n}\left|\frac{L_i}{L} - \frac{Y_i}{Y}\right|, i = 1,2,3$$

其中，Y 表示国内生产总值，L 表示就业总人数，Y_i 表示 i 部门的总产值，L_i 表示 i 部门的就业人数，n 表示产业部门数。根据古典经济学假设，经济系统最终将处于均衡状态，均衡状态下各产业部门生产率水平相同，而 Y/L 即表示生产率，因此当经济均衡时必有 $Y_i/L_i = Y/L$，从而 $E = 0$，然而经济系统常处于非均衡状态，因此常常出现 $E \neq 0$ 的现象。一般地，E 值越大表示经济系统越偏离均衡状态，产业结构越不合理，产业结构效益越低，产业部门内部产值比重与劳动力就业比重越不协调；E 值越小，则结果相反。

二、产业结构高级化内涵及衡量方法

高级化是衡量产业结构演变效益的另一个维度，主要体现产业结构由低到高、由劣到优的演变过程，下面阐述其具体内涵和衡量方法。

（一）产业结构高级化内涵

产业结构高级化是指产业结构在需求拉动、科技推动、竞争促进作用下从低级阶段向高级阶段演变，呈现高技术化、高知识化、高附加值化的过程，包括产业结构比例高级化和产业结构水平高级化两个方面。产业结构比例高级化包括：要素禀赋结构高级化，产业由劳动密集型向资本密集型、技术密集型等方向演进；三次产业结构高级化，由农业占主导向工业、服务业占主导方向演进；产品结构比例高级化，是由低加工度、低附加值产业向高加工度、高附加值产业演进，以及由初级产品制造向中间品和最终产品制造方向演进；产业组织结构高级化，产业竞争从分散性、小规模向集中性、大规模方向演进。产业结构水平高级化包括：重工业化，产业结构从轻纺工业占优势向重化工业占优势方向演进；产业结构水平高级化，工业结构中出现由原材料工业为重心向加工、组装工业为重心演进；知识技术集约化，产业结构由劳动密集型产业占主导向资本密集型占主导，进而向知识、技术密集型产业占主导方向演进。①

（二）产业结构高级化衡量

产业结构高级化实际上是产业结构升级的一种体现，一般文献根据配第—克拉克定律采用非农业部门产值比重作为产业结构升级程度大小的衡量指标。非农业部门产值比重变化在某种程度上可以反映产业结构演变的高级化趋势，然而自20世纪70年代以来，信息技术革命对主要工业化国家的产业结构产生了极大的冲击，以至于在西方发达国家进入后工业社会后，其经济发展形态转变为“服务性经济”，产业结构发展出现“服务化”趋势②，而前面这种传统的度量方式并没有具体反映出经济结构演变的服务化趋势。为了避免这种不足，根据“在信息化推动下的经济结构服务化是产业结构升级的一种重要特征，‘经济服务化’过程中的一个典型事实是第三产业的增长率要快于第二产业的增长率”③，因此本书采用第三产业产值与第二产业产值之比作为产业结构高级化的度量指标，用TS表示：

TS＝第三产业产值/第二产业产值

由于TS指标能够清晰地反映出经济发展“服务化”倾向和体现产业结构是否朝着“服务化”的方向发展，因此它是一个相对较好的度量标准。TS上升意味着经济发展和产业结构向着“服务化”的方向推进，产业结构在升级，否则结论相反。④

第四节 产业结构演变影响因素

产业结构演变是各种因素综合作用的结果。学者通过对众多因素进行梳理、

① 宋泓明．中国产业结构高级化分析［M］．北京：中国社会科学出版社，2004.

② 丹尼尔．后工业化社会的来临——对社会预测的探索［M］．北京：商务印书馆，1984.

③ 吴敬琏．中国增长模式抉择［M］．上海：上海远东出版社，2008.

④ 干春晖．中国产业结构变迁对经济增长和波动的影响［J］．经济研究，2011（5）.

归类，认为影响产业结构演变的主要因素包括产业政策因素、供给因素、需求因素。这些因素与产业结构演变之间是一个动态的互动过程，前者影响后者，后者反过来也会影响前者，它们之间形成错综复杂的相互作用关系，共同推动产业结构不断向前演变，使之呈现出规律性。

一、产业政策对产业结构演变的影响

产业政策是宏观经济政策的一个重要组成部分。在宏观经济发展目标下，主管国家经济部门可以根据当前的经济发展现状以及国内外形势制定相关产业政策，引导本国产业按预定方向发展，从而实现本国经济发展目标。发展中国家在工业化进程中利用产业政策促进产业发展是常见的现象，而且针对产业发展所处的不同阶段，产业政策偏重有所不同，鼓励或限制的产业领域亦有所不同。产业政策对一国产业结构演变的影响是非常深远的，特别是工业化实现阶段和产业结构优化升级高级阶段，产业政策在市场失灵的情况下发挥了重大的作用。产业政策的实施是一个动态过程，因为产业政策的制定与落实直接影响着产业结构演变，导致产业发展进入不同的阶段，所以，国家经济主管部门也会根据产业发展不同的阶段制定不同的产业政策。

二、供给因素对产业结构演变的影响

供给因素包括资源禀赋、劳动力供给、技术进步、国内资本投入、FDI 等内容。商品生产是经济活动的第一个环节，供给因素与商品生产有着最密切的关系，某一产业的商品生产是该产业所有供给因素共同作用的结果。

（一）FDI 对产业结构演变的影响

在经济全球化背景下，各国之间经济往来非常密切。FDI 是经济全球化的核心领域，对母国和东道国经济发展均产生很大的影响。一般地，FDI 能够通过各种路径提升东道国的资源配置效率，从而有助于促进东道国产业结构调整与升级。首先，FDI 作为总投资的一部分，可以弥补东道国工业化过程中的资本缺口；其次，进行 FDI 经济活动的载体——跨国公司，其技术水平、管理经验、企业制度相对优于当地企业，当地企业可以通过模仿、学习、逆向仿制等途径提升自身竞争力；再次，跨国公司通过产业关联与当地企业发生关系，有助于产业分工深化和形成产业集群，从而带动产业共同发展；最后，跨国公司通过人才竞争、技术竞争等途径提升当地市场竞争机制活力，从而优化资源配置效率。

（二）技术进步对产业结构演变的影响

产业发展离不开技术进步，技术进步又与产业生命周期有着直接的影响，产业变化往往与技术进步方向趋于一致。① 技术进步是推动一国产业结构升级的最主要因素，主要体现在：科学技术日益现代化促使各产业部门发生变革，并通过主导产业扩散效应推动相关产业部门不断走向高级化；技术进步不断拓宽劳动对象，使产业部门不断更新；此外，技术进步还不断引发人们产生新需求，从而给新产业部门成长带来动力。由于技术水平不同决定了产业间比较劳动生产率的不同，从而导致生产要素从生产率较低的部门向生产率较高的部门转移，因此进一步引起产业结构转换和升级。

三、需求因素对产业结构演变的影响

需求因素对产业结构演变至关重要。如果没有需求因素，三次产业生产出来的产品就无法进行交换和实现其商品价值，那么社会再生产也就无法顺利进行。依据国内生产总值核算公式 $Y = C + I + G + (X - M)$，可以将需求因素划分为消费需求、投资需求、政府购买需求、外国对本国产品的需求（净出口），前三者构成了国内需求，外国对本国的需求（净出口）是国外需求。正是由于需求因素的存在，导致社会再生产不断向前发展，从而产业结构演变得以延续。

（一）消费需求对产业结构演变的影响

消费需求变动与人口数量、人均收入水平、消费者偏好、经济周期、社会发展水平等因素密切相关。消费需求通过需求总量变化和需求结构变化引起产业结构演变，需求总量与需求结构变化都会引起相应产业部门扩张或缩小，也会引起新产业部门产生和旧产业部门衰落。从总量角度考虑，当人口数量增加、人均收入水平提高、经济发展水平上升、经济周期扩张时都会扩大消费需求。从结构角度考虑，当需求结构变化对产业结构变化的影响最为直接时，需求结构变化促使生产结构和供给结构发生变化，从而导致产业结构发生变化。

---

① 金泓汎．应用发展经济学通论［M］．北京：中国经济出版社，2005.

（二）投资需求对产业结构演变的影响

投资是企业扩大再生产和产业扩张的重要条件。资金向不同产业方向流动时所形成的投资比例关系就是投资结构，不同方向的投资是改变已有产业结构的直接原因。投资需求影响产业结构的主要路径包括：创造新需求的投资将形成新产业，从而改变原有产业结构；对部分产业进行投资将推动这些产业以更快的速度扩张，从而影响产业结构；对全部产业进行不同比例的投资则会引起产业间发展程度差异，从而导致产业结构发生相应变化。投资是影响产业结构的重要因素，因此政府往往通过制定投资政策影响投资结构，从而达到调整产业结构的目的。

（三）国际贸易对产业结构演变的影响

在经济全球化背景下，国际贸易作为开放性经济活动之一，对一国产业结构演变有着重要影响。在自由贸易条件下，进出口有利于各国根据比较优势分工，发挥各自的比较优势，从而获得比较利益。一国可以通过国际贸易出口本国产品以刺激本国需求增长和进口外国产品以增加国内供给，从而影响本国产业结构。国际贸易影响产业结构的路径主要有：资源、商品、劳务的出口对国内相关产业的发展起推动作用；国内紧缺资源、劳务的进口可以弥补本国生产该类商品的产业生产能力，同时进口某些新产品、新技术对开拓本国市场和为本国发展同类产业创造有利条件，有利于推动本国产业结构走向高级化（如图2-3所示）。

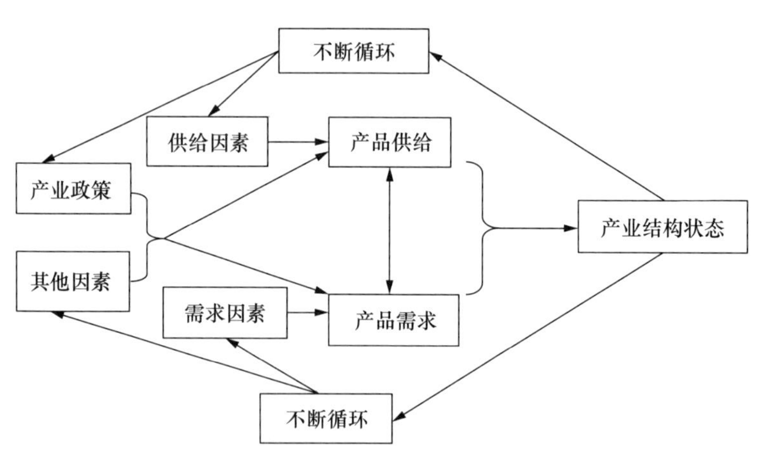

图2-3　产业结构演变动力机制

资料来源：根据相关内容编制得到。

第三章　印度尼西亚产业结构演变总体分析

产业结构演变与经济发展互为条件，互为因果。经济发展是产业结构不断演化的结果和产业结构不断升级的具体表现。产业结构高级化趋势转换快慢直接影响经济发展质量的高低。同时，产业结构演变也受到经济发展阶段的影响，影响经济发展的各种因素都将直接或间接地制约产业结构的演变。印度尼西亚经济发展的整体趋势是不断向前演变并表现出周期特征，印度尼西亚的产业结构在这一过程中也发生了深刻变化并表现出显著特征。作为发展中国家，印度尼西亚坚定不移地推行工业化战略，产业结构不断趋向合理并伴随着升级现象，然而仍存在不少问题，因此近年来印度尼西亚政府主动采取措施加快产业结构调整的步伐。

第一节　印度尼西亚经济发展历程

20 世纪 90 年代中期以前，印度尼西亚经济发展成就备受世界瞩目，1993 年由世界银行出版的《东亚奇迹：经济增长与公共政策》将印度尼西亚称为“优良的工业化经济体”。印度尼西亚经济在 1997 年东南亚金融危机爆发后出现大逆转，在 2005 年以后逐渐恢复并重新进入快速增长轨道。国民经济的迅速崛起致使印度尼西亚在降低贫困人口比例、提升综合国力和国际竞争力等方面取得了很大进步。回顾整个发展历程，印度尼西亚经济增长的发展充满了曲折，在整体趋势不断向上的同时表现出很显著的周期性特征。

一、经济增长在曲折中不断前进

苏加诺执政时期，印度尼西亚政府面临着比较复杂的国内外环境，加上苏加诺实行的国内经济政策存在很大程度的方向性错误，以至于印度尼西亚经济在相当长时期内停滞不前。1950～1965 年印度尼西亚国民经济年均增长率仅为 1.7%，而同一时期人口年均增长率为2%，导致当时印度尼西亚成为世界上少数几个年均人口增长率大于年均经济增长率的国家之一。当时的印度尼西亚人均 GDP 处于极低水平，1950 年为 65 美元，1965 年上升到 90 美元，15 年仅增长了 25 美元。苏加诺执政时期，印度尼西亚是世界上少数最贫穷国家之一，人民生活水平并没有得到有效改善。

1965 年苏哈托上台执政后实行“新秩序”，采取了与“旧秩序”不同的经济政策，主要体现在：积极利用外资，充分利用国际资源与国际市场推行工业化战略。在苏哈托任职期间，虽然印度尼西亚经济增长在 20 世纪 80 年代中期经济结构调整时期有所回落，但整体依然保持向上增长态势，直到东南亚金融危机爆发后才出现大逆转，经过持续几年的恢复期后印度尼西亚经济再次步入增长轨道，一直持续至今。从 1965 年至今，印度尼西亚经济增长过程虽然充满了曲折，但整体趋势是不断向前的，如图 3－1 所示。由图 3－1 可以看出，印度尼西亚经济增长过程经历了不同阶段，虽然每个阶段增长速度快慢不同，但增长轨迹表现出明显的相似特征。1967～1983 年是苏哈托上台执政后推行进口替代工业化战略阶段，经济保持持续平稳增长。1983～1988 年是印度尼西亚调整经济结构和推行面向出口工业化战略初始阶段，经济增长连续几年停滞不前。1989～1997 年是印度尼西亚推行面向出口工业化战略效果显著阶段，经济保持快速增长，这种增长态势一直维持到 1997 年东南亚金融危机爆发前夕。据世界银行统计，在 1997 年东南亚金融危机爆发前，印度尼西亚 GDP 年均增长率在 1960～1970 年期间为 3.9%，1970～1980 年为 7.6%，1980～1990 年为 6.1%，1990～1997 年达到 7.6%。在东南亚金融危机爆发后，印度尼西亚经济大幅下滑，2000 年以后才逐步走出泥潭。印度尼西亚 GDP 在 2003 年超过 1997 年的水平并再次进入高速增长阶段，这个时期的经济增长轨迹类似于指数型函数，增长速度比 1989～1997 年的时期更快。印度尼西亚三次产业产值增长轨迹与经济总量轨迹相类似。从三次产业对

经济总量的贡献度分析，可以看出1974年以前农业对经济总量的贡献度最大，1974年以后逐步下降，随之而来的是工业和服务业对经济总量的贡献度逐步提高。当前工业成为印度尼西亚最大的经济总量贡献部门，相反，农业已成为最小部门。

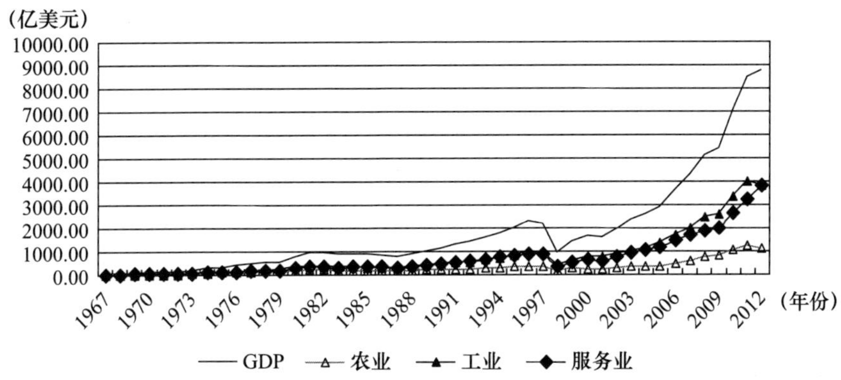

图3－1　印度尼西亚GDP及三次产业产值变化趋势

资料来源：根据世界银行数据库世界发展指标相关年份（1967～2012）数据编制。

经济的快速增长致使印度尼西亚经济实力迅速得到提升，印度尼西亚的经济总量及人均GDP均有了很大程度的提高，目前印度尼西亚进入了中等收入水平国家行列。据世界银行统计数据，以现价美元为核算标准，1967年印度尼西亚经济总量仅为59.8亿美元，人均GDP低至54.5美元，而2012年印度尼西亚经济总量达到了8780亿美元，人均GDP升至3557美元。相比而言，1967～2012年印度尼西亚经济总量增加了146倍，人均GDP增加了64倍。2008年全球金融危机爆发后，世界经济低迷，印度尼西亚反而受冲击较小，经济依然保持逆势平稳增长，2008～2012年印度尼西亚GDP年均增长率仍高达5.9%，2012年GDP增长率更是高达6.2%。可以说，自全球金融危机以来，印度尼西亚是全世界仅有的几个快速增长经济体之一。

国民经济的快速增长与发展使得印度尼西亚在其他方面也取得了很大的进步，主要表现在以下四个方面：

第一，印度尼西亚综合国力和国际竞争力不断提升。在《2010～2011年世界竞争力排行榜》中，印度尼西亚竞争力在139个国家和地区中排第44位，比

2005 年的排名上升 25 位。此外，在瑞士洛桑国际管理学院发布的《2011 年全球竞争力排名报告》中，印度尼西亚在 59 个参评国家中排第 39 位，位于巴西（44）、俄罗斯（49）、南非（52）等金砖国家前面。再者，印度尼西亚如今已加入国际经济组织二十国集团（G20），能够在全球经济治理机制中发出自己应有的声音，G20 成员国的经济总量占世界经济总量的 85%，代表了全世界最主要的经济力量和最先进的经济发展水平，印度尼西亚成为其中一员，正是由于其经济力量体现了综合国力和国际竞争力才得到全世界的肯定。

第二，印度尼西亚人民的生活水平得到了改善，贫困人口比重不断下降。近年来，随着人均可支配收入水平上升和中产阶级人数规模不断扩大（2012 年印度尼西亚中产阶级人数接近 5000 万），印度尼西亚居民消费水平不断提高，汽车、电子信息产品销量不断上升。此外，印度尼西亚人口贫困问题也不断得到改善。如果按世界银行制定的每天 1.25（8.3142 美元 ×0.15 元人民币）美元生活标准计算，1996 年印度尼西亚贫困人口占总人口比重的 77%，2005 年降为 53.8%，2011 年进一步降为 43.3%，1996 ~ 2011 年印度尼西亚贫困人口比重下降了 34 个百分点。如果按印度尼西亚国内制定的国家贫困线标准，2007 年印度尼西亚贫困人口为 3716.8 万，贫困人口比重为 16.6%，2012 年贫困人口为 2859.4 万，贫困人口比重降为 11.7%。由此可以看出，印度尼西亚贫困人口数量和比重正逐年下降。

第三，印度尼西亚国际收支不断改善，外汇储备进一步增加。2000 年印度尼西亚外汇储备为 282.8 亿美元，2005 年达到 329.3 亿美元，2010 年为 899.7 亿美元，2012 年突破 1000 亿美元关口，达到 1059.1 亿美元。

第四，印度尼西亚政府外债比例不断下降，国际清偿力进一步增强。印度尼西亚 2000 年外债比例为 88%，2005 年为 47%，2010 年降为 26%，2011 年为 25%。2012 年，穆迪国际评级机构将印度尼西亚对外偿债能力从原先的“Ba1”级别提升为“Ba3”级别，并给予“稳定”评语。

二、经济波动与周期特征

经济增长和波动是一国宏观经济发展的主要体现。宏观经济不断向前增长是印度尼西亚国民经济建设的总趋势，但由于国内经济条件约束与国际经济因素冲击，印度尼西亚在经济增长过程中也出现了几次大幅度波动，导致 GDP 增长率表现不佳，甚至出现负值。在苏加诺执政时期，1963 年印度尼西亚 GDP 增长率为 -2.3%，1965 年为 0.9%。在苏哈托执政时期，即 20 世纪 80 年代中期以前受国际油价下跌冲击，印度尼西亚依赖石油和天然气出口获取资金发展本国工业的战略受阻，于是印度尼西亚经济陷入衰退期，1982 年 GDP 增长率为 1.1%。在东南亚金融危机爆发时期，印度尼西亚在东盟国家中受到的冲击最大，以至于 1998 年其 GDP 增长率为 -13.1%，1999 年为 0.8%。经济下滑使得印度尼西亚人均 GDP 由 1997 年的 1052 美元降为 1998 年的 459 美元（与 1987 年水平相当），此次波动为印度尼西亚战后独立以来最大的一次经济波动，经济发展水平一下子倒退了 10 年。

下面从经济周期角度考察印度尼西亚经济增长的波动特征。一般而言，一个完整的经济周期包括复苏期、扩张期、衰退期、萧条期四个时期，其中从谷底到波峰的区间称为上升期，从波峰到谷底的区间称为收缩期。按照时间长短划分，经济周期可分为基钦周期①、朱格拉周期②、康德拉季耶夫周期③三个周期。由图 3-2 可以看出，自 20 世纪 60 年代以来印度尼西亚经济增长经历了五个完整的经济周期，分别为 1967～1976 年、1976～1985 年、1985～1992 年、1992～2001 年、2001～2009 年，每个经济周期均为典型的朱格拉周期（时间周期为 10 年左右），同时朱格拉周期里面涵盖了基钦周期。自 20 世纪 60 年代中期以后，印度尼西亚经济开始步入正轨，并在 20 世纪 70 年代初期的第一次石油繁荣期获得快速增长，随后出现短暂的衰退，于 1976 年完成第一个经济周期。随着第二次石油繁荣期的到来，印度尼西亚经济增长进入第二个经济周期的上升期，受 20 世纪 80 年代国际油价的大跌和西方发达国家经济衰退的影响，印度尼西亚经济出现了较长的衰退期，分别于 1982 年和 1985 年两次到达第二个经济周期的谷底，呈现出一个主周期中包含基钦周期的现象。然而 1985 年以后，随着面向出口工

① 1923 年英国经济学家约瑟夫·基钦从厂商存货变化与生产关系出发研究经济波动规律，他在《经济因素中的周期与倾向》中把 2～4 年的短期经济调整称为“存货”周期，后来人们亦称之为“基钦周期”。一般而言，三个基钦周期构成一个朱格拉周期。

② 1862 年法国经济学家朱格拉在《论法国、英国和美国的商业危机以及发生周期》一书中首次提出市场经济存在着 9～10 年的周期波动，这种中等长度的经济周期被后人称为“朱格拉周期”，也称“朱格拉”中周期。

③ 1926 年俄国经济学家康德拉季耶夫提出的一种为期 50～60 年的经济周期。

业化战略的成功推行，印度尼西亚经济逐步回升至第三个经济周期的波峰，接着在1992年到达该轮经济周期的谷底。1993年印度尼西亚经济增长开始进入第四个经济周期的上升期，并于1995年到达周期波峰，随后受东南亚金融危机影响，于1998年到达第四个主周期的基钦周期谷底，之后出现短暂的回升，随后再次回落，并于2001年到达该轮朱格拉主周期的谷底。2001年以后，印度尼西亚经济增长进入第五个经济周期的上升期，并于2007年到达该轮经济周期的波峰，随后受全球金融危机影响，于2009年到达谷底。之后，印度尼西亚经济增长进入新一轮朱格拉经济周期的上升期，这轮周期还远未结束。

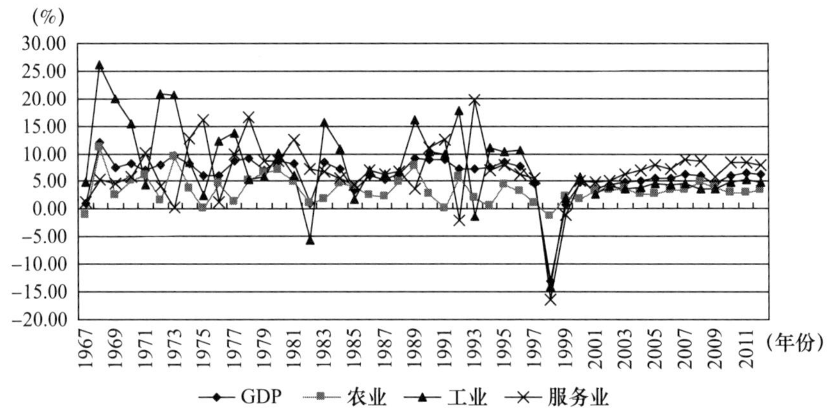

图3-2　印度尼西亚GDP增长率和三次产业增长率变化轨迹

资料来源：根据世界银行数据库世界发展指标相关年份（1967～2012）数据编制。

从经济周期对称性角度①来看，印度尼西亚经济周期波动是非对称的，特别是20世纪80年代中期以后，朱格拉经济周期呈现出一个明显的特征，即经济周期上升阶段（扩张期）持续时间较长，而下降阶段（收缩期）持续时间较短。经济周期波动性偏度②统计量说明了这一点，在任何一个朱格拉经济周期中，印

① 相关理论认为，如果经济周期是对称的，那么经济周期的上升期与收缩期长度相等，偏度为零；若经济周期是非对称的，则偏度不为零，并且偏度为负表明经济周期上升期长于收缩期，而偏度为正，则结果相反。

② 偏度指实际经济增长率偏离长期经济增长趋势的波动幅度，偏度绝对值越大，说明实际经济增长率偏离长期趋势的程度越大，否则结果相反。

度尼西亚经济周期波动偏度都为负值，这表明印度尼西亚经济周期上升阶段长于下降阶段，其中第三个和第五个经济周期偏度绝对值较大。①

三、GDP 增长率与三次产业增长率相关度分析

通过对 GDP 增长率与三次产业增长率相关关系进行衡量，可以发现不同产业部门对经济总量贡献程度的大小。由图 3 - 2 可以看出，在三次产业中，印度尼西亚 GDP 增长率与工业增长率关系最为密切，两者变动方向近乎一致，不同的是 GDP 增长率波动程度较小，而工业增长率波动程度较大。历年来，印度尼西亚 GDP 增长率最高值为 1968 年的 12%，最低值为 1998 年的 - 13.1%；工业增长率最高值为 1968 年的 26.2%，最低值为 1998 年的 - 13.9%。GDP 增长率与三次产业增长率的关系可以 1998 年为节点分为两个阶段。

第一阶段：1998 年以前 GDP 增长率与农业、服务业增长率均出现过不同步现象，例如，某些年份农业、服务业增长率下降，而 GDP 增长率持续保持向上，从相关系数来看，1967 ~ 1997 年三次产业增长率与 GDP 增长率相关系数分别为 0.55、0.67、0.2，② 由此可以看出，1967 ~ 1997 年服务业增长对经济总量的推动作用并不大，这个时期的经济总量增长主要依靠农业和工业推动。

第二阶段：在 1998 年以后，GDP 增长率变化方向与三次产业增长率变化方向几乎保持一致，即它们保持着同步增长，统计得到 1998 ~ 2012 年三次产业增长率与 GDP 增长率的相关系数分别为 0.87、0.98、0.99，表明 GDP 增长率与三次产业增长率之间呈现出高度相关关系，进一步表明经济总量的增长得益于三次产业的共同、平衡推动。

---

① 王悦．东亚新兴经济体经济周期特征分析［J］．亚太经济，2012（5）．

② 根据印度尼西亚三次产业产值增长率与 GDP 增长率计算得到。

第二节　印度尼西亚产业结构演变特点

伴随着印度尼西亚经济不断向前发展，目前印度尼西亚已经由农业国转变为新兴工业化经济体，三次产业在国民经济中的地位以及劳动力就业结构均发生了演变。作为战后推行工业化战略的发展中国家，印度尼西亚工业化进程受到诸多自身条件和国际经济因素的约束，那么印度尼西亚产业结构演变呈现出什么样的特征，产值结构与就业结构协调程度如何，是否与发达国家工业化过程中产业结构演变规律相一致？下面以三次产业产值比重和就业比重指标为基础，以收集到的统计数据对这些内容进行研究。

一、三次产业产值结构演变特点

产值结构是产业结构演变的重要内容。随着工业化进程不断向前推进，一般而言，农业在国民经济中的相对地位将持续下降，而工业和服务业的相对地位将不断上升。推行工业化战略以来，印度尼西亚三次产业产值比重发生了显著变化（尤其是农业和工业），它们呈现出“先收拢后发散”的整体特征，以至于在不同的时间节点，三次产业产值比重大小次序出现了更替，并表现出不同的特点，如图3－3所示。

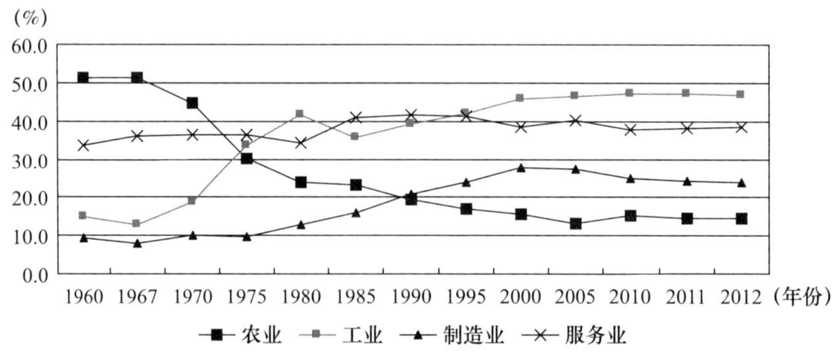

图3－3　印度尼西亚三次产业产值比重变化趋势

资料来源：根据相关数据整理编制。1960年数据来源于王勤．东盟五国产业结构的演变及其国际比较［J］．东南亚研究，2006（6）；其余数据来源于世界银行数据库世界发展指标（1967～2012）。

（一）农业产值比重下降幅度较大，成为最小产业部门

在整个工业化进程中，印度尼西亚农业在国民经济发展中的地位发生了显著变化，从最大产业部门变为最小产业部门，这种现象顺应了经济发展的一般趋势。印度尼西亚农业产值比重整体趋势不断下降，整个过程大致经历了三个阶段，即快速下降阶段（1960～1985）、平缓下降阶段（1985～2005）、略有上升并趋于稳定阶段（2005～2012）。印度尼西亚拥有大量的农业人口和丰富的农业资源，农业在国民经济中占有重要地位。在工业化初期，作为农业国，印度尼西亚农业贡献了国民经济总量的大部分。1960 年印度尼西亚农业产值比重为 51.5%，超过了国内生产总值的一半，1967 年该数值仍高达 51.4%，7 年来产值比重几乎没有变化。随着工业化向前推进，印度尼西亚与发达国家在工业化过程中农业所走过的轨迹一样，印度尼西亚农业在国民经济中的地位不断下降，1985 年其产值比重迅速降至 23.2%。1985 年以后，印度尼西亚农业产值比重下降速度有所放缓，但仍保持下降趋势，由 1985 年的 23.2% 降至 2005 年的 13.1%，20 年下降了 10 个百分点。由此可见，相比 1965～1985 年印度尼西亚农业产值比重下降速度确实放缓了不少。进入 2005 年以后印度尼西亚农业产值比重变化首次出现了新迹象，即保持整体趋势向下的同时小幅上升，这与苏西洛政府加大农业发展力度有很大关系。最近几年，印度尼西亚农业产值比重维持在 13%～16% 之间，2012 年为 14.4%，当前农业已成为印度尼西亚国民经济最小的产业部门。

（二）工业产值比重上升幅度较大，成为最大产业部门

自推行工业化以来，印度尼西亚工业产值比重发生的变化非常显著，整体趋势不断向上，大致经历了快速上升阶段（1960～1980）、快速下降阶段（1980～1985）、较快上升阶段（1985～2000）、趋向稳定阶段（2000～2012）四个阶段。20 世纪 70 年代初至 80 年代中期，印度尼西亚推行进口替代工业化战略，这个时期工业产值比重变化最为迅速，这主要得益于国内进口替代工业和矿业的快速发展。在 20 世纪 70 年代国际石油贸易繁荣时期，印度尼西亚大量生产并出口原油等初级产品，为国内工业发展获取了大量资金。由于矿业的带动，工业产值比重由 1970 年的 18.7% 迅速上升到 1980 年的 41.7%。1980～1985 年是印度尼西亚工业化战略调整前期，国际油价大跌导致印度尼西亚石油、天然气等初级产品出口严重受阻，虽然制造业产值比重仍不断上升（从 13% 上升到 16%），但由于矿

业部门大幅萎缩，以至于工业产值比重出现了回落，由 1980 年的 41.7% 降到 1985 年的 35.8%。在 1985 年以后，印度尼西亚转为推行面向出口工业化战略，并取得了明显效果，制造业取代矿业获得迅速发展，制造业产值比重持续上升，一直延续到 2000 年（如图 3－3 所示），工业产值比重也因此而攀升，1997 年该数值达到 44.3%。在东南亚金融危机爆发后，印度尼西亚制造业受到严重的冲击，工业部门也因此受到了拖累，其产值比重出现短期的回落。经过几年的整顿与调整，印度尼西亚经济活力逐渐恢复，工业也重新步入发展轨道，但受制造业产值比重持续走低影响，工业产值比重自 2000 年以来一直保持较为稳定的状态，上升已经略显乏力。目前，工业已成为印度尼西亚国民经济的最大产业部门，工业产值比重仍处于较高水平，2012 年为 46.9%，目前还没有出现拐点。

（三）服务业产值比重变化不大，略有上升

服务业是印度尼西亚三次产业中产值比重变化最不显著的部门，由图 3－3 可知，服务业产值比重自 1960 年以来几乎呈水平状态，虽略有上升，但趋势特征非常不明显。从整个过程来看，服务业产值比重变化轨迹大致经历了相对稳定阶段（1960～1980）、快速上升阶段（1980～1985）、较高水平相对稳定阶段（1985 年至今）三个阶段。工业化早期服务业在印度尼西亚整个国民经济发展中占有较大的比重，但在整个工业化进程中服务业发展一直没有什么大起色，明显落后于工业，以至于其产值比重波动空间非常小，迟迟没有获得大突破。1960～1980 年，印度尼西亚农业和工业的产值比重都发生了显著变化，而服务业产值比重仅仅由 33.5% 升为 34.3%，20 年仅变动 0.8 个百分点。1980～1985 年，服务业产值比重迅速上升一个台阶，由 33.5% 升至 40.9%，这种现象主要由两个因素共同决定，一是工业部门因矿业萎缩出现衰退，二是服务业在短期内取得了新的发展。在 1985 年后，服务业产值比重长期维持着稳定态势，直到东南亚金融危机爆发，因金融业、房地产业大幅下滑，服务业产值比重才出现下降，2000 年降至 38.5%。随着印度尼西亚经济的恢复发展，服务业产值比重在 2005 年再次超过 40%，之后又再次回落，最近几年维持在 38% 左右，2012 年为 38.6%，与 1960 年的数值（33.5%）相差不远。

二、三次产业就业结构演变特点

就业结构是考察产业结构演变的另一个维度。随着产值结构向前演变，产业部门之间生产率存在差距，导致劳动力在产业间发生转移，就业结构也会相应发生变化。印度尼西亚三次产业就业比重变化趋势如图 3－4 所示。随着时间向前推移，印度尼西亚三次产业就业比重演变呈现出“反向喇叭”形状，它们之间的差距逐步由大变小，之后维持相对稳定格局。

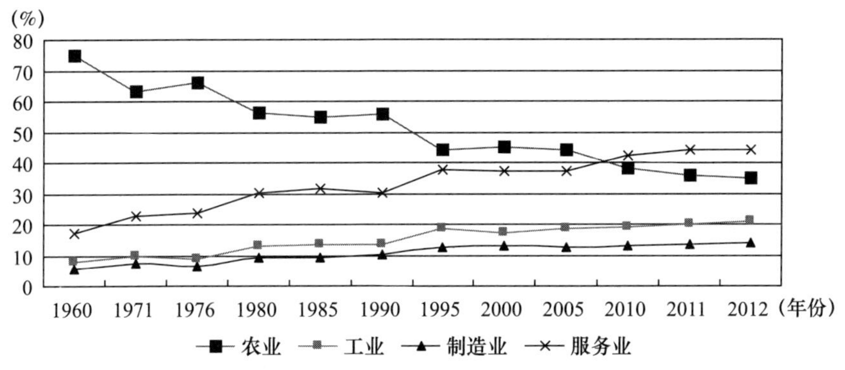

图 3－4　印度尼西亚三次产业就业比重变化趋势

资料来源：根据相关数据整理编制。1960 年数据来源于王勤．东盟五国产业结构的演变及其国际比较［J］．东南亚研究，2006（6）；1971 年数据来源于汪斌．东亚工业化浪潮中的产业研究［M］．杭州：杭州大学出版社，1997：217；其余数据来源于世界银行数据库世界发展指标（1976～2012）．

（一）农业就业比重下降幅度较大，呈现逆经济周期特征

印度尼西亚农业就业比重变化非常有特色，表现出很明显的阶段性下降特点和逆经济周期特征。在 1960～2012 年期间，印度尼西亚农业就业比重下降幅度较大，由 75% 降至 35%，下降了 40 个百分点，在三次产业中表现最为显著。印度尼西亚农业在就业比重保持整体趋势向下的同时，并非简单地线性下降，而呈现阶段性平台式特点，即农业就业比重先是长期保持稳定，接着迅速打破之前的格局进入另一个稳定阶段，这样的过程不断重复，使得农业就业比重整体趋势不断下降。由图 3－4 可知，印度尼西亚农业就业比重演变历程经历了三次比较明显的下降阶段和两次缓慢变化的稳定阶段。1960～1980 年，印度尼西亚农业就

业比重迅速下降，从75%降至56.4%，20年下降了将近20个百分点。1980～1990年，这个时期农业就业比重进入了稳定阶段，从56.4%变为55.9%，几乎没有变化。1990年以后，农业就业比重突破之前的稳定格局，进入低于50%的下降阶段，并持续到1997年东南亚金融危机爆发。1997年以后，由于印度尼西亚制造业受到东南亚金融危机的严重冲击，大量制造业企业破产和工人失业，因此农业就业比重出现了短期上升，这种态势持续到2003年，但始终没有超过1993年的水平（50.6%）。2005年以后，随着印度尼西亚经济的恢复，工业（尤其是制造业）重新获得发展，其吸收劳动力就业数量增多，因此农业就业比重再次进入较快的下降阶段，这种态势持续至今，2012年该数值为35%，为历年来最低水平。综上所述，结合印度尼西亚经济发展历程可以看出，当印度尼西亚经济处于景气时期，农业就业比重保持稳定或略微上升，而当印度尼西亚经济处于不景气时期，农业就业比重呈下降趋势。由此可见，印度尼西亚农业就业比重变化表现出逆经济周期特征。对印度尼西亚而言，农业部门就像一个蓄水池，对劳动力就业起着很强的吸纳与释放作用。

（二）工业就业比重上升幅度较小，呈现顺经济周期特征

自推行工业化战略以来，印度尼西亚工业就业比重虽呈上升趋势，但变化幅度较小，工业是三次产业中变化最不显著的部门，当前工业仍是最小的就业部门，这种现象与库兹涅茨对工业部门劳动力份额变化趋势所揭示的规律相一致。[①] 1960～2012年期间，工业就业比重由8%升至20.9%，52年仅上升了13个百分点，年均变动0.3个百分点，可见工业就业比重变化远远滞后于产值比重，这与工业内部结构有很大关联，本书将在第五章作详细分析。从图3－4可以看出，制造业就业比重由1960年的5.8%上升到2012年的13.9%，其变化轨迹与工业非常相似，可以推断印度尼西亚工业承接劳动力转移力度大小在很大程度上受制造业影响决定。结合印度尼西亚经济发展历程，可以发现印度尼西亚工业就业比重变化呈现出顺经济周期特征，即经济景气时其保持上升，经济不景气时其保持相对稳定或下降。1975～1980年是石油贸易繁荣期，印度尼西亚经济

① 库兹涅茨认为工业化阶段工业部门的劳动力相对比重上升不多或保持不变，主要归因于：第一，工业部门资本有机构成不断提高，导致劳动力要素需求下降；第二，随着经济的发展，工业部门内部规模不大，导致劳动力要素需求上升。当这两者力量趋于平衡时，工业部门的劳动力相对比重便趋于稳定。

较好，工业就业比重随之上升；1980～1990 年是印度尼西亚经济结构调整时期，经济发展停滞不前，工业就业比重基本保持不变；1990～1995 年是印度尼西亚调整经济结构效果显著时期，经济快速增长，工业就业比重上升；1997～2000 年是东南亚金融危机时期，印度尼西亚经济下滑，工业就业比重略有下降；2005 年至今，印度尼西亚经济保持快速增长，工业就业比重缓慢上升。

（三）服务业就业比重上升幅度较大，呈现顺经济周期特征

印度尼西亚服务业就业比重变化非常显著，呈阶段性上升，整体趋势一直保持向上，目前服务业已取代农业成为三次产业中最大就业部门。从图 3－4 可以看出，印度尼西亚服务业与农业的就业比重演变密切相关，两者呈现互补关系。1960～1980 年是印度尼西亚服务业就业比重第一个上升阶段，从 17% 迅速上升到 30.4%，变动了 13.4 个百分点。1980～1990 年，服务业就业比重保持稳定，维持在 30% 左右。1990～1995 年是服务业就业比重第二个上升阶段，短短 5 年内，从 30.2% 迅速上升到 37.6%。1995～2005 年，服务业就业比重再次保持稳定，维持在 37% 左右。2005 年以后，印度尼西亚经济从东南亚金融危机中恢复，随着印度尼西亚经济进入景气时期，服务业就业比重保持缓慢上升态势，并于 2008 年超过其产值比重（37.5%）达到 40.8%，2012 年更是达到历史最高值（44.1%），此时服务业已成为最大就业部门。结合印度尼西亚经济发展历程可以发现，服务业跟工业一样，其就业比重随经济景气变化而相应变化，呈现出顺经济周期特征。

三、产业结构演变偏离度分析

产业结构偏离度指标可以反映三次产业产值结构与就业结构之间变动的差异或不协调程度，其变化情况能够体现产业结构演变合理化趋势。产业结构偏离度计算公式为：

$$E = \sum_{i=1}^{n} \left| \frac{L_i}{L} - \frac{Y_i}{Y} \right|, i = 1,2,3$$ ①

其中，Y 表示国内生产总值，L 表示就业总人数，Y_i 表示 i 部门的总产值，

① 国内学者对“产业结构偏离度”有不同的定义。有的学者将其定义为某一产业的就业比重与产值比重之差的绝对值，有的将其定义为（某一产业产值比重／就业比重）－1。虽然计算结构偏离度的定义不一样，但这两种方法的实质是一样的，在这里选取第一种。

L_i 表示 i 部门的就业人数，n 表示产业部门总数。一般而言，E 值越大表示经济系统越偏离均衡状态，产值结构和就业结构处在不同步变化或不对称状态，产业结构效益越低；E 值越小则结果相反。因此，某一产业的结构偏离度可以反映该产业的产值比重和就业比重演变是否协调，而三次产业整体结构偏离度可以反映产业整体素质，从而可以考察产业结构演变是否朝着合理化方向发展。

一般来说，对某个产业而言，如果产业结构偏离度大于零，则说明该产业劳动生产率较低，该产业存在劳动力向外转出的可能；反之，则结果相反。由此可以推断，如果市场是完全竞争状态，生产要素能够在各产业之间自由流动，市场机制能够充分发挥作用，那么各产业的劳动生产率最终会发生趋同，从而产业结构偏离度也逐步变小，最后变为零。从发达国家产业结构演变过程来看，工业化初期产业结构偏离度较高，随着工业化进程的推进，该值会逐步变小，产业结构演变逐步趋向平稳，因此从一国产业结构偏离度的变化情况也可以看出该国产业结构的演变趋势。

根据产业结构偏离度的计算方法，可以计算出历年来印度尼西亚产业结构偏离度的数值，如表 3－1 所示。印度尼西亚农业的偏离度一直大于零，工业的偏离度一直小于零，服务业的偏离度逐步由负值转为正值。由此可知，首先，工业的劳动生产率是印度尼西亚三次产业中最高的，其次是服务业，农业劳动生产率相对较低。从动态角度来看，对农业而言，其偏离度先升后降，1990 年达到最高值 36.5%，随后逐步下降，这表明农业产值比重和就业比重演变合理化程度不断得到改善，劳动生产率逐步提高，但目前农业偏离度数值仍然较高，这也充分说明了印度尼西亚农业部门还滞留着大量剩余劳动力，从而产值比重下降速度远大于就业比重。对工业而言，其偏离度一直为负值，表明工业劳动生产率先降后升，产值比重的上升速度快于就业比重。对服务业而言，其偏离度由负值变为正值，表明其劳动生产率是不断趋于下降的，就业比重上升的速度快于产值比重。

表 3－1　印度尼西亚产业结构演变偏离度　　单位：%

年份 类别	1960	1970	1980	1990	2000	2010	2011	2012
农业	23.5	18.3	32.4	36.5	29.7	23.0	21.1	20.6

续表

类别 \ 年份	1960	1970	1980	1990	2000	2010	2011	2012
工业	-7.0	-9.0	-28.6	-25.4	-28.5	-27.7	-27.1	-26.0
服务业	-16.5	-13.4	-3.9	-11.3	-1.2	4.6	6.0	5.5
合计①	47.1	40.6	65.0	73.2	59.4	55.3	54.1	52.1

注：①为三次产业结构偏离度绝对值之和；在计算1970年偏离度时，就业比重采用的是1971年的数据。

资料来源：根据印度尼西亚三次产业产值比重和就业比重相关数据计算得到，产值比重数据来源同图3-3，就业比重数据来源同图3-4。

印度尼西亚三次产业整体结构偏离度先升后降，1990年达到最高值73.2%，随后一直不断下降，由此可见，自20世纪90年代初以来，印度尼西亚三次产业产值结构和就业结构演变协调程度不断得到改善，产业结构演变不断朝着合理方向发展。印度尼西亚三次产业结构协调程度虽不断提高，但与新加坡、马来西亚相比，印度尼西亚产业整体结构偏离度仍然处于较高水平，2010年印度尼西亚、新加坡、马来西亚产业结构偏离度分别为55.3%、12%、34%，[①] 从中可以看出，当前印度尼西亚产业结构合理化水平还处于相对较低的层次。在未来的工业化进程中，印度尼西亚政府有必要理顺部门间劳动力转移次序，推动产业结构进一步向合理化方向演进，同时更应该进一步推动产业结构优化升级，从而更好地实现经济可持续发展。

四、印度尼西亚产业结构演变国际比较

英国是世界上最早完成工业化的国家，以蒸汽机的发明和使用为标志，自18世纪60年代英国工业革命开始，到1870年时，英国的工业产值占世界工业产值的1/3，第一阶段是以英国工业化所走过的进程为代表的世界工业化进程。第二阶段是1890年美国工业产值超过英国，以美国为代表，包括德国、法国、俄国等跃居世界第一。第三阶段是发生在“二战”以后，以亚洲“四小龙”为代表，也包括一些拉美国家（巴西、墨西哥、阿根廷）、中国、印度、印度尼西亚

① 姜文辉．开放经济条件下东盟五国产业结构研究［M］．北京：中国经济出版社，2013：93.

等国家在内，到20世纪末，有些国家已成功完成工业化，有些还处在工业化当中。由于各个国家在工业化过程中自身要素约束和面临的外部环境不同，所以各自的产业结构演变轨迹也不尽相同。印度尼西亚作为战后推行工业化的国家，其产业结构演变过程与其他国家相比有什么异同之处呢？下面以美国和中国为例对比进行简单分析。

（一）与美国产业结构演变比较

19世纪末美国就开始了工业化进程，历经100多年的发展，如今已进入后工业化社会和服务经济时代。可以说，美国经济发展史演绎了一个完整的产业结构演变全过程。美国的产业结构演变脉络非常清晰，经历了以农业为主（即工业化前的经济）、转向以工业为主（即工业化经济）、再转向以服务业为主（即后工业化经济）的三个发展阶段，产业结构不断向现代化、高级化方向发展。美国工业化时期是经济全球化发展相对低级的阶段，国与国之间的经济往来相对不是那么密切，加上两次世界大战都没有对美国本土产生破坏，因此当时美国推行工业化战略有着相对独立的经济环境，这使得美国产业结构演变表现出非常完美的过程。

自1900年以来，美国三次产业产值结构演变和就业结构演变趋势如图3－5和图3－6所示，产业结构偏离度如表3－2所示。结合前面印度尼西亚产业结构演变特点可以发现，印度尼西亚和美国之间的产业结构演变过程既存在相似之处，又存在差异。

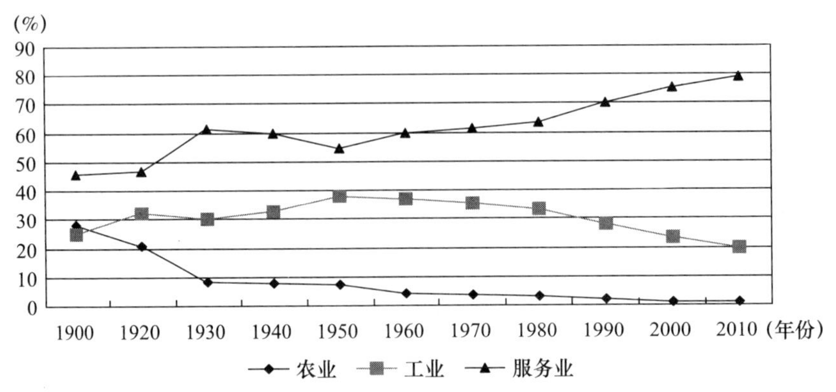

图3－5　美国三次产业产值比重变化趋势

资料来源：根据相关数据编制。1970年及之前数据来源于李姚矿．我国工业化进程中产业结构变动研究［D］．合肥工业大学，2006：15；其余数据来源于世界银行数据库世界发展指标（1980～2010）。

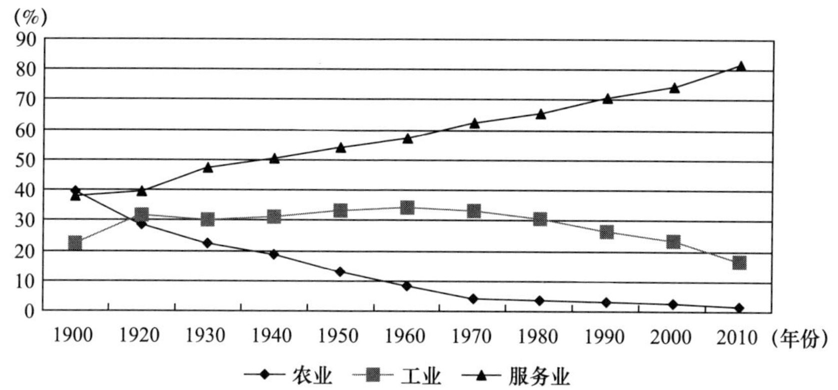

图 3－6 美国三次产业就业比重演变趋势

资料来源：根据相关数据编制。1970 年及之前的数据来源于景跃军．战后美国产业结构演变研究［D］．吉林大学，2004：72. 其余数据来源于世界银行数据库世界发展指标（1980～2010）。

表 3－2 美国产业结构偏离度 单位:%

类别＼年份	1900	1920	1930	1940	1950	1960	1970	1980	1990	2000	2010
农业	11.6	7.8	14.4	10.9	5.4	3.9	0.9	0.7	0.8	1.4	0.4
工业	－2.6	－0.3	0.3	－1.6	－4.6	－2.5	－2.1	－2.7	－1.5	－0.2	－3.1
服务业	－8.0	－7.5	－14.2	－9.7	－0.7	－2.7	1.3	2.0	0.6	－1.2	2.7
合计①	22.2	15.6	28.9	22.2	10.7	9.1	4.3	5.5	3.0	2.8	6.2

注：①为三次产业结构偏离度绝对值之和。

资料来源：根据美国三次产业历年产值比重和就业比重数据编制，其中产值比重数据来源同图 3－5，就业比重数据来源同图 3－6。

1. 产值结构演变方面

在工业化过程中，美国和印度尼西亚在产值结构演变方面大体趋势是相似的，即农业产值比重不断下降，工业和服务业产值比重在工业化阶段均不断上升，这些与传统产业结构演变规律相对应。与此同时，二者也表现出不同之处。

第一，对工业而言，美国工业产值比重在 1950 年达到最高值 38% 之后持续下降，美国工业产值比重在 1950 年出现了拐点，美国经济随后进入后工业化时期。相比而言，印度尼西亚工业产值比重在2008年达到最高值48.1%（超过美国最高值10个百分点），最近几年虽出现下降的迹象，但印度尼西亚并没有因此而进入后工业化时期，反而这种“去工业化”现象给印度尼西亚经济带来了很多不利影响。

第二，美国和印度尼西亚两国服务业产值比重演变趋势有所不同。对美国而言，服务业在国民经济中一直占主导地位，其产值比重变化非常显著，整体趋势一直向上，尤其在20世纪50年代以后上升更加迅速。相对而言，目前印度尼西亚服务业还没成为国民经济主导部门，其产值比重变化非常缓慢，变动幅度非常微小。

2. 就业结构演变方面

在就业结构演变方面，美国与印度尼西亚表现出许多相似之处：农业就业比重不断下降、工业就业比重变化幅度不大、服务业就业比重不断上升且幅度较大。通过比较三次产业就业比重变化幅度可知，美国劳动力大部分在农业和服务业之间转移，工业吸纳劳动力就业程度有限，这种现象与印度尼西亚是一致的，只是对于美国而言，在劳动力向服务业大幅度转移的同时，服务业产值比重也是同步上升的，而印度尼西亚并非如此，印度尼西亚的服务业产值比重上升缓慢。总的来看，美国和印度尼西亚的就业结构演变大体趋势相似，只是变化速度快慢不同。对美国而言，其农业和服务业就业比重均发生变化，且呈现出线性变化趋势；而印度尼西亚变化相对缓慢，呈现出分阶段非线性特征。

3. 产业结构偏离度方面

由表3－2可知，从动态角度来看，美国三次产业结构整体偏离度演变趋势不断下降，这方面与印度尼西亚是一致的。美国三次产业偏离度绝对值的最大值分别为14.4%、4.6%、14.2%，而印度尼西亚对应的是36.5%、28.6%、16.5%，由此可见，相对印度尼西亚而言，美国三次产业及整体结构偏离度都处于较低水平。根据偏离度的意义可知，美国三次产业结构演变的协调程度和资源配置效率相对较高，劳动力在各产业部门之间转移非常顺畅，不存在就业比重明显滞后于产值比重的现象，而印度尼西亚在这方面则表现不佳。

（二）与我国产业结构演变比较

改革开放以前，我国已经开始推行工业化战略，当时实行的是计划经济体

制。由于受历史因素影响，在工业化推行过程中采取了赶超策略，导致产业发展过多受到政府宏观调控因素影响，以至于产业结构演变在短时期内出现非常扭曲的现象。自1978年以后，随着国内市场开放和经济体制改革，市场机制在经济建设中逐步发挥关键性作用，我国产业结构演变逐渐走向合理化。

印度尼西亚同我国一样都是战后推行工业化的国家，在工业化战略转型和面临的国际环境等方面有着很多相似之处。20世纪80年代中期随着日元升值，以美日和亚洲“四小龙”为主要推动力的国际产业转移浪潮方兴未艾，在这种背景下，印度尼西亚和我国一样开始推行面向出口工业化战略，积极参与经济全球化，充分利用FDI和国际市场促进经济发展与结构转型。由于各自的资源禀赋、生产要素、产业起步基础不尽相同，故中国和印度尼西亚两国之间的产业结构演变同中有异。我国三次产业产值结构和就业结构变化趋势如图3－7和图3－8所示，产业结构偏离度如表3－3所示。

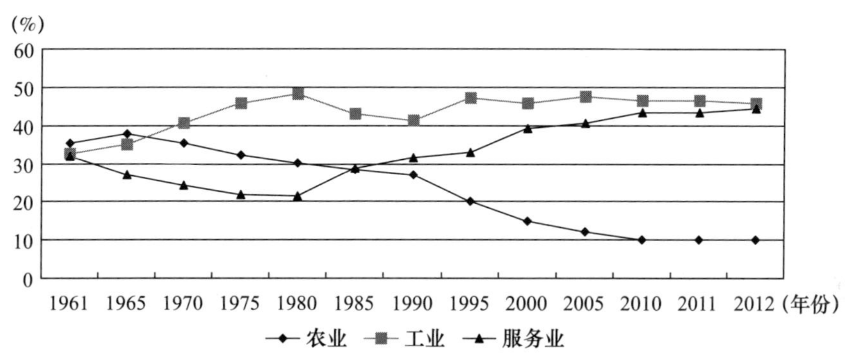

图3－7 中国三次产业产值比重变化趋势

资料来源：根据世界银行数据库世界发展指标相关年份（1961～2012）数据编制。

1. 产值结构演变方面

在产值结构演变方面，我国与印度尼西亚既有相似的地方，同时也有不同之处。

（1）相似之处。首先，在三次产业中均是工业占主导地位，服务业次之，农业已成为国民经济最小产业部门。其次，在工业化阶段，工业产值比重都迅速

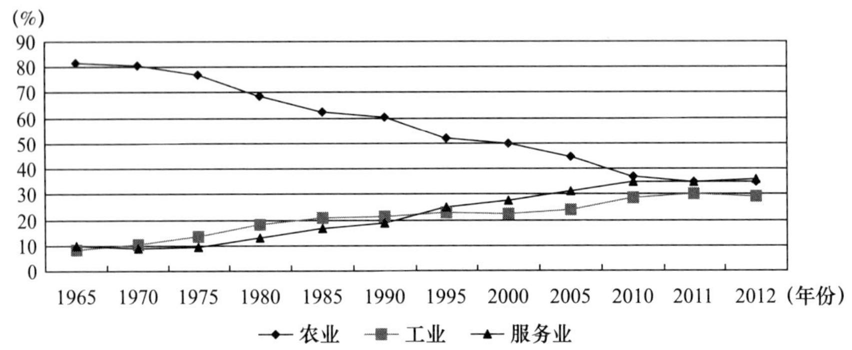

图 3－8 中国三次产业就业比重变化趋势

资料来源：根据相关数据整理编制。1975 年及之前数据来源于《中国统计年鉴 2005 年》，中国统计出版社出版；其余数据来源于世界银行数据库世界发展指标（1980～2012）。

表 3－3 中国产业结构偏离度

单位:%

类别＼年份	1965	1970	1975	1980	1985	1990	1995	2000	2005	2010
农业	43.7	45.6	44.8	38.5	34.0	33.0	32.2	34.9	32.7	26.6
工业	－26.7	－30.3	－32.2	－30.0	－22.1	－19.9	－24.2	－23.4	－23.6	－17.9
服务业	－17.0	－15.3	－12.6	－8.5	－11.9	－13.0	－8.1	－11.5	－9.1	－8.8
合计①	87.3	91.2	89.6	77.1	67.9	66.0	64.5	69.9	65.4	53.3

注：①为三次产业结构偏离度绝对值之和。

资料来源：根据中国历年三次产业产值比重和就业比重数据编制得到，其中产值比重数据来源同图 3－7，就业比重数据来源同图 3－8。

上升，数值较大，最高值均达到 48% 以上，远大于发达国家工业产值比重的峰值，不过发展中国家在工业化过程中工业产值比重较大这种现象是很常见的。最后，三次产业产值比重均从显著变化阶段进入了相对稳定阶段。

（2）不同之处。①在 20 世纪 60 年代工业化起步时期我国三次产业产值比重相当接近，差距不大，随后出现扩散，80 年代中期再次靠近，之后再一次扩散，工业产值比重自始至终都处于较高水平；而印度尼西亚的情况不同，印度尼西亚在工业化初期三次产业产值比重差距悬殊，工业产值比重较小。②我国服务业产值比重在20世纪80年代之前出现较长时期的下降阶段，然后再持续上升，整个过程先下降后上升，变动的幅度相对较大，而印度尼西亚是阶段性跳跃式上升，但整体变动幅度不大。

2. 就业结构演变方面

（1）我国同印度尼西亚三次产业就业比重变化趋势大体上是一致的。主要体现在以下四个方面：①农业就业比重不断下降；②工业和服务业就业比重不断上升；③整体变化趋势呈现出“反向喇叭”形状；④当前服务业成为最大就业部门，工业成为最小就业部门。目前，中国、印度尼西亚两国仍没有出现工业就业比重持续下降而服务业就业比重持续上升的阶段，而是工业和服务业就业比重均处于上升阶段，即两国都还处于工业化进程中，还没有进入服务业高度发展的后工业化时期。

（2）我国同印度尼西亚三次产业就业比重变化趋势不同之处。主要体现在劳动力转移次序方面，对我国而言，工业和服务业就业比重一直比较接近，且同步上升，变动幅度大小相近，这表明我国劳动力在三次产业之间转移基本遵循“一二三”梯度顺序，而不像印度尼西亚那样直接由农业向服务业跨越式转移，这使得我国三次产业就业比重变化相对比较顺畅，类似于线性变化，并不像印度尼西亚那样呈现阶段性跳跃特征。

3. 产业结构偏离度方面

产业结构偏离度方面，我国同印度尼西亚主要表现出相似之处。首先，两国的三次产业及整体结构偏离度都处于不断下降趋势，这表明产业结构演变不断趋向合理。其次，目前两国的产业结构偏离度都还处于较高水平，远远大于发达国家，这反映了我国和印度尼西亚在产业结构演变过程中产值结构和就业结构不匹配现象仍较为严重，以至于产业结构协调程度和资源配置效率仍处于相对较低水平。最后，在三次产业中，我国与印度尼西亚均是工业部门劳动生产率最高，其次是服务业，最后是农业。

（三）印度尼西亚产业结构演变的启示与借鉴

产业结构演变与工业化进程紧密相关。美国工业化进程代表了发达国家所走过的路径，而我国在一定程度上也代表了新兴工业化经济大国和转型经济体的工业化模式。无论印度尼西亚还是我国，两者产业结构演变的整体趋势跟美国工业化阶段所走过的轨迹均有相似之处，可以说美国在很大程度上预示着发展中国家产业结构演变未来要走的方向。从具体方面来看，印度尼西亚产业结构演变在某些细节上既不同于美国，也不同于我国，而是表现出自己的特色，前面已对出现这种现象的原因进行了具体分析。

尽管印度尼西亚产业结构演变与美国以及我国之间存在许多不同之处，甚至可以说存在许多相对落后的地方，但是，从印度尼西亚经济发展历程和经济增长速度来看，不置可否的是印度尼西亚这样的产业结构演变模式有它的成功之处。20 世纪 60 年代印度尼西亚起步的工业化进程是主动承接以日本和亚洲“四小龙”为代表的雁行国际产业转移浪潮和充分利用国内国外两种资源、两种市场，以及充分参与国际产业分工体系、经济全球化的过程，它所面临的国际经济背景在以往任何一个时代都未曾出现，在这种背景下，一方面，印度尼西亚借助本国低廉的劳动力获得了劳动密集型产业的比较成本优势和人口红利；另一方面，印度尼西亚通过国际技术转移和外溢效应在生产要素上获得了后发优势，这些使得印度尼西亚以一种不完全同于以往其他发达国家产业结构的演变模式获得了经济的快速增长和发展，为其他后起发展中国家推行工业化提供了宝贵经验。总而言之，印度尼西亚产业结构演变的具体事实丰富了产业经济理论研究领域，同时它所取得的成就对其他欠发达国家经济体谋求自身发展之路也有可借鉴之处。

第三节　印度尼西亚产业结构演变评价

上一节对印度尼西亚产业结构演变特点进行了分析，并且跟中美两国进行了比较，从中可以看出，印度尼西亚产业结构演变基本上符合世界主要工业化国家产业结构演变的一般规律，并呈现出自身特色。作为发展中国家，印度尼西亚产业结构演变呈现出这样的路径有其合理性，同时也存在不少问题。与世界各国相比，当前印度尼西亚产业结构演变等级还处于中等位置。

一、产业结构演变呈现出合理化与升级趋势

偏离度变化趋势表明印度尼西亚三次产业结构正朝着相对合理的方向发展，主要体现在以下几个方面：

（1）农业产值比重和就业比重均不断下降。从世界范围来看，在西方发达国家工业化进程中，农业在国民经济中的地位不断趋向下降，包括农业对经济总量的贡献度和劳动力就业份额两方面，当前有些发达国家农业产值比重已经降到1%左右。印度尼西亚农业呈现出这样的变化趋势，反映了农业本身整体结构和内部结构的优化以及农业生产力的提高。

（2）工业产值比重和就业比重不断上升，虽然二者上升的幅度并不匹配，但也是产业结构趋向合理化的具体表现。工业是国民经济发展的主要推动力，决定了一国经济的发展前景和国际竞争力水平。对印度尼西亚而言，工业整体发展水平不断上升，当前工业在国民经济中已占主导地位，工业快速发展是一国工业化进程中出现的普遍现象。

（3）服务业产值比重和就业比重不断上升。印度尼西亚服务业产值比重上升是经济发展的必然现象，是工业化阶段进程提升的体现，这顺应了世界经济结构转型的趋势。相对产值比重，印度尼西亚服务业就业比重上升速度更快，主要是因为服务业部门大量吸纳了从其他产业部门转移出来的劳动力。

印度尼西亚三次产业产值结构和就业结构向前演变使得产业结构偏离度不断下降，表明印度尼西亚产业结构效益得到优化。由此可见，印度尼西亚产业结构演变基本上与发达国家所走过的工业化进程相类似，并没有出现截然不同的模式。至于在产业结构变动速度和协调程度上与发达国家有所差异，那也是一种客观存在、不可逾越的必经阶段，存在着必然性和合理性，因为每个国家在经济体工业化过程中都有着自身的要素约束和不同的外部环境、时代背景，所以表现出来的现象必然有所不同。尽管不同，但从长期来看，印度尼西亚工业化发展方向都会在将来与发达国家出现趋同现象——由工业化阶段进入后工业化阶段，进而完成工业化进程。

二、产业结构演变仍存在许多不协调之处

综上所述，印度尼西亚三次产业结构正朝着合理方向发展，并出现了升级现象。作为发展中国家，印度尼西亚在工业化过程中也必然面临着不少问题，包括农业劳动力转移滞后、“去工业化”现象凸显、服务业发展缓慢、工业吸纳劳动力就业程度有限等。

（一）农业劳动力转移相对滞后，农业仍存在大量剩余劳动力

根据发展经济学理论，一国工业化过程中农业产值比重和就业比重均出现下降趋势。印度尼西亚产业结构演变基本符合这种规律，然而与其他国家相比，在印度尼西亚工业化过程中农业部门仍表现出特色，主要体现在两个方面：一是农业产值比重虽下降较快，但数值仍然较大；二是劳动力向其他产业部门转移较慢，以至于农业就业比重居高不下。印度尼西亚农业产值比重和就业比重不匹配现象非常明显，2012 年农业产值比重为 14.4%，而就业比重仍高达 35%，后者为前者的 2.5 倍。这种不匹配格局直接导致农业存在大量剩余劳动力，从而对农业生产率提高带来不利影响，进而加深农业部门劳动力人均收入相对较低和农村人口贫困问题，进一步阻碍印度尼西亚二元经济结构转化。在传统二元经济结构向发达的一元经济转变过程中，劳动力由传统农业部门向现代工业部门转移或者劳动力由农村向城市转移是一个必然发生的社会现象。① 正是这种转移使得农业生产率得以提升，进而支持工业向前发展。如果农业生产率低下，农业原始资本积累就会不足，农业对工业支持非常有限。对印度尼西亚而言，当前虽然农业对国民经济贡献度下降了，但仍然存在大量剩余劳动力，农业仍是重要的就业部门，印度尼西亚政府面临着如何有效转移农业劳动力从而加快农业实现机械化、产业化、现代化的难题。

（二）工业（制造业）发展缓慢，“去工业化”现象凸显

“去工业化”是指一个国家工业化发展到一定阶段后出现工业（制造业）绝对规模和相对规模不断下降的现象，主要表现为工业和制造业在整个国民经济中

① ［美］保罗·萨缪尔森，威廉·诺德豪斯．宏观经济学［M］．北京：华夏出版社，1998.

的产值比重和就业比重变化缓慢，甚至持续下降。① “去工业化”现象和中等收入陷阱问题都与工业发展不足密切相关，尤其是制造业部门发展不足。自2005年以来，由于印度尼西亚产业结构演变格局一直停滞不前，三次产业产值比重进入了一种相对稳定的状态，尤其是作为主导国民经济发展的工业部门，其产值比重出现了缓慢下降趋势，因此“去工业化”现象开始在印度尼西亚出现。印度尼西亚的“去工业化”现象是一种“过早的去工业化”，这种现象在拉美一些国家和南非等后发国家都曾出现过。② 美国、日本、欧盟等发达经济体在工业化过程中也曾出现过“去工业化”现象，然而它们的“去工业化”模式与印度尼西亚有很大的区别。发达国家的“去工业化”是在制造业取得高度发展和产业结构整体进入服务化阶段才出现的，而印度尼西亚却是在制造业处于相对较低发展水平以及现代服务业发展严重滞后的时期出现，是由产业内部结构不协调引起的。目前，“过早的去工业化”现象已经制约印度尼西亚国民经济发展，如果不尽快解决“去工业化”问题，那么印度尼西亚产业结构调整升级目标将很难维持。

工业和制造业发展缓慢给印度尼西亚带来的另一个问题是“中等收入陷阱”困境。亚洲开发银行（ADB）在《2013年亚太地区关键指标》中指出：“亚洲国家要实现繁荣并避免步入中等收入陷阱，实现工业化增长必然是必不可少的因素；制造业对于高效的服务业、技术创新和现代农业具有关键作用，历史上没有任何经济体能在制造业产值和就业人数总体占比持续低于18%的情况下迈入高收入国家行列。”③ 根据印度尼西亚中央统计局和亚洲开发银行统计数据，印度尼西亚制造业产值占GDP比重自1990年以来就超过了18%，2001年达到最高值29.1%，2012年为24.1%，然而制造业就业比重目前仍低于18%，2012年达到最高值13.9%，离18%的水平还有一段距离。④ 印度尼西亚能否避开中等收入陷阱顺利进入高收入国家行列，这与制造业能否转型调整升级密切相关，这是印度

① Rowthorn, Ramaswamy. Deindustrialization: causes and implications, Washington, International Monetary Fund Research, Sept, 1997.

② 王秋石．去工业化的内涵、影响与测度指标的构建［J］．当代财经，2010（12）．

③ ADB. Key Indicators for Asia and the Pacific 2013, Aug, 2013.

④ 数据来源于世界银行数据库制造业相关年份（1990～2012）数据和亚洲开发银行2013年亚太地区关键指标。

尼西亚政府需要面对的长期战略问题。

（三）服务业发展相对滞后，经济服务化趋势不明显

在工业化过程中，服务业发展相对滞后是发展中国家普遍存在的现象。印度尼西亚在产业结构演变过程中，服务业产值比重一直处于偏低水平，至今仍低于50%。相对而言，发达国家服务业产值比重都较高，一般都在50%以上，有些国家甚至高达70%以上，美国、法国、英国、意大利等国家的服务业产值比重均超过了70%。[①] 1960～2012年印度尼西亚服务业产值比重变化幅度不大，由33.5%变为38.6%，52年来仅变动5.1个百分点。此外，从产业结构高级化衡量指标TS值[②]来看，该值一直处于下降趋势，从1985年的1.14变为2012年的0.82。[③] 由此可见，在印度尼西亚的三次产业中服务业发展严重滞后于工业，服务业发展滞后导致产业之间结构不协调，“经济服务化”[④] 趋势不明显。一般而言，“经济服务化”是世界经济发展和产业结构转型升级的主要趋势，然而在印度尼西亚却存在着悖论，主要是因为以金融、通信、仓储、物流、研发设计、品牌经营、市场营销为主导的现代服务业发展缓慢。产业结构协调是产业结构优化升级和国民经济可持续发展的根本保证，服务业发展相对滞后必然制约其他产业的发展，导致印度尼西亚难以向后工业化阶段过渡。对印度尼西亚政府而言，如何加快服务业发展，实现传统服务业向现代服务业转型升级，提升服务业对国民经济的推动作用，这是很迫切的现实经济问题。

（四）劳动力主要在农业和服务业之间转移

一般而言，从农业部门分离出来的劳动力先向工业部门转移，然后再从工业部门向服务业部门转移，然而印度尼西亚并没有出现这种循序渐进的劳动力梯度转移模式，而是由农业部门直接向服务业部门大幅度转移，这种现象在马来西

---

① 高传胜．经济服务化的世界趋势与中国悖论——基于WDI数据的现代实证研究［J］．财贸经济，2008（3）．

② TS值等于服务业产值除以工业产值，是衡量产业结构高级化指标之一。

③ 根据工业和服务业产值计算得到，相关数据来源于世界银行数据库世界发展指标相关年份（1985～2012）数据。

④ “经济服务化”指服务业在国民经济中的比重不断上升并占据主导地位，从而更好地为制造业等部门提供生产性服务，达到带动产业联动发展的良好效果。高传胜．经济服务化的中国悖论与中国推进经济服务化的战略选择［J］．经济经纬，2007（4）．

亚、菲律宾、泰国等其他东盟国家中也表现得比较明显，这与东盟各国所制定和实施的工业化战略密切相关。东盟国家在推行面向出口工业化战略阶段，在制造业部门中很多企业由跨国公司投资建立，而作为吸收劳动力就业主力军的中小企业发展却相对滞后。随着一国工业化进程加速推进和就业结构转变，农业部门的劳动力必然向其他产业发生转移，如果工业部门吸纳劳动力就业程度有限，则劳动力大部分会流向服务业。

当前农业和服务业仍是印度尼西亚主要的就业部门，工业就业比重明显偏低，2012 年印度尼西亚三次产业就业比重分别为 35%、21%、44%。按照一般规律，劳动力在三次产业中的转移顺序为“农业—工业—服务业”，而印度尼西亚目前出现了“农业—服务业”的跨越式转移顺序，不排除将来劳动力会出现“服务业—工业”逆向转移的可能。美国在工业化过程中也出现过劳动力由农业部门直接向服务业部门转移的现象，但美国服务业也随之快速发展，以至于服务业劳动生产率并没有下降。印度尼西亚当前服务业发展水平仍然较低，劳动力出现这样一种跨越式转移对整个国民经济发展是极其不利的。表现在以下两个方面：第一，印度尼西亚整体失业率仍处于一个偏高水平，2008 ~ 2012 年印度尼西亚平均失业率为 7.2%，其中 2012 年失业率为 6.1%，高于同一时期马来西亚（3%）、泰国（0.7%）等东盟国家；第二，服务业和农业劳动生产率较低，从而加剧各部门之间的差距，不利于降低贫困人口比例和缩小人均收入分配差距，2011 年印度尼西亚贫困人口比例仍高达 43.3%（按世界银行制定的每天 1.25 美元生活费标准核算）。此外，近年来印度尼西亚基尼系数不断上升，2011 年达到 0.381，接近国际警戒线。[①] 如何实现劳动力在部门间有效转移，实现产业结构协调发展，这些将成为印度尼西亚在产业结构演变过程中不可忽视的现实问题。

三、当前印度尼西亚产业结构在国际中的位置

从世界经济发展史来看，每一个时期都存在着不同层次的经济体。在全球化背景下，世界经济格局呈现多极化变化趋势，一些发达国家率先完成工业化进入

① 数据来源于世界银行数据库世界发展指标相关年份（2011）数据。

了后工业化时代，产业结构进入了高端层次。发达国家产业结构不断调整升级使得国内的资本、技术等生产要素在全球范围内转移，这对一些发展中国家工业化进程起到加速作用，使发展中国家迅速获得经济崛起。印度尼西亚作为后起的发展中国家，自20世纪60年代推行工业化以来，其产业结构发生了很大的变化，与其他国家相比，当前印度尼西亚产业结构在国际中处于比较独特的位置。

（一）印度尼西亚农业在国民经济中的比重仍然较高

印度尼西亚是世界上主要的农业大国之一，与其他国家相比有着非常优越的农业发展条件。农业在印度尼西亚国民经济中一直占有重要的地位，历届政府都非常重视农业经济的发展，尤其苏西洛执政以来，积极推动农业朝多元化、产业化方向发展，这使得农业面临着良好的发展机遇。自推行工业化以来，一方面印度尼西亚农业自身获得了很大的发展；另一方面其在国民经济中的相对比重已明显下降，但与发达国家以及一些转型经济体相比，该水平还明显偏高。以2012年为例，印度尼西亚农业产值比重为14%，远远高于美国、日本、韩国等发达国家的水平，同时也在马来西亚、泰国等东盟国家之上，甚至高于中国、巴西等发展中经济体的水平，如表3－4所示。另外，从平均水平来看，2012年世界农业产值比重平均值为4%左右，比印度尼西亚低将近10个百分点。

表3－4　2012年印度尼西亚产业结构国际比较　　单位：%

类别 \ 国家	印度尼西亚	马来西亚	新加坡	泰国	中国	印度	巴西	美国	日本	韩国
农业	14	10	0	12	10	17	5	1	1	3
工业	47	41	27	44	45	26	26	19	26	39
服务业	39	49	73	44	45	57	69	80	73	58

资料来源：根据世界银行数据库世界发展指标2012年相关数据编制得到。

（二）印度尼西亚工业在国民经济中的地位普遍高于同等发展中国家水平

在工业化阶段，工业往往比农业和服务业增长更快，从而使得工业在国民经济中的比重逐步上升。随着工业化向前发展，一国生产能力得到提高，经济结构不断得到优化，生产要素在各部门之间的流动逐渐趋向均衡，工业产值比重也将

趋于稳定并出现拐点，随之而来的是服务业的快速发展，学者称之为后工业化过程。印度尼西亚当前正处于工业化阶段。工业是国民经济的主导，仍然保持着稳定发展势头，还没有出现拐点。2012 年，印度尼西亚工业产值比重为 47%，此值在表 3－4 中排在首位，由此可见，印度尼西亚工业产值比重远高于印度、巴西等发展中国家和美国、日本、新加坡等发达国家的水平，与中国、马来西亚、泰国等国家相近。

（三）印度尼西亚服务业在国民经济中的比重明显低于同等经济发展水平国家

服务业是印度尼西亚三次产业中发展相对滞后的部门，其产值比重一直变化不大，2012 年该数值为 39%，在表 3－4 所列举的国家中为最低值，相较而言，印度尼西亚服务业产值比重远远落后于其他国家。美国、日本、新加坡等发达国家的服务业产值比重都处于相当高的水平，达到 70% 以上，发展中国家和转型经济体平均水平为 52% 和 59% 左右，印度、巴西、马来西亚等国家的服务业产值比重也远高于印度尼西亚。服务业发展水平的高低可以衡量一国产业结构高级化趋势的大小，尤其是当前“服务经济”高度发达的时代。印度尼西亚服务业发展相对落后有着一定的历史原因和许多现实约束，对于正处于工业化阶段的印度尼西亚来说，如何提升服务业发展空间，进而向后工业化时代迈进，意义重大。

第四节　印度尼西亚政府促进产业结构调整与升级的主要举措

苏西洛总统连任后继续把经济发展作为施政的首要目标，在众多措施积极配合下，印度尼西亚经济已从全球金融危机中逐步恢复并逆势增长。针对产业结构存在的诸多问题，印度尼西亚政府顺应国内外经济形势，主动调整中长期经济发展战略，积极采取措施实施经济重组和结构调整，加快了经济转型和产业结构调整升级步伐。

一、加强基础设施建设，努力消除经济发展短板

印度尼西亚基础设施发展相对落后，电力、气、水供应业等基础工业部门发展严重滞后，公路、铁路、航空、港口等交通运输服务业部门供给远远不足。根据2010年世界经济论坛报告，印度尼西亚基础设施在133个参评经济体中排第96位，大大落后于马来西亚（第27位）和泰国（第36位）；另外在2013年全球竞争力报告中，印度尼西亚基础设施被认定为“欠发达”级别。基础设施严重缺乏将制约印度尼西亚投资环境的改善和经济可持续增长，因此印度尼西亚政府将改善基础设施建设作为经济转型和结构调整的首要条件。

苏西洛第一届新内阁计划在2004~2009年期间投资720亿美元重点改进铁路、公路、桥梁、发电站、机场、码头等基础设施。此外，苏西洛总统利用参加亚太峰会（APEC）和东盟峰会的机会，主动邀请中国、日本、美国、韩国、澳大利亚、欧盟和东盟邻国来印度尼西亚投资，参与基础设施建设，并得到中、日等国的积极响应，世界银行也对印度尼西亚政府的上述计划表示支持。[①] 苏西洛于2009年获得连任后，计划在未来5~10年内将至少投资1000亿~1500亿美元用于改善交通运输和电力、气、水供应等基础设施建设。为了解决基础设施制约经济发展的难题，印度尼西亚政府未来5年投资计划将重点放在保障公共工程及民房等基础设施建设，包括雅加达及周边地区的输变电改扩建项目和巽达大桥、中爪哇燃煤电站等重大投资项目。基础设施建设所需的大量资金将通过政府财政支出（约占20%）和国内资本市场融资（占15%~20%）以及鼓励外商投资得到解决。2011年，印度尼西亚政府正式颁布了《印度尼西亚经济发展总体规划》，确定到2025年基础设施建设项目总投资额将超过4000亿美元。2011年12月，印度尼西亚国会通过了征地法案，标志着在这个土地私有的国家里，政府将可以通过补偿征用土地，[②] 在未来这将加快印度尼西亚基础设施建设速度。目前，印度尼西亚正处于基础设施建设高峰期，每年启动数千项道路、桥梁、发电站等基础设施项目。印度尼西亚政府有关主管部门联合召开新闻发布会宣

---

① 吴崇伯．正在崛起的印尼经济分析与前景透视［J］．南洋问题研究，2012（3）．

② 李皖南．印尼2011年政治、经济、外交形势回顾与展望［J］．东南亚研究，2012（2）．

布，根据印度尼西亚经济发展总体规划要求，将在 2014 ~ 2017 年兴建 56 项基础设施工程，由于政府预算有限，大部分项目将采用公私合营（PPP）方式共同建设。

二、发展经济走廊，优化区域产业布局

针对当前区域经济发展不平衡和产业结构面临的问题，包括农业发展相对落后、农业剩余劳动力大量存在、制造业亟待转型升级以及现代服务业发展缓慢等，2011 年印度尼西亚政府在中期发展规划纲要《2011 ~ 2025 年印度尼西亚经济发展总体规划》中明确提出发展涵盖三大产业在内的“六大经济走廊”，并预期在未来 15 年内使它们各自形成具有产业特色和区域优势的经济中心。为了配合中期发展规划的实施，印度尼西亚政府着力推动交通、通信、能源等大型基础设施项目建设，加强岛际联合和区域经济联系，使各岛产业中心均能直接参与国际市场竞争。此外，通过加快人才培养为“六大经济走廊”发展提供足够的人力资源支持和发展动力。“六大经济走廊”分别为：①爪哇走廊，以服务业和高科技产业为主，东爪哇省沿海地区将发展为化工工业中心和造船中心，而内陆地区将发展为食品和饮料生产中心；②苏门答腊岛走廊，重点发展农业种植园、矿产加工和开采等，苏南省和廖岛将发展成棕油加工中心；③加里曼丹走廊，以农业种植园和采矿业为主；④苏拉威西走廊，主要以发展渔业、农业种植园及采矿业为主；⑤巴厘和努沙登加拉走廊，重点发展旅游业及手工业，将巴厘和龙目岛打造成旅游休闲中心；⑥巴布亚和马鲁古走廊，以发展渔业、矿业及林业为主。[①]“六大经济走廊”是印度尼西亚政府对产业全方位的布局，通过以线带面推动产业全面发展，将会对农业产业化、传统制造业转型升级、现代服务业发展有很大的促进作用。

三、加快区域经济开发，实现经济协调发展

印度尼西亚区域经济发展差距由来已久，这与政府施政方略上重西轻东有很大关系。目前，印度尼西亚经济高度集中在西部，西部地狭人多，经济较发达，

① 李国章．印尼公布 15 年中期建设规划［N］．经济日报，2011 - 06 - 13.

居民生活富裕；而东部地广人稀，经济落后，贫困居民比例高达40%以上。为了消除这种地区之间的不平衡，加强区域经济联系，实现经济全面发展，印度尼西亚政府推出新政策举措以达到此目标。目前印度尼西亚政府已通过实施“综合经济开发区”的方案来振兴东部经济，将东部15个省整合为五个综合经济开发区，各开发区根据本地区自然资源、人力资源、地理环境、基础设施等客观条件制定相应产业发展方向，主要发展农作物及加工工业。农作物主要包括粮食、棕榈、杂交椰子、甘蔗、可可、家畜渔业、林木等；加工工业方面，南苏、中苏、东加计划发展纺织业，南苏、中苏、北苏、西加、东加、西努、东努等省将建造纸厂，苏拉威西、加里曼丹、东努将开拓化工行业，苏拉威西、西加、东加、西努、东努计划发展非金属制造业，苏拉威西计划发展机械制造业等。[①] 东部地区地域广阔、矿产资源和旅游资源丰富，但因基础设施落后，外资和私人部门投资力度一直不大。印度尼西亚政府计划在2010～2024年期间建设四座核电站，以满足爪哇和巴厘地区部分用电需求，另据印度尼西亚国营电力公司发布的《2010～2019年电力建设纲领》，在未来10年内该公司将投入962亿美元用于电站和输变电网络等电力供应系统建设，以满足落后地区用电需求。总而言之，在“六大经济走廊”推行后将会进一步缓解东部地区资金、技术人才稀缺和电力、交通、运输、通信等基础部门落后的难题，进一步加大雅加达、爪哇等经济增长及对其他地区的扩散作用和带动作用，从而缩小印度尼西亚政府区域经济发展差距，使其有望进入新的阶段。

四、振兴制造业，增强经济发展推动力

制造业是工业化的主导力量和国民经济发展最主要的推动力。近几年，由于制造业发展缓慢，印度尼西亚出现“去工业化”现象，并开始对国民经济发展产生不利影响。为此，印度尼西亚政府推出新对策振兴制造业，陆续出台包括纺织、钢铁、汽车、天然气、矿业、海产品、棕榈油、石油化工、轻工服务业和烟草业十大产业调整振兴规划，力争使制造业在2010～2014年期间年均增长率达到8.1%，并在2025年前将印度尼西亚建成世界工业强国

---

① 吴崇伯．苏西洛政府的经济政策及制约因素［J］．当代亚太，2006（12）．

之一。

印度尼西亚政府将通过提高制造业生产效率以及吸引更多国内外投资来达到上述目标，主要措施包括：①出台有利的招商引资措施，营造便利的外商投资环境，引导国内外投资进入制造业部门，并鼓励制造业企业进行技术和管理革新；②最大限度地利用印度尼西亚天然资源丰富和劳动力充裕的有利因素，大力发展具有比较优势的产业，放弃竞争力低于邻近国家的产业；③大力发展农、渔、畜、牧业，为工业提供原料；④改造技术落后、设备陈旧的传统工业，推动传统制造业升级换代，重视新兴制造业产业培育扶持，力求以科技创新获得突破，大力发展创意经济、绿色能源和可再生能源、汽车产业、有色金属和棕榈油等产业；⑤加大人力资本开发力度，培养本国的科技队伍，建立本国的创新体制，提高具有比较优势产业的科技含量，以此作为未来工业发展的目标与方向。[①]

① 吴崇伯．印尼经济的崛起与面临的挑战分析［J］．东南亚纵横，2013（2）．

第四章　印度尼西亚农业发展及转型分析

印度尼西亚是农业大国，农业在国民经济中占有重要地位，除产值贡献之外，在减少失业方面也发挥了积极作用，目前农业的就业比重仍高达35%。印度尼西亚国土面积广阔，疆域横跨亚洲及大洋洲，属热带雨林气候，大部分土地肥沃，农业发展有着得天独厚的自然条件。在工业化早期，由于经营方式传统、科技水平低下等因素影响，印度尼西亚农业发展非常落后。自20世纪70年代初印度尼西亚推行以农业为基础、工业为重心的经济发展战略以来，在政府政策大力支持下，印度尼西亚农业进步十分显著，其整体发展及内部结构均发生了很大变化，农业现代化水平有了较明显提升，这些成了本章研究的主要内容。

第一节　印度尼西亚农业发展概述

在工业化初期，虽然印度尼西亚农业在国民经济中占绝对主导地位（1970年农业产值比重为44.9%），但整体产出规模较小，农业各部门潜能还没得到有效开发，粮食自给目标尚未达到。随着生产力的提高及经营方针政策的调整，目前印度尼西亚农业整体及种植业、林、牧、渔业各部门均有了很大程度的发展。

一、农业发展整体水平不断提升

有关印度尼西亚农业整体发展状况的历年数据如表4－1所示。印度尼西亚农业总产值和人均产值水平均不断提升，这是农业整体不断向前发展的主要体现。按现价美元核算，印度尼西亚农业总产值由 1970 年的 43 亿美元上升到 2012 年的 1268 亿美元，总产值增长了 28 倍。按 2005 年不变美元价格核算，印度尼西亚农业人均产值由 1980 年的 559.9 美元上升到 2012 年的 979 美元，增长幅度为 75%，这反映农业生产力得到了很大提高。印度尼西亚农业产值增长率先降后升，20 世纪 70～80 年代，印度尼西亚农业产值年均增长率保持较高水平，1970 年为 5.2%，1980 年为 6.9%，远远高于同一时期其他东盟国家的水平，1970 年马来西亚、菲律宾、泰国对应的数值为 1.44%、0.44%、3.96%。进入 20 世纪 90 年代以后，印度尼西亚农业由盛转衰，1990～2005 年印度尼西亚农业发展非常缓慢，增长率长期处于较低水平，1990 年增长率只有 2.8%，2000 年更是达到了最低值 1.9%。近年来，印度尼西亚农业生产逐渐恢复，增长率逐渐上升，并保持较为稳定的水平，维持在 3.5% 左右。随着农业不断向前发展和工业化、城市化进程不断加快，印度尼西亚农村人口发生了转移，使得农村人口占总人口比重从 1970 年的 82.9% 降到 2012 年的 49%，下降了 33.9 个百分点。与此同时，劳动力从农业部门向其他产业部门发生了转移，使得农业部门就业总人数不断下降，2000 年为 4070 万，2012 年为 3890 万，12 年共减少了 180 万，年均减少 15 万。

表 4-1 印度尼西亚农业整体发展状况

类别 \ 年份	1970	1980	1990	2000	2005	2010	2011	2012
农业总产值（10 亿美元）	4.3	18.7	22.2	25.7	37.5	108.4	124.4	126.8
农业人均产值（美元）	—	559.9	613.4	661.6	761	909.7	937	979
农业产值增长率（%）	5.2	6.9	2.8	1.9	2.7	3.0	3.4	4.0
总就业人数（千万）	—	—	—	4.07	4.13	4.15	3.93	3.89
农村人口比重（%）	82.9	77.9	69.4	58.0	54.0	50.0	49.3	49

注：农业总产值按现价美元核算；农业人均产值按 2005 年不变美元价格核算；“—”表示数据不详。

资料来源：根据世界银行数据库相关年份（1970～2012）数据整理编制。

二、种植业趋向多元化经营

种植业作物包括粮食作物和经济作物。印度尼西亚的粮食作物主要有稻谷、玉米、大豆、花生，经济作物主要有橡胶、棕榈油、咖啡、可可、茶叶，以上列举的作物占到印度尼西亚整个种植业绝大部分比重。种植业在印度尼西亚农业经济中占有举足轻重的地位，印度尼西亚政府在重点发展粮食作物的同时坚持农业多元化经营方针，大力发展经济作物，以推动整个农业经济全面发展。

（一）粮食作物产量不断提高，基本实现自给目标

大米是印度尼西亚人民的主食，在居民日常食物中，大米占80%左右。印度尼西亚稻谷生产成效主要集中体现在粮食能否自给的目标上，这是印度尼西亚政府十分重视的任务和印度尼西亚人民的深切愿望。在20世纪80年代中期以前，印度尼西亚曾是世界上进口大米最多的国家，1973年大米进口量为180万吨，1977年为240万吨，1980年降为204万吨。[①] 鉴于国内大米产量长期以来不能满足国民生活基本需求的境况，在苏哈托执政期间致力于扭转这种不良局面，努力实现粮食自给目标。印度尼西亚政府先后于20世纪70年代中期推行“绿色革命”和20世纪80年代中期调整农业生产结构，大大提高了稻米生产能力，到1984年，印度尼西亚大米年产量已达到3813万吨，此时印度尼西亚已经实现粮食自给目标。但进入20世纪90年代，由于气候变化、技术落后、耕地被占用等不利因素影响，印度尼西亚大米生产呈现不稳定状态，1993～2000年期间稻谷产量年均增长率仅为0.7%。到20世纪90年代中后期，印度尼西亚稻谷生产能力逐渐恢复。自2000年以来，印度尼西亚政府对农业大量投入，包括兴修水利、补贴化肥农药、选用优良稻种、扩大种植面积等，这些措施使得稻谷产量上升了一个台阶，2001年稻谷产量为5046万吨，2005年为5415万吨，2008年达到6032万吨，此时稻谷已经完全能够满足印度尼西亚国内需求，2012年进一步达到6905万吨，2005～2012年印度尼西亚稻谷生产具体状况如表4－2所示。

表4－2　2005～2012年印度尼西亚稻谷生产状况

类别 年份	收获面积（万公顷）	总产量（万吨）	单位产量（吨/公顷）
2005	1183.9	5415.1	4.57
2007	1214.8	5715.7	4.71

① 吴崇伯. 当代印度尼西亚经济研究［M］. 厦门：厦门大学出版社，2011：2.

续表

类别 年份	收获面积（万公顷）	总产量（万吨）	单位产量（吨/公顷）
2009	1288.4	6439.9	5.00
2010	1325.3	6646.9	5.02
2012	1344.6	6905.6	5.14

资料来源：根据印度尼西亚中央统计局（http://www.bps.go.id）相关年份（2005～2012）数据编制。

在印度尼西亚稻谷产量不断提升的同时，其他粮食作物产量也有不同幅度的上升，近年来印度尼西亚各种杂粮产量状况如表4－3所示。印度尼西亚自然环境非常适合发展玉米种植业，目前印度尼西亚玉米产量占世界的1.4%左右，为全球第十大玉米生产国。自进入21世纪以来，玉米产量总体保持持续增长势头，2001年为914万吨，2005年达到1252万吨，2010年创历史新高，达到1833万吨，2011年受天气影响产量略有下降，为1764万吨，2012年预计达到1937.7万吨。木薯是印度尼西亚传统种植业作物，其产量亦有不同程度的提高。2001年木薯产量为1542万吨，2005年为1932.1万吨，2012年进一步升至2417.7万吨，2001～2012年木薯产量增幅为56%。此外，番薯、大豆等其他非粮食作物产量也有不同程度的增长。

表4－3　2005～2012年印度尼西亚杂粮产量状况　　单位：万吨

作物 年份	玉米	大豆	木薯	花生	番薯
2005	1252.4	80.8	1932.1	83.6	185.7
2007	1328.8	59.3	1998.8	78.9	188.7
2009	1763.0	97.5	2203.9	77.8	205.8
2010	1832.8	90.7	2391.8	77.9	205.1
2012	1937.7	84.3	2417.7	71.3	248.3

注：2012年数据为估计值。

资料来源：根据印度尼西亚中央统计局（http://www.bps.go.id）相关年份（2005～2012）数据编制。

（二）经济作物优势明显，在经济建设中发挥积极作用

印度尼西亚经济作物在国际市场上地位优越，在出口创汇中占较大比重，尤其在工业制成品出口受阻时，经济作物更是发挥了很好的弥补作用。自20世纪80年代中期以来，印度尼西亚政府积极发展适合本国生长环境、国际市场广阔的经济作物，以提供就业机会和增加因国际石油价格暴跌所减少的外汇收入，从而达到为国内经济发展提供资金的目的。

天然橡胶是印度尼西亚最主要的经济作物，是农业部门中最大的出口品种。印度尼西亚既是橡胶生产大国，同时也是出口大国，绝大部分橡胶产品用于出口创汇，橡胶在印度尼西亚国民经济建设中发挥着重要作用。目前，印度尼西亚是继泰国之后的第二大产胶国，橡胶产量占世界总产量的1/4左右。自2006年以来，由于政府制定相应扶植政策，帮助小胶农改进生产技术和提高管理水平，以及提供信贷支持、改良生产模式，因此橡胶产量大幅提升，相比之前的产量水平上了一个台阶，2008年橡胶产量达到270万吨，2010年为280万吨，2012年进一步升为300万吨，2013年预计将增至320万吨。① 当前，印度尼西亚几乎90%的橡胶由小胶农生产，主要集中在苏门答腊岛，据统计，印度尼西亚大约有160万个家庭（约1200万人）以种植橡胶为生。

棕榈油是印度尼西亚自20世纪70年代以来发展最为迅速的经济作物，2007年其产量已经超过马来西亚，位居世界第一。1968年印度尼西亚棕榈油产量仅为18万吨，2001年达到840万吨，2005年首次突破1000万吨，达到1390万吨，2007年为1720万吨（占世界总量的42.7%），2011年达到2400万吨。2000年以来印度尼西亚棕榈油产量快速增长的原因主要有：第一，政府大力支持，棕榈种植面积不断扩大，单位产量不断提升；第二，国际油价攀升，发达国家欲将棕榈油作为替代产品，因此棕榈油国际需求量不断增加。印度尼西亚棕榈油大部分用于出口，国内消费占少部分。目前，棕榈油产业是印度尼西亚主要经济部门之一，在促进经济增长、减少贫困人口、改善收入分配方面发挥了积极作用，小农家庭超过63%的家庭收入来自跟棕榈油有关的经济活动。②

---

① 黄艳.2013年印尼橡胶产量可能增加［J］.世界热带农业信息，2013（2）.

② Susila, Contribution of oil palm industry to economic growth and poverty alleviation in Indonesia, Jurnal Litbang Pertanian, 23（3），2004.

除了天然橡胶和棕榈油之外，咖啡、可可亦是印度尼西亚重要的经济作物，在世界市场中占有重要的地位和市场份额，近年来它们的产量均有不同程度的增长。2005 年印度尼西亚咖啡产量为 32.1 万吨，2010 年达到 47.9 万吨，2012 年升至 74.8 万吨，占世界咖啡总产量的 6.6% 左右，居世界第三位（仅次于巴西和越南）。[①] 由于咖啡在印度尼西亚经济发展中具有重要作用，印度尼西亚政府在 2011 年农业部重振农园纲领中，把咖啡列入优先发展品种。印度尼西亚咖啡种植业具有乡村经济战略商品优势，能够提高农民的收入和增加出口创汇，据印度尼西亚农业部农园总署的资料，目前印度尼西亚咖啡单位产量只占生产潜能的 60%，如此看来，印度尼西亚的咖啡业还有很大的发展空间。2007 年印度尼西亚可可产量达到 70 万吨，2008 年超过 90 万吨，目前产量居全球第三位，位于西非象雅海岸一带和加纳之后，印度尼西亚政府预测 2014 年可可产量有可能跃至全球第一。目前，印度尼西亚 93% 的可可种植园由民间经营，涉及 140 万户人员，[②] 但农园经营管理各方面仍存在很大的不足，这也表明一旦管理水平改善，印度尼西亚可可的生产前景就将非常广阔。

三、林、牧、渔业发展逐步受到政府重视

印度尼西亚农业部门的细分行业种类齐全，包括种植业、林业、畜牧业、渔业。种植业是印度尼西亚农业的核心，历来受到政府的高度重视，实现粮食自给以及保障粮食安全是印度尼西亚农业发展的重点任务，但随着国民经济向前发展和农业多元化经营方针的实施，林、牧、渔业等部门也逐步受到政府重视，近年来它们也获得了相应程度的发展。

（一）森林资源丰富，林业发展逐步规范化

印度尼西亚是世界上森林资源十分丰富的国家，盛产柚木、檀木、铁木等名贵木材。世界银行统计数据显示，2011 年印度尼西亚森林面积为 93.7 万平方公里，森林覆盖率达到 51.7%。20 世纪 60 年代中期以前，印度尼西亚政府不重视开发林业。苏哈托上台执政后推行多元化经营的大农业发展战略，采取了许多措

① 山东省商务厅．印尼咖啡产量占世界第三［EB］．广发银行（http：//card.cgbchina.com.cn/bondscont.gsp？kind=bond！getNews.action？news_ id=&bondNewId=4833154）．

② 印度尼西亚将在 2014 年可可产量达全球第一［N］．星洲日报（印尼），2012－07－16.

施大力发展林业经济。1980年，印度尼西亚政府开始重视发展木材加工业，大幅度增加胶合板等较高附加值的木材加工制成品生产和出口，以替代林木原材料初级产品出口，1982年印度尼西亚已经成为世界最大的胶合板生产国和出口国，胶合板出口占生产总量的66%以上。自20世纪90年代以来，林业生产和出口创汇水平保持相对稳定，1997年林业产品出口额达到83亿美元，在东南亚金融危机后，林业产品出口额一度下滑，目前还没完全恢复至金融危机前的水平。在林业产品中，木材加工品占较大比重，2006年木材加工产品出口额为12.95亿美元，2010年为11.27亿美元。目前，林业产业是印度尼西亚非油气部门中主要创汇行业之一，出口额在正常年景保持在75亿~80亿美元之间。除了出口创汇，林业还是劳动力就业的主要经济部门，2006年林业部门直接就业人数达到150万，间接就业人数达到250万。①

印度尼西亚森林资源丰富，但也是森林资源遭受破坏程度最严重的国家，因此印度尼西亚政府在发展林业经济的同时，也加大了管理、监督和打击非法砍伐、走私行为，进一步规范林业交易，对森林产业化经营实行准许制度。自2005年以来，印度尼西亚政府对林业庄园经营严格审查，获准的林业庄园项目数量保持稳定水平，2005年获准林业庄园数为285个，2008年为308个，2011年大幅降为231个，2012年回升到296个。②

（二）畜牧业发展相对缓慢，国内生产仍不能满足本国需求

畜牧业是农业经济不可或缺的组成部分，相比种植业、林业、渔业，印度尼西亚畜牧业在国际市场上比较优势不大，国内相应扶植政策较少，还存在很大的提升空间。自20世纪70年代以来，印度尼西亚畜牧业有所发展，1973~1983年畜牧业产值年均增长率为3.3%，1984~1991年为4.2%。在畜牧业取得稳定增长的同时，产值比重亦不断上升，按当年市场价格计算，畜牧业产值占农业总产值比重从1970年的6.5%提高到1991年的11.4%。印度尼西亚政府重视奶牛和家禽饲养业，以满足国民对牛奶和蛋类等基本生活品的需求。自21世纪以来，印度尼西亚的畜牧业中，肉类、奶制品、蛋类产量保持平稳增长。据联合国粮农

① Ministry Allocates Huge Investment for Forest Restoration. The Jakarta Post, December 26, 2006.

② 参见印度尼西亚中央统计局有关林业部门的统计数据（2005~2012）。

组织数据，2001 年印度尼西亚肉类总产量为 181.8 万吨，2009 年为 264.4 万吨，年均增长率为 5.6%；2001 年蛋类总产量为 85 万吨，2009 年为 130.6 万吨，年均增长率为 6.7%。畜牧业虽然取得较快的发展，但在整个农业经济体系中却相对缓慢，国内生产产量还不能完全满足人民的需求，肉类和奶制品在很大比重上仍需从国外进口。2010 年印度尼西亚 95% 的肉类需求必须通过进口来满足，进口国主要为澳大利亚和新西兰，国内畜牧业产量每年只能满足 4% ~5% 的肉类需求。由于以牛肉为主的肉类需求缺口非常大，印度尼西亚国内黄牛饲养业具有很大的发展潜力，但由于农民很难获得饲养业发展启动资金，国内饲养业发展依旧非常缓慢。[①] 近两年，由于印度尼西亚农业部和畜牧业协会大力提倡发展黄牛饲养业，牛肉进口比重大大下降，2011 年肉类进口比重为 17%，按照印度尼西亚农业部的统计，2013 年肉类进口比重将降至 13% 左右，2014 年有望实现肉类自给。自 2007 年以来，印度尼西亚政府试图提高国内牛奶产量，降低对进口牛奶的依赖，但由于人民生活水平的提高促进了牛奶需求不断上升，以及国内牛奶产量增幅不大，以至于牛奶进口占总需求的比重仍然很高，2011 年仍高达 70%。[②]

（三）渔业资源丰富，产能有待进一步提高

印度尼西亚是世界上最大的群岛国家，海域辽阔，鱼类资源十分丰富，这给渔业的发展提供了得天独厚的天然条件。20 世纪 70 年代至 90 年代初，印度尼西亚渔业发展速度较快，1973 ~1983 年渔业产值年均增长率为 4.8%，1984 ~1991 年达到 5.2%。由于这个时期渔业相对其他农业部门发展较快，因此渔业部门产值占农业总产值比重从 1970 年的 7.1% 提高到 1991 年的 8.6%。[③] 自 20 世纪 90 年代初以来，由于捕鱼工具十分传统与落后，以及产业化和规模化经营处于较低阶段，印度尼西亚渔业发展相对放缓，渔业部门产值占国内生产总值的比重较低，1994 年仅为 1.7%。进入 21 世纪以后，随着海洋经济的兴起，印度尼西亚政府采取措施大力支持渔业发展，因此渔业获得了快速发展，并成为国民经济主

① 印尼 95% 肉类需求仍靠进口［N］. 印尼商报，2010 -08 -06.

② 印尼试图降低对进口牛奶的依赖［EB］. 中国驻印度尼西亚参赞处网站（http://id.mofcom.gov.cn/aarticle/ziranziyuan/hui -yuan/201107.html），2011 -07 -27.

③ 汤平山. 发展中的印度尼西亚经济［M］. 厦门：鹭江出版社，1995：74.

要部门之一。1999～2002年，印度尼西亚渔业产值增长21.7%，2003年渔业和鱼类加工业总产值占GDP的比重达到10%，2006年为18%。从产量角度来看，2009年印度尼西亚渔业产量达到982万吨，2010年达到1083万吨。印度尼西亚有着广阔的海岸线，海洋渔业和内陆养殖业都有很大的潜力，但由于捕捞技术相对落后、远海作业困难、生产方式粗放等原因，渔业发展迟迟没有获得大突破，这种局面与印度尼西亚潜在的丰富海洋资源相去甚远。近年来，印度尼西亚政府加强与周边国家进行海洋经济开发合作，积极引进外资，投入大量资源支持渔业发展，以寻找更多的经济增长点，因此印度尼西亚渔业发展出现了新气象，规模化和产业化经营水平不断提升。自2005年以来新成立的渔业公司总量逐年增长，各种投资类别公司均有不同程度的增长，2005年新成立的渔业公司总计为31家，其中外资公司为6家，2012年新成立的渔业公司上升到74家，其中外资公司为9家，如表4－4所示。

表4－4　印度尼西亚每年新成立的渔业公司数量　　单位：家

类别＼年份	2005	2007	2009	2010	2011	2012
外商投资	6	7	10	9	10	9
国内投资	10	4	17	21	24	32
其他类型	15	22	22	25	28	33
总计	31	33	49	55	62	74

注：2012年为印度尼西亚中央统计局估测数字。

资料来源：根据印度尼西亚中央统计局（http：//www.bps.go.id）相关年份（2005～2012）数据编制。

第二节　印度尼西亚农业内部结构协调发展趋势

农业内部结构协调与优化对农业可持续发展至关重要。当前印度尼西亚农业

各部门均有了不同程度的发展，整个农业经济呈现出良好的发展态势，这是农业部门总量方面的进步。农业内部结构协调发展状况还有待进一步深入分析，包括种植业内部以及种植业与林、牧、渔业之间协调发展趋势。

一、种植业结构趋向协调，经济作物地位不断上升

在种植业作物中粮食作物和经济作物的比重关系是衡量农业商品化程度和农业结构优化程度的重要指标，如果粮食作物比重偏高或没有太大变化，那么农业的商品化程度就会偏低，从而农业支持工业发展程度非常有限，反过来则结果相反。

20 世纪 60 年代后期至 80 年代中期，印度尼西亚政府将实现大米自给作为农业发展的最主要目标。由于过分强调大米单一品种生产，其他粮食作物和经济作物发展相对较少得到政策扶持，导致它们发展非常缓慢，非稻谷粮食作物产量低下，以至于粮食作物内部生产结构比例曾一度严重失调。另外，由于经济作物发展相对滞后，农业结构呈现出单一粮食种植格局。20 世纪 80 年代中期是印度尼西亚经济作物发展的重要转折点，当时国际石油价格暴跌导致印度尼西亚油气产品出口受阻，外汇收入大幅下降，印度尼西亚政府开始重视发展经济作物，因此自 20 世纪 80 年代中期以来，印度尼西亚种植园经济发展很快。当时为了提高经济作物产量，印度尼西亚政府已经积极主动给小种植园提供低息贷款，以用于翻种和扩大经济作物种植面积，1991 年印度尼西亚种植园面积达到 1189.4 万公顷，为 1968 年的 2.4 倍。进入 21 世纪，尤其是 2005 年苏西洛上台执政以来，印度尼西亚政府非常重视农业多元化经营，采取了综合型的农业发展战略，大力发展粮食作物的同时给种植园业优先发展机会，将天然橡胶、棕榈油、咖啡、可可等经济作物列为重点发展品种。自 2000 年以来，印度尼西亚经济作物整体产量保持较快增长，种植面积每年以 3% ~5% 的增长率扩大，单位产量亦不断提升。① 当前印度尼西亚是世界第一大棕榈油生产国和世界第二大产胶国，可可和咖啡产量分别位居世界第三和第四。从种植业产出构成来看，1970 ~2010 年谷类作物和根茎类作物的产值比重不断下降，而油料作物和家畜比重不断上升，各部门之间

① 张继军. 海南与印尼主要热带经济作物产业对比［J］. 海南金融，2009（11）.

的差距逐步缩小，如表 4－5 所示。总而言之，随着国民经济的崛起和农业经济发展战略的调整，印度尼西亚种植业由单一粮食种植逐步转变为多元化种植的大农业体系，粮食作物与经济作物结构逐渐趋向协调，并且经济作物地位有不断上升的态势，这是种植业内部结构优化的表现。

表 4－5　印度尼西亚种植业产出构成　　单位：%

类别＼年份	1970	2010
谷类作物	39. 6	30. 2
根茎类作物	9. 9	4. 3
糖料作物	2. 1	1. 0
油料作物	12. 3	26. 2
蔬菜水果	15. 2	15. 2
家畜	14	16. 4
其他	6. 9	6. 7

资料来源：Roehlano Briones and Jesus Felipe，Agriculture and Structural Transformation in Developing Asia：Review and Outlook，table 5，ADBwps，No. 363.

二、农业内部结构趋向多元化，林、牧、渔业加快发展

种植业、林业、牧业、渔业四个部门之间的转化情况反映了农业内部结构高级化程度，一般趋势表现为各部门在综合协调发展的同时林业、牧业、渔业三者的产值比重不断上升。印度尼西亚政府历来重视农业经济的发展，逐步认识到农业多元化发展对维持经济稳定和可持续增长的重要性，林业、牧业、渔业得到了相应程度的重视和发展。

苏西洛上台执政以前，印度尼西亚政府除了重视粮食生产之外，对其他农业部门也统筹兼顾。对林业而言，印度尼西亚政府自 2002 年起禁止原木出口，积极发展林木加工业和高附加值的林业出口产品，2006 年木制品出口额达到 28. 9 亿美元。对畜牧业而言，为了改善和提高人民的生活质量，满足居民对农副产品日益增长的需求，印度尼西亚政府大力发展畜牧业，尤其是牲畜饲养业，1984～

1994 年畜牧业年均增长率为 4.9%，达到较高水平。对渔业而言，20 世纪 70 年代前期因捕鱼工具落后、方法传统，渔业发展相对缓慢，20 世纪 70 年代后期，印度尼西亚海洋渔业推广使用机动船机械化捕鱼，渔业发展速度较快，按 1993 年不变价格核算，1984～1991 年渔业产值年均增长率达到 5.2%。苏哈托执政时期印度尼西亚农业各部门都有了一定程度的发展，但种植业仍占很大比重，1994 年种植业产值占农业总产值的比重达到 65%，而其他三个部门产值比重之和仅为 35%（其中，林业占 14%、渔业占 10%、畜牧业占 11%）。

2004 年苏西洛上台执政后积极挖掘农业经济增长点，积极振兴农业经济发展和农村社会，给农园业、渔业、畜牧业优先发展条件。随着印度尼西亚制造业的恢复和木材加工业、造纸业、家具业、海产品加工业等下游行业的带动，林业、渔业发展较快，它们在整个农业中的比重发生了很大变化。2005 年林业产值大幅增加，占农业产值的比重达到 51.8%。2009 年渔业占农业产值的比重达到 30%，2011 年渔业产品出口额为 32 亿美元，渔业快速发展与印度尼西亚政府大力引进外资、重视渔场建设密切相关。相较于种植业、林业、渔业，印度尼西亚畜牧业发展相对缓慢，但也有了发展，以（2004－2001 年＝100）为标准，2005 年印度尼西亚畜牧业生产指数为 95.4，2008 年为 105.6，2010 年为 119.0，2011 年为 123.5。针对畜牧业发展缓慢的状况，印度尼西亚政府也加大了对发展畜牧业的支持力度。

2011 年印度尼西亚政府制定了《2011～2025 年印度尼西亚经济发展总体规划》，重点提出发展“六大经济走廊”，其中苏门答腊岛、加里曼丹、苏拉威西、巴布亚和马鲁古四个经济走廊与农园种植业、林业、渔业密切相关，由此可见，印度尼西亚政府非常重视农业经济的发展，农业内部结构有望趋向更加协调、多元，农业产业化、国际化水平将会进一步提升。

第三节　印度尼西亚农业现代化转型综合评估

我国农业部曾在 2000 年组建考察团对印度尼西亚、马来西亚农业机械化水平进行考察，对印度尼西亚的考察结论主要有以下五个方面：①农业科技推广普及不足，农民受教育水平低；②主要农作物的品种落后；③种植业田间管理不够，种植方式粗放，作物产量低；④农业机械化水平低，农业劳动生产力水平低；⑤农田水利基本设施不配套。[①] 由此可以推断，2000 年前后印度尼西亚农业发展水平相对较低，基本处于传统农业阶段。经历这么多年的发展，当前印度尼西亚农业由传统阶段向现代化阶段转化情况如何呢?

一、评估指标选择及量化

本节通过化肥使用量、农机使用量、灌溉设施、农作物单位产量四项指标对印度尼西亚农业现代化发展水平进行综合评估，前三项指标是决定农业现代化发展水平的必要条件，后一项指标是农业发展现代化水平高低的集中体现。

（一）农业化肥使用量水平

化肥是重要的生产资料，对农作物单位产量提高有直接影响，化肥使用量是衡量农业现代化状况的一项基础指标。20 世纪 80 年代，印度尼西亚政府在推行“绿色革命”政策时对农民使用化肥进行大量补贴，1980 年印度尼西亚政府对化肥补贴额达到 6800 万美元，1988 年达到 5.5 亿美元，这项政策使得化肥使用普及很快，化肥使用量年均增长率达到 12%。[②] 这个时期印度尼西亚粮食产量增长很快，尤其是大米，1984 年总产量达到 3813 万吨，终于实现印度尼西亚人民期望已久的大米自给目标。自进入 20 世纪 90 年代以来，化肥补贴需要大量资金，而当时印度尼西亚政府未能满足这一要求，导致化肥使用量大幅减少，1993 ~ 2000 年化肥使用量年均增长率只有 0.1%。[③] 进入 21 世纪以后，化肥使用量又获得了较快增长。2003 年印度尼西亚每公顷耕地使用化肥量为 131.1 千克，2010 年达到 181.5 千克，增长幅度将近 40%，年均增长率为 6% 左右，如表 4 - 6 所示。从时间序列数据来看，相比 2005 年之前，近年来印度尼西亚农业化肥使用量有了很大的提高，并维持在较高的稳定水平。然而，从截面数据来看，与马来

① 农业部农业机械试验鉴定总站科技外事处．赴印度尼西亚、马来西亚农业机械化考察报告［R］．中国农业机械化信息网，2000 - 01 - 01.

② 温北炎．印度尼西亚经济与社会［M］．广州：暨南大学出版社，1997：94.

③ 吴崇伯．当代印度尼西亚经济研究［M］．厦门：厦门大学出版社，2011：21.

西亚、泰国、中国等国家相比，印度尼西亚还有很大的差距。2010 年马来西亚每公顷耕地使用化肥量为 1096.5 千克、泰国为 548.3 千克、中国为 261.4 千克，这些国家单位耕地化肥使用量均高于印度尼西亚。

表 4－6 印度尼西亚每公顷耕地化肥使用量及国际比较

单位：千克/公顷

类别 \ 年份	2003	2004	2005	2006	2007	2008	2009	2010
印度尼西亚	131.1	131.2	150.5	158.0	181.5	184.5	181.6	181.5
马来西亚	660.7	830.2	775.3	855.7	954.5	1036.9	769.8	1096.5
泰国	370.3	331.2	408.5	434.2	479.4	534.7	578.4	548.3
中国	335.2	353.7	348.0	332.8	350.5	278.2	240.0	261.4

资料来源：根据世界银行数据库相关年份（2003～2010）数据整理编制。

（二）农机使用量水平

拖拉机使用量、柴油发动机使用量是衡量农业机械化和专业化程度指标，但印度尼西亚这方面的统计数据比较缺乏。根据《世界经济年鉴》统计数据，2008 年印度尼西亚耕地农用拖拉机单位使用量为 4.1 台/公顷，而同一时期马来西亚为 24.1 台/公顷，泰国为 15.6 台/公顷，由此可以大略判断，近年来印度尼西亚农业机械化程度还处于比较低的阶段。造成印度尼西亚农业机械化程度较低的因素是多方面的。第一，印度尼西亚人口众多，总耕地面积少，人均耕地面积很低。世界银行统计数据显示，2009～2011 年印度尼西亚人均耕地面积均维持在 0.1 公顷左右。第二，推行机械化面临许多现实问题。首先，印度尼西亚国内许多经济学家和社会学家担心造成农村大量劳动力剩余，给劳动力就业带来很大压力；其次，本国工业体系不完整，配套能力差，需要投入大量资金从国外引进机器；最后，农民受教育水平偏低，科技掌握能力不高。

（三）农业灌溉设施发展状况

灌溉设施是农业的基础设施，印度尼西亚农业在这方面也面临着很大的不足，印度尼西亚大部分地区缺乏完善的灌溉系统，农民基本上还处于"靠天吃饭”的状态。从20世纪70年代中期到90年代中期，印度尼西亚政府曾对农业基础设施进行大量投资，在爪哇岛和全国各地兴建水利工程，使得印度尼西亚一度成为东南亚农业灌溉面积最大的国家，1969年印度尼西亚水稻灌溉面积为360万公顷，1984年为490万公顷。自1997年东南亚金融危机以来，印度尼西亚政府没有修筑新的灌溉系统，也没有对旧的灌溉设施进行修复，使得印度尼西亚农业灌溉水平停滞不前，1995年印度尼西亚农业灌溉率为14.55%，2000年为13.39%，2003年为13.08%。[①] 进入21世纪以后，印度尼西亚农业灌溉系统仍没有得到很大的改善，长期以来，水利灌溉渠道因自然灾害和居住、工业占用等原因受到严重破坏。据2009年印度尼西亚公共工程部统计数据，印度尼西亚全国耕地面积为8000万公顷左右，灌溉耕地面积共740万公顷，其中186万公顷耕地灌溉设施损坏，其余560万公顷灌溉设施尚好，13省水利灌溉设施亟待修复。[②] 近年来，印度尼西亚政府加大农业基础设施修复力度，2013年印度尼西亚农业部基础设施负责人表示，印度尼西亚政府将在四年之内筹集20.4亿美元对所有损坏的灌溉系统进行修复，实际效果如何让人拭目以待。

（四）农作物单位产量水平

农作物单位产量是农业劳动生产效率的重要体现，是各种因素综合作用的结果，也是衡量农业现代化状况的指标之一。一般而言，农作物单位产量与农业生产力有直接关系，单位产量水平越高说明农业生产力越高，从而进一步说明农业现代化发展水平越高。

印度尼西亚主要粮食作物单位产量变化状况如表4-7所示，自2005年以来，印度尼西亚稻谷等五种粮食作物单位产量均有不同程度的增长，其中玉米和木薯增长较快，稻谷、大豆、花生增长相对较慢。稻谷和玉米是印度尼西亚主要的粮食作物，代表了印度尼西亚粮食作物的整体发展水平。2005～2012年，印度尼西亚稻谷的单位产量由4.57吨/公顷升至5.14吨/公顷，增长幅度为12.5%，年均增长率为1.78%。由此可见，近10年来，印度尼西亚稻谷单位产量水平徘徊不前，提高程度非常有限，同中国相比，2012年印度尼西亚稻谷单

① 世界经济年鉴（2008-2009）［M］．北京：经济科学出版社，2009.

② 印尼13省水利灌溉设施亟待修复［N］．印尼商报，2009-02-27.

位产量水平还没达到中国杂交水稻的一半。2005～2012年，印度尼西亚玉米单位产量由3.45吨/公顷上升为4.89吨/公顷，增长幅度为41%，年均增长率为5.96%。相较其他粮食作物，印度尼西亚玉米单位产量水平提升相对较快，但仍大大低于巴西、中国、古巴等国家的产量水平。

表4－7　印度尼西亚主要粮食作物单位产量　　单位：吨/公顷、%

作物＼年份	2005	2007	2009	2010	2011	2012	年均增长率
稻谷	4.57	4.71	5.00	5.02	4.98	5.14	1.78
玉米	3.45	3.66	4.24	4.44	4.57	4.89	5.96
大豆	1.30	1.29	1.35	1.37	1.37	1.49	2.09
木薯	15.90	16.64	18.75	20.22	20.30	21.40	4.94
花生	1.16	1.20	1.25	1.26	1.28	1.27	1.35

资料来源：根据印度尼西亚中央统计局（http：//www.bps.go.id）相关年份（2005～2012）数据整理编制。

咖啡、棕榈油是印度尼西亚主要的经济作物品种。目前印度尼西亚咖啡单位产量在790千克/公顷左右，仍远低于巴西、越南、哥伦比亚等国家咖啡产量水平，后三者咖啡单位产量分别为1000千克/公顷、1591千克/公顷、1220千克/公顷。[①] 印度尼西亚棕榈油单位产量只有2～3吨/公顷，低于马来西亚的单位产量水平，后者为4～5吨/公顷。

二、农业现代化转型综合评估

综合以上印度尼西亚四个指标的发展情况可以得出两点结论：①相比过去，当前印度尼西亚农业现代化水平的确有了一定程度的提高，印度尼西亚农业由低级阶段向高级阶段转化趋势不会改变；②与东盟邻近国家及发达国家相比，印度尼西亚农业发展仍处于相对较低的阶段，离真正实现现代化还有一段很长的路要走。综上所述，印度尼西亚农业目前正处于由传统阶段向现代化阶段过渡时期，

① Benget Besalicto Tnb：RI Moves to Raise Coffee Output，The Jakarta Post，July 6，2009.

并且处于比较初期的阶段，还没有实现质的突破。

印度尼西亚要实现农业现代化还需要具备很多条件，包括出台农业政策、实行土地改革、完善农业金融信贷支持机制、采用现代化农业经营管理模式、提高农业技术进步和效率、促使农业产品走向多元化和国际市场、农业劳动力向工业和服务业有效转移等。随着国民经济的进一步发展和印度尼西亚政府在中期发展规划中对农业的高度重视，可以预计，印度尼西亚农业向现代化转化的进程会加快，但是要彻底完成这个转化，仍需经过一个长期的艰难过程。

第四节　印度尼西亚农业发展面临的制约因素

印度尼西亚农业整体发展水平不断提升，主要得益于农业生产力的提高。同时，农业在国民经济中的地位逐步下降，这是工业化过程中常见的现象。作为农业大国，印度尼西亚农业发展有着优越的天然条件和政策因素。印度尼西亚农业内部结构正朝着多元化、综合型方向发展，呈现出良好的态势，然而农业现代化水平还有待进一步提高，农业发展仍受到不利因素制约。

一、耕地被占用，人均耕地面积狭小

土地是农业的基础，种植业、畜牧业对耕地有很大的依赖程度。近年来，印度尼西亚农业用地占土地面积比重虽略有上升，1970 年为 21.2%，2009 年为 29.6%，2011 年为 30.1%；但是，印度尼西亚人多地少，人均耕地面积几十年来一直变化不大，自 2009 年以来一直维持在 0.1 公顷左右，处于较低水平，如表 4-8 所示。印度尼西亚人均耕地面积不断缩小与耕地被占用有很大关系，随着工业化和城市化步伐的加快，占用耕地发展工业的情况在印度尼西亚常常发生。根据印度尼西亚中央统计局统计数据，2004 年前后，印度尼西亚每年有 4.7 万公顷农田被占用，尤其是爪哇岛耕地农转非现象最为严重，这一地区耕地减少

面积占全国的90%左右。[①] 另外，2003～2008 年，印度尼西亚 2100 万公顷农业用地中有 12.1 万公顷转化为非农用地，2009 年又有 2.7 万公顷被占用。[②] 耕地面积大幅度缩小造成印度尼西亚每年农产品产量减少 890 万吨，粮食产量减少将会危及粮食安全，印度尼西亚政府如果不立法明令禁止，工业占用农业耕地的情况还会发生，形势将会更加恶化。耕地被占用、人均耕地面积小、土地零散化，加上农业存在的大量剩余劳动力无法有效地转移出去，这些因素将共同制约农业走向现代化、产业化和机械化，纵观整个亚洲，印度尼西亚这种现象比较突出和严重。[③]

表 4－8　农业用地比重和人均耕地面积

类别＼年份	1970	1980	1990	2000	2005	2009	2010	2011
农业用地比重（%）	21.2	21.1	24.9	25.2	27.2	29.6	30.1	30.1
人均耕地面积（公顷）	0.19	0.15	0.11	0.1	0.1	0.1	0.1	0.1

注：农业用地指耕地、永久性作物和永久性牧场用地；农业用地比重指农业用地占土地面积的比例。

资料来源：根据世界银行数据库世界发展指标相关年份（1970～2011）数据整理编制。

二、农村贫困问题仍未得到根本有效解决

国民脱贫致富和提高人民生活水平是一国经济发展的根本落脚点。自 20 世纪 60 年代以来，增加农民收入一直是印度尼西亚出台政策农业的主要目标之一，然而随着国民经济发展，印度尼西亚农村贫困问题仍未得到有效缓解。2007～2012 年印度尼西亚贫困人口状况如表 4－9 所示：2007 年印度尼西亚全国贫困总人口为 3717 万，2012 年为 2913 万，其中 2007 年农村贫困人口为 2361 万，2012 年为 1849 万，2007 年以来农村贫困人口占全国贫困人口的比重一直高于 63%。由此可见，印度尼西亚全国和农村贫困人口绝对数量不断下降的同时农村贫困人

① 印度尼西亚农用耕地大量减少［N］. 经济日报，2004－01－07.

② 吴崇伯. 当代印度尼西亚经济研究［M］. 厦门：厦门大学出版社，2011：19.

③ OECD，Agricultural policies in non－OECD countries：Monitoring and Evaluation，2007.

口比重仍然居高不下，主要原因有两点：①农村存在大量剩余劳动力；②农业劳动力人均产值增长缓慢，据世界银行统计数据，2008~2012年印度尼西亚农业劳动力人均产值增长幅度为14.1%，远低于全国人均GDP增长幅度的63.7%。农村贫困问题得不到有效解决，将会加大居民收入分配差距以及扩大农村与城市之间的发展差距，进而进一步阻碍印度尼西亚二元经济结构转化和城市化、工业化发展步伐。

表4-9 印度尼西亚农村人口贫困状况

类别 年份	全国贫困人口（万）	农村贫困人口（万）	农村贫困人口比重（%）
2007	3717	2361	63.5
2009	3253	2062	63.4
2011	3002	1897	63.2
2012	2913	1849	63.5

资料来源：根据印度尼西亚中央统计局（http://www.bps.go.id）相关年份（2007~2012）数据编制。

三、农业区域发展不平衡

印度尼西亚区域经济发展不平衡，西部发达、东部落后的格局由来已久，这与印度尼西亚政府重西轻东的区域发展理念有密切关系。印度尼西亚有一万多个岛屿，各个岛屿之间的自然条件、居住人口数量、经济条件有很大的差异，农业发展水平差距悬殊。占全国面积7%的爪哇岛生产了印度尼西亚绝大部分的粮食作物。1970~1990年爪哇生产的稻谷占全国总量的比重均高于60%。[①] 目前，爪哇生产的稻谷、玉米、木薯等粮食作物总量占全国总量的60%~80%，蔬菜、水果超过50%的数量也来自爪哇。近年来，随着爪哇工业化和城市化进程加快，农业用地被工业建厂、住宅建设等项目挤占，导致爪哇粮食产量不断下降，进一步影响到印度尼西亚粮食安全问题，从而拖累整个国民经济的全面发展。爪哇岛

① Hal Hill, The Indonesia Economiy (second edition), Craft Print Pte Ltd, Singapore, 2000: 129.

以外的外岛农业发展滞后，主要是政府投资过少、基础设施落后，道路、水电、通信以及水利等基础设施严重不足，农业机械化和规模化经营难以发展，导致外资和私人投资相当缺乏。农业区域发展不平衡的格局势必给资源配置带来负面影响，进而影响到印度尼西亚整体经济建设的效益。印度尼西亚农业发展的未来方向，应该加大落后地区的基础设施建设，发挥区域间比较优势，充分利用当地自然条件、资源禀赋发展特色产业，加强区域经济分工与联系，以缩小农业区域发展不平衡的差距。

第五节　苏西洛政府发展农业的政策选择

1998～2003 年是东南亚金融危机后印度尼西亚经济恢复时期，印度尼西亚政府政策重点放在重组受危机冲击较大的行业和整顿经济秩序上，关于农业发展方面的政策较少。2004 年苏西洛上台执政后继承印度尼西亚历届政府重视农业发展的思路，发表了大量关于促进农业发展的言论与思想。自苏西洛执政以来，印度尼西亚政府全面重视农、林、牧、渔业的综合发展，努力提升农业机械化、现代化和产业化水平，继续推行“重视农业发展”的工业化道路，将印度尼西亚农业发展和农村社会建设向前推进一个新阶段。

一、采取多重措施发展农业经济，增加农民收入

由于印度尼西亚农业人口比重大，农村贫困问题比较突出，这些因素非常不利于缩小收入分配差距和促进二元经济结构转化，因此印度尼西亚政府希望通过各种渠道增加农民收入，努力改变这种不利格局。首先，增加农村财政支出，进一步加大农业基础设施建设，改善道路、桥梁、电站等硬件设施，为农业发展提供必要的前提条件。其次，加强城乡物资和服务交流，发挥农村合作社资金融通作用，为农业发展提供必要的软性服务和资金支持。最后，成立“农民田间学校”，加强农民培训，帮助农民掌握新技术，提高农民专业化水平和农业生产率。“农民田间学校”在 1989 年由联合国粮农组织和印度尼西亚政府率先进行项目试

点，20 多年来印度尼西亚在全国各地农村开办了 5 万多家“农民田间学校”，培训了成百万的新农民。在此基础上，印度尼西亚还在农村开展了“农民技术员”活动，田间学校毕业学员经过再培训成为辅导其他农民的技术员，目前印度尼西亚“农村田间学校”教学工作有一半由这些农民技术员承担。[①] 为了达到增加农民收入目标，印度尼西亚政府制定了《2005～2009 年农业发展计划》，力争实现农业对 GDP 贡献率每年增加 2.5 个百分点，2009 年农产品出口额比 2004 年增加 1 倍，达到 90 亿美元，农民实际收入每年增加 3.5 个百分点。2010 年，印度尼西亚政府宣布了新的农业发展五年计划，明确指出农业政策基本目标是增加农民收入，提高粮食自给率，稳定国家经济。为达到这个目标，印度尼西亚政府多年来始终坚持在政府引导、政策调控和财政投入等方面全力支持农业发展。

二、大力发展多元化农业，延伸农业产业供应链

2010 年，印度尼西亚政府在新的农业发展五年计划中声明，农业将继续发展以水稻为主的粮食作物种植，同时积极发展畜牧业、水产业，加大农业种植园建设，在保障国内市场需求的同时扩大出口，将印度尼西亚打造成世界级的粮食生产基地，预计到 2030 年，印度尼西亚将发展成为水稻、玉米、糖、虾、肉类和棕榈油为一体的全球最大经济作物产地之一。2011 年印度尼西亚政府颁布了 15 年中期发展规划，提出发展“六大经济走廊”，坚持发展多元化农业，其中种植园业、林业、渔业均在内。由此可见，印度尼西亚农业将会逐步走向产业化和国际化的途径，由低价值的初级品生产向高附加值的加工品发展。随着食品加工业、造纸、木材加工业等下游行业的带动，农业产业链将会进一步延伸，从而在全球价值链体系中提升印度尼西亚农业的竞争力。印度尼西亚政府帮助农业走向产业化和国际化的另一途径是金融机构资金供应和外资利用。印度尼西亚农村信贷机构对农民贷款实施动态存贷款激励机制：储蓄利率高低根据存款额确定，存款越多利息越高；借款者按时还款，下次贷款数额可以增加，而且贷款利率还可不断降低。这种面向广大农民的金融贷款支持，既有利于农民扩大生产规模，在经济困难时期也能帮助农村小企业和家庭小作坊免于破产，能够保持农业可持续

① 李国章．印尼：大力提升农业生产的综合能力［N］．经济日报，2011－08－27.

健康发展。引进外资发展农业是印度尼西亚政府的另一项重要举措，外资资金实力雄厚、风险管控能力强、面向国际市场，有助于推动印度尼西亚农业走向产业化和参与国际竞争。

三、提高粮食生产能力，确保粮食安全

目前，粮食生产仍是印度尼西亚经济发展的短板，由于受人均耕地面积狭小、气候多变、技术落后等各种不利因素制约，印度尼西亚还难以保证能够长期保持粮食自给目标，因此印度尼西亚政府高度重视粮食安全问题。为了确保粮食安全，印度尼西亚政府主要通过提高粮食生产能力和增加粮食储备量等途径解决。

主要体现在以下四个方面：

第一，印度尼西亚政府于2005年实施“粮食生产行动计划”，以农民和生产者为主，充分协调政府、农业部门和社会三方力量，改善耕种、管理和运营方式，以实现粮食增产目标。印度尼西亚农业部和科研机构配合并积极贯彻政府政策方针，进一步制订粮食增产计划，采用最新农业技术，重点突破稻谷、玉米、大豆、木薯和花生等传统粮食作物单位产量水平。[①]

第二，印度尼西亚政府于2010年3月宣布了新的农业发展五年计划，重点提高稻谷、玉米、大豆等主要粮食作物产量，重点采取措施给良种、肥料以及农业机械使用等提供补助或津贴、搞好农业气象配套服务、提供种植信息服务等，以进一步提高农业生产能力，预计5~10年内将国家主要粮食储备量增加到1000万吨，从而保证国内粮食市场稳定，确保粮食安全。[②]

第三，2011年，印度尼西亚政府通过采取措施建立育种中心向农户提供优质种子，指导农民科学耕种以及增加约7万公顷稻米播种面积，将稻谷产量从2010年的6598万吨提高到6880万吨、玉米产量从1785万吨提高到2200万吨、大豆产量从90.5万吨提高到101万吨。[③] 粮食产量增加保障了市场供应能力和大大提高了粮食自给率，从而确保粮食安全。

---

① 吴崇伯．印尼新政府振兴经济的政策举措与前景透视［J］．南洋问题研究，2005（1）．

② 印尼大力促进粮食生产［N］．经济日报，2011-06-27.

③ RI, Targets Higher Rice and Sugar Production, The Jakarta Post, Dec 30, 2010.

第四，印度尼西亚国企部制定的《依靠国企提高粮食产量行动》已于2012年付诸实施，目前已有三家国企参与印度尼西亚国家粮食增产计划，拟在加里曼丹、苏拉威西和苏门答腊等外岛投资9万亿印度尼西亚盾开发10万公顷新农田，用以种植稻谷，上述国企还将在爪哇岛之外的其他岛屿租用57万公顷土地种植稻谷、租用26万公顷土地种植玉米、租用5万公顷土地种植大豆。这些措施都将会提高印度尼西亚粮食生产能力，从而有效保障粮食安全得以实现。

第五章　印度尼西亚工业化推进及工业内部结构演变分析

工业化贯穿印度尼西亚经济建设整个过程。印度尼西亚工业化战略经历了不同阶段，每个阶段有着不同特色。自21世纪初以来，印度尼西亚工业化进程进入了新阶段，有必要对其进行全面研究和具体衡量。印度尼西亚工业起步基础相当薄弱，随着工业化战略的实施，工业获得了快速发展，尤其是制造业部门。与此同时，工业内部结构也发生了显著的变化。印度尼西亚工业内部构成比较特殊，其内部结构演变有着许多特征。制造业作为工业的主要部门，对国民经济发展至关重要，其内部结构也发生了转型与升级。

第一节　印度尼西亚工业化进程及相关政策选择

20世纪80年代中期以前，印度尼西亚实行进口替代工业化战略，经济政策内向性程度较大。随着国际环境的变化，印度尼西亚政府于20世纪80年代中期调整经济发展战略，转为实行政策外向性程度较大的面向出口工业化战略。东南亚金融危机后，经过一系列经济体制改革，印度尼西亚工业化进入了新阶段。印度尼西亚整个工业化进程可以分为不同阶段，并且每个阶段所采取的政策指向和偏重程度也有所不同。

一、工业化起步：苏加诺工业化政策及绩效

苏加诺执政时把工业化作为增加国家财富的唯一途径，并且上升到关系民族

兴衰存亡的高度。在苏加诺执政时期，印度尼西亚工业化实际上已经处于进口替代工业化战略初期阶段，这时期的建设计划及内容主要有以下几个方面：

第一，1951 年印度尼西亚政府成立工业化委员会并确定三个主要发展目标，即建立完善的工业结构、实现就业以及提高国民收入，同年实施“工业发展紧急计划”，由政府拨款投资和建设了一批陶瓷厂、制铁厂、印染厂、皮革厂、木材加工厂、印刷厂、纺织厂、烧碱厂等国有企业，以及向本土非华人企业提供进口配额与贷款，主要发展进口替代工业。[①]

第二，1956 年印度尼西亚政府开始实施“五年建设计划”，1961 年开始实施“八年全面建设计划”，印度尼西亚政府在这两个计划中采取了一系列政策：①通过对外资实行没收及国有化接管建立国有企业，1949 年 8 月至 1965 年 9 月，苏加诺政府先后没收和接管英、荷、日、德、意、美等国家外资企业的资产成立国有企业，1963 年国有企业已达 1120 家，涵盖工业、矿业、农业、林业、商业、金融、保险等领域。[②] ②优先建设居民必需品以及能够增加外汇收入的部门。③以各种特权和优先权积极扶植本土私人资本，对华人资本实行限制。④提出建立 3500 个工厂以加快工业化速度，当时涉及的工业项目主要包括食品、饮料、卷烟、纺织、编织、家具、造纸、印刷、制革、橡胶制品、制药、化肥、塑料、玻璃、陶瓷、建筑材料、冶金、电器等进口替代工业部门。[③]

苏加诺执政时期，由于特殊的历史背景和众多不利因素干扰，加上政策上过分强调依靠本国力量发展经济，限制和排斥华人资本和华人经济，以及国营企业资金短缺、技术落后、经营管理不善，以至于苏加诺的工业化政策收效甚微，印度尼西亚经济并没有因为这个时期的工业化而取得进展，人民生活依然贫困。1960 ~ 1966 年印度尼西亚 GDP 年均增长率仅为 2%，低于同一时期人口年均增长率，人民生活水平急剧下降，1966 年人均实际收入水平比 1958 年还要低 3.6%。[④]

---

① 沈红芳．东盟三国的工业化发展进程与政策比较［J］．南洋问题研究，2002（3）．

② 厦门大学南洋研究院．东南亚三国经济［M］．北京：人民出版社，1981：81.

③ Coppel. Indonesia Chinese in Crisis，ASAA Southeast Asia Publication Series，No. 8，Oxford University Press，1983.

④ Bruce Glassburner. Economic Policy Making in Indonesia，in Bruce Glassburner（ed.），The Economy of Indonesia：Selected Readings，Cornell University Press，1971：427.

二、由进口替代到面向出口：苏哈托工业化战略转型及政策

苏哈托上台后实行“新秩序”（New Order），奉行不同于苏加诺时期的外交方针，主动改善同西方发达资本主义国家的关系，在发挥本国比较优势的基础上积极利用外资和国际市场推行工业化战略。这段时期印度尼西亚经济建设开放度较大，受国际因素影响较深。印度尼西亚政府针对国际环境变化适时对工业化战略进行调整，顺利完成了由进口替代工业化战略向面向出口工业化战略转型。

（一）1966～1985年进口替代工业化阶段

20世纪80年代中期以前，印度尼西亚实行进口替代工业化战略①，这种战略是印度尼西亚、马来西亚、泰国等东盟国家工业化初期共同经历的过程，印度尼西亚政府在进口替代工业化战略阶段实施的政策主要有以下几方面特点。

1. 积极利用外资，主动承接国际产业转移

20世纪60年代中期，以欧美为代表的发达资本主义国家面临产业结构调整问题，大量资金急需向海外寻求市场，东南亚地区部分国家凭借优越的地理条件和开放的国内市场成为了跨国公司重要的区位选择目标。面对国际产业转移浪潮，苏哈托执政时主动采取了与苏加诺时期不同的外资利用政策，由限制外资到积极利用外资，并把外资利用确定为基本国策。1967年印度尼西亚颁布了《外国投资法令》，给予外资优惠待遇，在这种背景下，美国、日本等国家的外资大量涌入印度尼西亚，1967～1974年流入印度尼西亚的外商直接投资年均额度达到6.2亿美元，1975～1980年为4.2亿美元，1981～1983年达到17.6亿美元。②

2. 国家投资为主，高度保护国内进口替代工业

印度尼西亚政府于1969年开始实施25年长期建设规划的第一个“五年计划”，到1984年第三个“五年计划”结束，这期间在印度尼西亚国内的投资总额中国家投资占69.4%，外商直接投资占20.8%，国内私人投资占9.8%。为了重点发展本国工业，面对强烈的国际竞争，印度尼西亚政府对本国“新兴幼稚产

---

① “进口替代工业化战略”是指用本国产品来替代进口品，或通过限制工业制成品的进口达到促进本国工业化发展目标的战略。

② ［日］三平则夫，佐藤百合．印度尼西亚的工业化——集全主义工业化去向［M］．日本亚洲经济研究所，1992：187，188.

业”实行了保护，主要措施包括关税和非关税壁垒，非关税壁垒主要通过实行进出口配额和许可证制度。此外，印度尼西亚政府对汇率实行刚性管理，以达到促进本国工业发展与收支平衡的双重目的。

3. 依靠石油出口提供资金，大量建立国有企业

工业发展需要大量资金，印度尼西亚利用本国石油资源丰富的优势解决了这一问题。在20世纪70年代两次石油繁荣时期，印度尼西亚大量出口原油等初级产品获得大量资金，进而对国内工业进行了大规模投资，在较短时期内建立了大批国有企业，截至20世纪80年代中期，印度尼西亚国有企业总数达到200多家，1982年国有企业销售总额占GDP的比重大约为25%。[①] 在进口替代工业化时期，印度尼西亚政府建立的国有企业大部分属于重工业行业，私人投资一般不愿意涉足，包括钢铁工业、化肥制造业、航空业等。

4. 以集全主义为路线，分阶段重点建设不同的进口替代工业

印度尼西亚工业化道路始终贯穿着一条集全主义路线，在此指导思想下，印度尼西亚政府分阶段侧重建立相应的进口替代工业，希望借此构建起本国齐全的产业体系。

第一阶段（1967～1975），印度尼西亚政府重点发展最终消费品和基础原材料方面的进口替代工业，包括日用杂货类、医药品、纺织品、干电池、收音机、黑白电视机、缝纫机、肥料、汽车和摩托车轮胎等。

第二阶段（1976～1982），重点发展耐用消费品零部件、原材料和资本品组装方面的进口替代工业，其中政府资金主要用于发展原材料、资本品工业，私人资本继续发展最终消费品进口替代工业。

第三阶段（1983～1985），重点发展资本品零部件和原材料方面进口替代工业，该时期是重工业进口替代发展阶段（也有部分学者称为第二次进口替代工业化阶段），1979年因石油价格上涨，印度尼西亚获得了大量资金，开始向钢铁和机械领域大量投资，确定了52个基干产业，后来因80年代初期国际石油价格下

---

① Hal Hill. Indonesia's Industrial Policy and Performance: "Orthodoxy" Vindicated, Economic Division WPS95. Research School of Pacific and Asian Studies, Australian National University, Canberra, 1995.

跌引起资金不足等原因，绝大部分基干产业停止投资或延期。①

（二）1986～1998年面向出口工业化阶段

20世纪80年代中期至1997年东南亚金融危机爆发，印度尼西亚实行面向出口工业化战略。② 20世纪80年代中期国际石油价格暴跌导致印度尼西亚依靠原油出口获取资金发展进口替代工业的计划落空，使得印度尼西亚政府认识到过度依赖石油生产和出口给经济发展所带来的风险，于是印度尼西亚政府开始调整经济结构和产业发展方向，转而推行面向出口工业化战略。印度尼西亚推行面向出口工业化战略虽然“晚亚洲‘四小龙’30年，落后马来西亚、菲律宾、泰国等东盟国家15～20年”③，但仍取得了很大成功，这与该时期采取的工业化政策密切相关。

1. 优先发展非油气产业部门，提高出口产品附加值

与进口替代工业化阶段不同，这个阶段印度尼西亚政府主要发展劳动密集型出口加工业，如纺织服装、皮革制鞋业等。另外，印度尼西亚政府对原材料和半成品出口进行限制，以达到提高出口产品附加值的目的。1985年印度尼西亚政府禁止原木出口，从而促进了木材加工业迅速发展，进而使得印度尼西亚成为全球最大的胶合板生产国和出口国；1988年禁止藤条出口，鼓励出口藤制品，促进了藤制业的发展；鼓励利用天然橡胶原材料生产各种胶制产品，提高出口产品附加值。由于制成品的发展，这个时期印度尼西亚货物贸易结构发生了转换，由初级产品出口逐步转向加工后具有较高附加值的制成品出口，贸易条件进一步得到了改善。

2. 改革金融和贸易政策，提升产品出口竞争力

在国际经济组织推动的经济全球化、自由化、非制度化的压力下，苏哈托政府在20世纪80年代中期对经济体制进行了实质性改革，包括汇率体制、国内金融自由化、国际贸易体制等方面。

---

① ［日］三平则夫，佐藤百合．印度尼西亚的工业化——集全主义工业化去向［M］．日本亚洲经济研究所，1992：76，84.

② “面向出口工业化战略”是外向型经济发展的产物，是指一国采取各种措施扩大出口，发展出口工业，逐步用轻工业产品出口替代初级产品出口，用重、化工业产品出口替代轻工业产品出口，以带动经济发展，实现本国工业化。

③ Hal Hill. Indonesia’s Industrial Transformation，Institute of Southeast Asian Studies，Singapore，1997.

（1）汇率体制改革方面。印度尼西亚政府主要对本币实行官方贬值。1983年印度尼西亚盾首次实行贬值，1986年再次贬值30.3%，由1美元兑1134印度尼西亚盾降为1美元兑1644印度尼西亚盾。①

（2）金融自由化改革方面。印度尼西亚政府对银行利率和信贷规模逐步放宽了管制，降低银行准入门槛，允许私人资本和外资设立银行机构。

（3）贸易体制改革方面。印度尼西亚政府实施“出口退税方案”，取消了进口特许体制，进一步降低进口关税和非关税壁垒。②

在货币贬值、出口退税、关税削减等政策的综合作用下，印度尼西亚产品出口竞争力得到大幅提升，使得出口行为变得十分有利可图，从而进一步促进了面向出口工业的发展。

3. 进一步放宽外商可投资领域，大力引进外资

1985年3月印度尼西亚政府改组投资协调委员会，并于1986年5月颁布改善投资环境的19项措施，包括简化外资审批程序、放宽外资可投资领域、建立出口加工区等。③ 20世纪80年代末以前，印度尼西亚政府对工业部门的外商直接投资限制较多，包括投资领域、生产量许可制度、土地利用法、劳工关系等。1989年印度尼西亚政府出台了“优先投资列表”以及后来的“负面投资列表”，对外资可投资领域进行了放宽，外商投资额度不断扩大。在1987～1990年期间，外资投资印度尼西亚年均达到44.3亿美元，比80年代中期扩大了将近2倍。

三、工业化新阶段：后苏哈托时期的工业化及政策

东南亚金融危机给本地区国家带来了巨大的损失，印度尼西亚受到的破坏程度最大。印度尼西亚不仅经济大幅度下滑，而且引发社会动荡，导致苏哈托政权垮台。印度尼西亚随后进入了后苏哈托执政时期，包括哈比比、瓦希德、梅加瓦蒂执政时期（1998～2004）和苏西洛执政时期（2005～2012）。印度尼西亚政府在这两个阶段所面对的国内环境和国际环境均有很大的差异，所面临的经济问题

---

① 汪斌．东亚工业化浪潮中的产业结构研究［M］．杭州：杭州大学出版社，1997：213.

② Tri Widodo, The Structure of Protection in Indonesian Manufacturing Sector, ASEAN Economic Bulletin, 2008, Vol. 25, No. 2.

③ 曹景行．80年代中期印尼的经济调整［J］．世界经济研究，1988（1）.

和采取的工业化政策偏重程度也不同。

(一) 经济整顿与改革阶段 (1998～2004)

东南亚金融危机给印度尼西亚带来了严重的影响，经济大幅下滑，并出现了负增长，失业人数猛增，外资纷纷撤离，外债大幅增加，持续已久的工业化进程因此而受阻。面对这种局面，印度尼西亚政府首要任务是维持经济稳定。为了实现此目标，印度尼西亚政府采取了妥善的宏观经济政策与国际政策，印度尼西亚政府决定要更大程度地融入世界市场和加快贸易自由化进程，推动经济自由化和"稳定至上"的谨慎经济政策改革。

经济自由化改革主要是受到 IMF 一揽子计划指引，印度尼西亚政府实行紧缩性财政政策、货币政策，并实行宽松的外资政策、税收政策，此外对银行机构进行重组以及对国有企业进行私有化和贸易自由化改革。经济自由化改革主要措施包括：

第一，不断降低进口关税，包括把化工产品和钢铁进口关税减至 5%～10%。

第二，取消进口许可制和出口限制等非关税壁垒。当时印度尼西亚政府取消了粮食署对小麦、面粉、糖、粮食等农产品特许进口权和销售权，允许一般进口商只要持有普通进口许可便可自由进口；取消对大豆、蒜、面粉的非关税壁垒，代之以进口税；废除丁香的进口和销售垄断；分阶段取消对原木、藤条、矿产的出口税。①

第三，出售国有电信公司、水泥公司以及国有种植园、国有矿产部分股份。

第四，1998 年颁布破产法，1999 年颁布竞争法，2000 年成立商业监管委员会。② 在 IMF 监督下，经过一系列改革，印度尼西亚的国际贸易领域和国内市场趋向更加开放，刚好验证了放宽管制与自由化支持者"逆境时期政府实行好政策"的说法。2003 年底，梅加瓦蒂上台执政后终结了 IMF 一揽子经济改革措施，转为实施"稳定至上"的后 IMF 一揽子计划，包括继续维持宏观经济稳定和对金融部门进行重组和改革，增加国内外投资、出口机会。

① 林梅．印度尼西亚工业化进程及其政策演变［J］．东南亚纵横，2011（6）．

② Haryo Aswicahyono，Titik Anas，Towards a Liberalized Trade Regime：Indonesia Trade Policies Review，CSIS WPS Series，NO. 60，2001.

经济整顿与改革时期的工业化政策是印度尼西亚政府吸取东南亚金融危机惨痛教训后采取的综合经济政策调整，比以前的工业化政策显得更加自由化，印度尼西亚政府更进一步对本国国内市场进行开放，全面参与经济全球化，希望通过消费、投资、出口等途径全方位寻求经济发展，这些措施使得宏观经济得以恢复和工业化进程能够延续。

（二）构建竞争力的新工业化阶段（2004 年以来）

经过近六年（1998 ~ 2004）的经济结构和政策调整期，印度尼西亚宏观经济逐步恢复。2004 年苏西洛上台执政后，如著名国际评级机构穆迪所言那样，印度尼西亚工业化战略进入了“内部能力构建转变，增强国际竞争力”的新时期。[①] 印度尼西亚政府在这个时期所采取的工业化政策显得更加稳健、综合、全面。

1. 出台经济建设计划，有序推进经济建设

这个时期印度尼西亚推行工业化明显加强了经济建设的规划性和有序性。2004 年苏西洛上台后组建“团结内阁”，制定《团结内阁百日计划》和《团结内阁五年建设计划》。2009 年苏西洛连任后推出《2010 ~ 2014 年中期发展计划》，内容包括促进经济增长、增加就业、减少贫困、改善投资环境等。2011 年印度尼西亚政府推出国民经济建设 15 年发展规划，重点建设“六大经济走廊”，此规划将在 15 年内实现，这些规划将会促进印度尼西亚区域经济开发，加强区际经济联系，缩小地区之间发展不平衡程度，加速印度尼西亚工业化进程，从而提升印度尼西亚整体经济实力。

2. 挖掘经济增长点，增强经济活力

苏西洛政府十分重视农业和农村发展，综合平衡各产业之间的有机结合，扩大农业经济的非种植业领域，给农渔业、畜牧业、农园业优先发展条件，深入挖掘经济增长潜力。此外，苏西洛政府积极采取措施扶植中小企业发展，解决中小企业资金难题，增加中小企业经济活力。中小企业在印度尼西亚经济中占据着重要地位，据统计，2010 年印度尼西亚全国有 5130 万家中小微型企业，占企业总

---

① Resosudarmo，Ari Kuncoro. The Political Economy of Indonesian Economic Reforms：1983 ~ 2000，Oxford Development Studies，Vol. 34，No. 3，September 2006.

数的 99.9%，共吸收劳动力 9090 万，投资总额达 640.4 万亿印度尼西亚盾，占全国投资总额的 20.2%。[①] 在服务业领域，2013 年印度尼西亚政府计划批准《东盟服务框架协议》第八个一揽子协议，涉及电信、商业、教育、旅游、医疗、娱乐、物流等行业，此举将深化印度尼西亚服务业开放程度，有助于印度尼西亚从货物出口转变为服务出口，改变外汇收入途径，印度尼西亚政府正在制定若干法律框架以规范服务贸易，以便帮助本国企业从服务贸易自由化中获取更大利益。

3. 高度重视振兴制造业，提高工业对国民经济的贡献率

东南亚金融危机爆发后，印度尼西亚制造业经过这么多年仍然没有完全恢复。目前，印度尼西亚制造业增长缓慢导致“去工业化”现象出现并对经济增长产生负面影响，印度尼西亚面临着“中等收入陷阱”问题。在此背景下，印度尼西亚政府制定了振兴制造业对策，重点涉及纺织业、制鞋业、木材加工业、电子电器业、纸浆和造纸业等领域。此外工业政策侧重于提高工业产品附加值、扩大工业产品市场、提升与工业发展关联度较大的服务业水平等方面。另外，印度尼西亚工业部提出了长期工业发展战略目标，努力促使制造业成为经济发展支撑产业，争取在 2025 年时，印度尼西亚成为世界性的工业强国。

4. 扩大内需，降低经济受国际负面因素的影响程度

苏西洛政府注重从投资、消费、出口等方面推动经济增长外，更是把扩大内需放在重要位置上。近年来印度尼西亚政府采取多项措施促进内需，包括：实施扶贫计划，减少贫困人口，提高低收入者购买力水平；增加基础设施建设投资；实施税收改革，减免税收，增加居民和企业可支配收入；等等。2008 年以来全球金融危机对印度尼西亚经济负面影响程度有限，印度尼西亚经济仍然保持快速增长，主要得益于印度尼西亚国内强大的内需驱动，这与印度尼西亚政府采取的举措密切相关。

（三）印度尼西亚工业化政策小结

综上所述，印度尼西亚工业化政策逐步趋向自由化和全面化，从苏加诺时期严格市场管控，到苏哈托时期逐步减少市场管制、政策走向宽松，再进一步朝着苏西洛时期市场化、自由化、全面化方向发展。苏加诺执政时期，印度尼西亚实

① 吴崇伯．当代印度尼西亚经济研究［M］．厦门：厦门大学出版社，2011：282.

行“印度尼西亚式的社会主义”，对经济进行强制性干预，计划经济体制代替了市场经济体制，市场机制难以发挥作用。苏哈托执政时期，印度尼西亚政府通过颁布各种政府法令、规则对本国工业发展进行直接干预和采取相应的贸易与汇率政策进行间接干预，政府这只“看得见的手”角色逐渐淡化，宏观调控政策由多到少，由紧到松。苏西洛执政以来，印度尼西亚工业化政策显得更加自由化，对国内市场管控、国际贸易、投资领域的限制大大减少了，这是印度尼西亚自身经济发展的内在需求和东盟区域经济一体化、经济全球化不断推进的必然结果。此外，苏西洛时期的工业化政策显得更加全面化、立体化，政府采取综合性的政策组合对三次产业进行全面布局，更加注重产业间的协调与全面发展，更加注重发挥市场机制作用。

第二节　印度尼西亚工业内部结构演变趋势

随着工业化战略转型及经济政策的实施，印度尼西亚工业获得了长足发展，并成为国民经济主导部门，按现价美元核算，2012 年印度尼西亚工业总产值达到 3992 亿美元，是 1967 年的 525 倍。在印度尼西亚工业整体产出规模不断扩大的同时，由于技术水平、产业政策扶持以及资源禀赋等因素存在差异，工业内部各行业之间增长快慢速度不同，以至于工业内部出现了结构性变化，并表现出应有的特色。

一、矿业和制造业是工业内部结构演变的主线

工业包括矿业、制造业、建筑业和电力、气、水供应业四个部门，在这里需要明确指出，各部门产值比重分别指这四个部门产值占工业总产值的比重，它们的变化趋势如图 5－1 所示，具体数值如表 5－1 所示。

推行工业化以来，矿业和制造业产值比重变化构成了印度尼西亚工业内部结构演变的主线，尤其是东南亚金融危机以前，这种特色更加明显，正是矿业和制造业在工业中的位置相互替代带动了工业内部结构向前演变。从产值比重变化显

著程度来看，可以2000年为时间节点把印度尼西亚工业内部各部门产值比重变化轨迹分为两个阶段：2000年以前的显著变化阶段和2000年以后的相对稳定变化阶段。

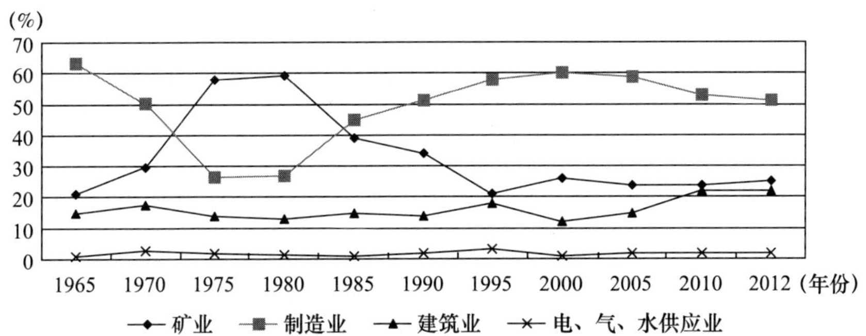

图5－1　工业各部门产值比重变化趋势

资料来源：1965～1990年数据来源于汪斌．东亚工业化浪潮中的产业结构研究［M］．杭州：杭州大学出版社，1997：216；其余数据经亚洲开发银行（ADB）2013年亚太地区关键指标相关数据计算得到。

表5－1　工业各部门产值比重变化情况　　单位：%

类别＼年份	1965	1975	1980	1985	1990	1995	2000	2005	2010	2012
矿业	20.9	58.1	59.2	39	34	21	26	24	24	25
制造业	63.2	26.3	26.7	45	51	58	60	59	53	51
建筑业	15	13.9	12.8	15	14	18	12	15	22	22
电、气、水供应业	0.9	1.8	1.2	1	2	3	1	2	2	2

资料来源：根据印度尼西亚工业内部各行业产值比重相关年份数据整理编制，数据来源同图5－1。

2000年以前，矿业和制造业产值比重均出现过大幅变化，分别出现了类似于倒“Ｖ”形和“Ｖ”形的变化形态，从图5－1中可以清晰地看到这种现象。1965～1980年国际石油繁荣时期，矿业曾一度超过制造业成为工业最大部门，产值比重由21%迅速上升到59%，而制造业产值比重却从64%下降到26%。1985年以后，印度尼西亚政府推行面向出口工业化战略，大力支持非油气产业发展，制造业获得了最好的发展机遇，产值比重由1980年的26%上升到1985年的45%，此时制造业再度超过矿业成为工业内部最大部门。矿业和制造业交替性快速发展使得工业在国民经济中的比重出现了两次快速上升通道，第一次是从1967年的12.7%上升至1980年的41.7%，第二次是从1985年的35.8%上升至2000年的45.9%。相比矿业和制造业而言，建筑业和电力、气、水供应业的产值比重变化幅度不大，1965～2000年，建筑业产值比重最大值和最小值仅相差6个百分点，电力、气、水供应业的对应数值为2.1个百分点。总而言之，1965～2000年工业各部门的产值比重变化幅度大小虽各不相同，矿业和制造业相对较大，而其他部门相对较小，但每个部门都有了变化。

2000年以后，工业各部门产值比重进入了缓慢的相对稳定变化阶段，矿业和电力、气、水供应业产值比重基本保持不变，制造业和建筑业相对明显一些，此时建筑业产值比重演变成了新亮点。2000～2012年，矿业产值比重由26%降为25%，制造业产值比重由60%降为51%，建筑业产值比重由12%升为22%，电力、气、水供应业产值比重由1%升为2%。制造业产值比重下降是2000年以来印度尼西亚工业内部结构演变的鲜明特征，也是一国工业化过程中值得注意的现象，这往往表明“去工业化”时期的到来。另外，建筑业产值比重上升是印度尼西亚工业内部结构演变的一大亮点。建筑业是城市化程度的衡量指标，自2000年以来，在其他三个部门产值比重基本停滞的情况下，建筑业却保持上升态势，2012年达到22%，高于同一时期马来西亚（9%）和泰国（7%）的水平，这表明印度尼西亚城市化进程在不断向前推进，且有了相当程度的发展。

二、工业各部门产值比重差距悬殊

印度尼西亚工业内部构成比较特殊，各部门产值比重差距悬殊。自1985年以来，工业内部产值比重最大的是制造业，其次是矿业，建筑业排第三，电力、气、水供应业排在最后。制造业在印度尼西亚工业中占绝对主导地位，这种格局持续了将近30年之久，到目前仍未打破，制造业可谓一面独大，而电力、气、水供应业恰恰相反，其产值比重一直处于2%附近，与制造业产值比重最大值相差竟达到63个百分点。

在工业化战略转型后，矿业在印度尼西亚工业中的地位逐渐趋向合理。印度尼西亚矿产资源丰富，矿业在工业化中发挥了特殊的作用，其产值比重变化轨迹是印度尼西亚工业化战略转型的具体表现和结果。自然资源禀赋充裕使得印度尼西亚在工业化早期走上了严重依赖资源的发展模式。1965～1985 年，在进口替代工业化时期需要大量资金支持国内工业发展，于是印度尼西亚大量生产和出口矿业产品，因此矿业发展非常迅速，其产值比重由 1965 年的 21% 升至 1980 年的 59%。矿业产值比重虽然爆发性上升，但并没有能够带动印度尼西亚工业乃至整个国民经济同步发展，这恰恰印证了“资源诅咒”之说。① 20 世纪 80 年代中期，由于西方主要发达国家发生了经济危机，国际石油需求下降，国际市场上原油供过于求导致原油价格大跌，油气产品出口受阻引起印度尼西亚国际收支状况恶化，于是印度尼西亚政府主动调整产业结构，大力发展非油气产业，逐渐改变过度依赖资源的单一出口局面。自 1985 年起，矿业在工业中的地位逐步下降，近年来其产值比重趋于稳定，与建筑业相当，为 25% 左右，这是一个比较合理的区间。

电力、气、水供应业是印度尼西亚工业内部发展最为滞后的部门，供给严重不足，其产值比重一直在 3% 以下，将近 50 年几乎没有发生变化。印度尼西亚虽然能源、资源丰富，但限于种种约束，目前工业基础部门发展远远不足。印度尼西亚电力供应十分紧张，全国还有 1/3 的地区用不上电，首都雅加达也会偶尔因为缺电而出现轮流停电的现象。② 电力、气、水供应业是国民经济基础部门，基础部门薄弱是印度尼西亚经济发展的短板和工业发展长期面临的主要问题。一般地，电力需求量年增长率达到 7%～8% 才能支持经济增长率达到 5%～6% 的目标，而实际上印度尼西亚发电量年均增长率仅为 3%。印度尼西亚各城市地区供水服务仍面临着危机，据估算，印度尼西亚大约有 8500 万人生活在公共供水设施服务区内，但只有 35% 的人可以享受到供水服务。

---

① “资源诅咒”也称“荷兰病”（Dutch Disease），是指自然资源丰富反而拖累经济发展的一种经济现象。W. M. Corden，Booming Sector and Dutch Disease Economics：Survey and Consolidation，Oxford Economic Papers 36（1984）：359－380，Oxford University Press.

② 我国驻印尼参赞处．印尼投资指南［M］．2010.

三、就业比重分布呈现结构性不平衡格局

印度尼西亚工业内部各部门就业比重变化如表5－2所示，这里需要明确说明，就业比重指工业各部门就业人数占工业总就业人数的比重，另外，由于1995年以后电力、气、水供应业和建筑业的就业比重数据只找到两者之和，所以1995年以后将它们并为一栏，但这并没有影响我们对就业比重演变趋势进行大体分析。

表5－2　印度尼西亚工业内部各部门就业比重变化情况　　单位：%

类别＼年份	1961	1976	1985	1990	1995	2000	2005	2010	2011	2012
矿业	3.7	1.1	5.2	5.1	4.3	3.4	4.8	5.7	6.5	6.7
制造业	71.6	74.4	69.4	73.7	68.5	74.7	67.9	66.3	66.2	66.5
建筑业	22.2	23.3	25.4	19.7	27.2	21.8	27.3	28.0	27.4	26.8
电、气、水	2.5	1.1	0.7	1.5						

资料来源：1961～1990数据来源于汪斌．东亚工业化浪潮中的产业结构研究［M］．杭州：杭州大学出版社，1997：217；其余数据经亚洲开发银行（ADB）2013年亚太地区关键指标相关数据计算得到。

制造业就业比重在工业各部门中排名第一，其次是建筑业，再者是矿业，电力、气、水供应业排在最后。制造业就业比重一直维持在65%以上，1971年达到最高值77.3%，如果加上建筑业，两者就业比重之和超过90%，由此可见，这两个部门是工业吸纳劳动力就业的绝对主体。长期以来，矿业和电力、气、水供应业就业比重一直较小，前者低于10%，后者低于3%。从动态角度来看，自1961年以来，制造业就业比重整体趋势不断下降，但下降速度比较缓慢，下降幅度并不大，由1961年的71.6%下降到2012年的66.5%，50年下降了5个百分点；矿业就业比重有所上升，但上升幅度非常有限，从1961年的3.7%上升到2012年的6.7%。

结合前面对工业内部结构产值比重演变趋势的分析，我们可以发现工业各部门产值比重和就业比重的偏离度颇具特色。第一，矿业的偏离度最大，矿业是仅次于制造业的第二大产出部门，但其吸纳劳动力就业程度极其有限，导致其产值

比重和就业比重严重失衡，近年来前者维持在25%左右，而后者仅为6%左右，这是导致整个工业部门在国民经济体系中就业比重滞后于产值比重的主要原因，同时也是造成三次产业就业结构演变滞后于产值结构的主要决定因素之一。第二，制造业的偏离度比较适中，制造业既是产值比重最大的部门，同时也是就业比重最大的部门，可见制造业对劳动力具有较好的吸收能力，然而自2000年以来，制造业发展比较缓慢，导致了整个工业对劳动力吸收程度相对放缓。第三，建筑业就业比重大于其产值比重，这表明建筑业对劳动力就业吸收程度较好，自2000年以来建筑业发展相对快于制造业和矿业，正是因为建筑业发展较快抵消了制造业、矿业发展缓慢所带来的负效应，使得工业发展放缓的同时还能带来劳动力就业比重缓慢上升的结果。

第三节 印度尼西亚制造业内部结构演变

印度尼西亚制造业起步基础非常薄弱。苏哈托上台执政后积极引进外资，并引导外资集中流向制造业部门，尤其是推行面向出口工业化战略时期，使得制造业在较短时期内获得了快速增长，并于1990年超过农业成为国民经济最大的产业部门。东南亚金融危机以后，印度尼西亚制造业曾一度出现严重衰退。随着经济改革与恢复，制造业也逐渐复苏。最近几年，“去工业化”开始对印度尼西亚经济增长产生不利影响，印度尼西亚政府制定了相关政策振兴制造业，支持和帮助制造业实现转型升级，因此制造业内部结构也开始出现高级化趋势。

一、制造业内部构成现状分析

根据印度尼西亚中央统计局统计资料得知，印度尼西亚采用国际标准产业分类法将制造业共细分为23类子行业，此外依据大中型制造业企业和小微型制造业企业将这23类子行业总产值分为两类分别加以统计，其中，大中型制造业企业数据统计年份为2000～2012年，小微型制造业企业数据统计年份是2010～

2012 年。考虑到小微型制造业企业产值占总体比重不大①以及分析时间周期一致性，在分析各子行业产值比重演变时，将用大中型制造业企业数据代替制造业整体。

（一）制造业整体呈现良好发展态势

在 20 世纪 80 年代中期至东南亚金融危机前，印度尼西亚制造业曾以超过 10% 的年均增长率高速增长，增长速度在各部门中排名第一，然而当东南亚金融危机爆发后，受外资撤资、投资减少、出口受阻等各种负面因素影响，制造业一直处于低迷状态，大量企业经营不佳，企业裁员、破产倒闭现象比比皆是，尤其是面向出口的劳动密集型产业，以至于整个制造业曾一度出现大幅负增长。1998 ~2004 年印度尼西亚整个制造业绝大部分行业几乎没有增长或增长极其缓慢，经过经济整顿与恢复期，苏西洛上台后积极采取措施振兴制造业以及促进制造业结构转型升级，2005 年后大部分行业都已从东南亚金融危机泥潭中恢复，各行业都获得了不同程度的增长，少部分行业取得了快速增长。自 2005 年以来获得快速增长的行业主要包括食品与饮料制造、汽车、化工、造纸等，它们的增长趋势如图 5 -2 所示，从中可以看出，2005 年是制造业各行业发展的转折点，以上四种行业在印度尼西亚制造业中占有重要地位，这反映了整个制造业呈现出良好的发展态势。从具体数值来看，2005 年印度尼西亚整个大中型制造业企业的产值为 396.44 万亿印度尼西亚盾，2012 年为 1233.7 万亿印度尼西亚盾，共增长了 2.1 倍。另外，相比大中型制造业企业，最近几年小微型制造业企业增长更为迅速，2010 ~2012 年，前者产值增幅为 38%，后者高达 70%，这表明制造业市场竞争结构出现了良性变化。

（二）各行业增长率及产值比重各有不同

2000 ~2012 年印度尼西亚制造业各细分行业年均增长率及产值比重排序情况如表 5 -3 所示。制造业 23 类子行业产值占制造业总产值比重和增长速度各不相同，下面以降序排列为标准对 2012 年各子行业产值比重②进行排列，从而对制

① 2012 年印度尼西亚小微型制造业企业的增加值为 1319036.7 亿印度尼西亚盾，占整个制造业增加值的 10%，而 2011 年该比例仅为 3%。

② 此处“产值比重”指制造业各子行业产值占制造业总产值的比重。

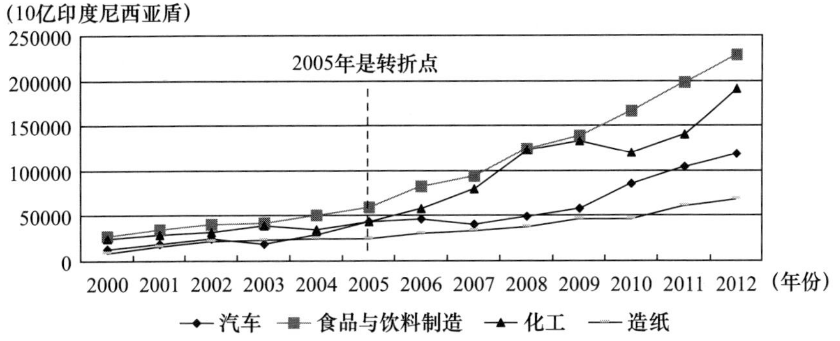

图 5-2 印度尼西亚制造业代表行业产值增长趋势

资料来源：根据印度尼西亚中央统计局（http://www.bps.go.id）制造业（2000~2012）数据整理编制。

造业内部构成现状进行简单分析。由大到小，具体排序为：①食品与饮料制造（18.56%）[①]；②化工（15.48%）；③汽车制造（9.65%）；④烟草制造（6.75%）；⑤橡胶和塑料（5.86%）；⑥造纸（5.48%）；⑦纺织品制造（5.01%）；⑧其他运输设备（4.81%）；⑨电力机械（4.38%）；⑩基础金属（4.22%）；⑪非金属矿物（3.34%）；⑫未分类的机械及设备（3.19%）；⑬服装制造（3%）；⑭金属制品（2.57%）；⑮家具制造（1.96%）；⑯无线电、电视、通信制造等（1.90%）；⑰皮革(1.36%)；⑱木材制造（1.2%）；⑲出版印刷（0.96%）；⑳医疗器械、精密仪器、光学仪器等（0.19%）；㉑焦煤、石油精炼、核燃料等（0.11%）；㉒办公、会计及计算机机械制造（0.02%）；㉓回收利用（0）。

表 5-3 制造业各行业年均增长率、产值比重及排序情况 单位:%

	年均增长率(2000~2012)	排序	2000年产值比重	排序	2012年产值比重	排序
未分类的机械及设备	1.34	1	0.010	19	0.032	12
办公、会计及计算机机械制造	1.31	2	0.000	22	0.000	22

① 括号里面的数值为该行业产值占制造业总产值的比重。

续表

	年均增长率（2000～2012）	排序	2000年产值比重	排序	2012年产值比重	排序
汽车、挂车、半挂车	0.66	3	0.057	7	0.097	3
食品与饮料制造	0.62	4	0.114	1	0.186	1
化工	0.57	5	0.102	2	0.155	2
造纸	0.56	6	0.037	13	0.055	6
橡胶与塑料	0.50	7	0.044	9	0.059	5
电力机械	0.43	8	0.037	12	0.044	9
基础金属	0.39	9	0.039	10	0.042	10
非金属矿物	0.33	10	0.035	14	0.033	11
家具制造	0.33	11	0.020	18	0.020	15
金属制品	0.28	12	0.031	15	0.026	14
服装制造	0.26	13	0.038	11	0.030	13
其他运输设备	0.24	14	0.065	5	0.048	8
烟草制造	0.22	15	0.098	3	0.067	4
焦煤、石油精炼、核燃料	0.15	16	0.002	21	0.001	21
皮革	0.14	17	0.026	17	0.014	17
纺织品制造	0.14	18	0.097	4	0.050	7
医疗器械、精密仪器、光学仪器、钟表	0.08	19	0.005	20	0.002	20
出版印刷	0.07	20	0.026	16	0.010	19
无线电、电视、通信制造	0.05	21	0.064	6	0.019	16
木材制造	0.01	22	0.054	8	0.012	18
回收利用	0.00	23	0.000	23	0.000	23

资料来源：根据印度尼西亚中央统计局（http：//www.bps.go.id）制造业（2000～2012）数据整理得到。

由以上排序情况可以看出，当前印度尼西亚制造业内部各细分行业产值比重分布呈现出不平衡格局，“强者越强，弱者越弱”用来形容目前印度尼西亚制造业内部各行业的发展状况比较贴切。长期以来，由于历史原因和工业化政策的偏斜，印度尼西亚制造业内部各行业产值比重分布呈现出很不平衡的格局，排在前面的行业产值比重都比较大，排在后面的产值比重却很小。2000年，产值比重排在前五名的行业，它们的产值比重之和为47.8%，排在后五名的行业产值比重之和仅为1.7%。2012年，这种不平衡的分布状况依然没有改变，排在前三名的行业产值比重之和达到43.68%，前五名的行业产值比重之和达到了56.29%，排在后五名的行业产值比重之和仅为1.28%。由此可见，印度尼西亚制造业内部各行业分布呈现出一种比较极端的格局，这种格局由来已久，短时期内还难以改变。

二、制造业内部结构演变特点

随着印度尼西亚政策大力扶持和国民经济快速发展，该国制造业逐步复苏。近年来，印度尼西亚政府加快了产业结构转型调整步伐，在制造业整体获得快速增长的同时，其内部结构也发生了演变，由于种种因素的约束，印度尼西亚制造业内部结构演变呈现出自身的特点。

（一）传统制造业地位继续得到加强，新兴产业仍远远落后

食品与饮料制造是印度尼西亚传统制造业部门，近年来该行业保持快速发展势头，从产业生命周期来看，仍然处于成熟期，2000~2012年其产值增长了7.48倍，增长速度在制造业23类子行业中排第四位，其产值比重在2000年和2012年排序均为第一位。食品与饮料制造业目前仍处于上升扩张期，2005年以来增长非常快速，从产业生命周期视角考察，该行业还远没有进入衰退期，反而以更快的速度增长，从而其产值比重能够维持高水平状态。

化工是印度尼西亚传统重工业部门，是国民经济基础产业和支柱产业，与多种行业保持非常密切的关系，在制造业中占有特殊地位，印度尼西亚政府将化工产业作为中期发展10个核心产业集群之一。近年来化工行业是吸收外商直接投资的主要行业之一，具有很强的成长性。2005年化工行业吸收的FDI投资额为13亿美元，2007年为17亿，2008年达到20多亿美元。外资的大量投入使得化工行业自2005年以来保持持续快速增长趋势，2000~2012年化工行业产值增长了6.86倍，增长速度排序为第五位。同食品与饮料制造一样，化工行业产值比重相当大，其产值比重在2000年和2012年均排在第二位。

综上所述，食品与饮料制造和化工在印度尼西亚制造业中仍占有举足轻重的地位。从动态的角度来看，近年来，它们的地位不断得到加强，两者产值比重之

和不降反升，由2000年的21.6%上升至2012年的34.1%。

与传统制造业相比，医疗器械、精密仪器、光学仪器制造和焦煤、石油精炼与核燃料制造以及办公、会计及计算机机械制造等，这些对技术依赖程度较高的新兴行业代表了新产品、新能源、新技术的发展方向，近年来它们虽有所发展，但仍然远远落后。办公、会计及计算机械制造是三者中增长最快的行业，2000～2012年其产值增长了15.69倍，增长速度排名为第二位，虽然产值增长快，但由于产值基数太低，所以到目前为止，其产值比重仍然很低，接近于零，以至于对提升新兴产业产值比重效果甚微。从产值比重来看，2012年医疗器械、精密仪器、光学仪器制造和焦煤、石油精炼与核燃料制造以及办公、会计及计算机机械制造三者产值比重之和仅为0.3%，还不到1个百分点。

（二）重工业快速发展，轻工业仍占重要地位

近年来，印度尼西亚重工业获得了快速发展。从增长速度来看，排在前三名的均是重工业制造业，包括未分类的机械及设备，办公、会计及计算机机械制造，汽车制造，如表5-3所示。在增长速度前十名行业中，重工业占七种，轻工业只占三种（食品与饮料制造、造纸、橡胶与塑料），2012年这七种重工业的产值比重之和达到40.3%。另外，在2000年和2012年产值比重排名前十的行业中，重工业均占五种，数量上虽然没有变化，但这些重工业产值比重之和却由32.7%上升到了38.6%。

重工业的快速发展跟汽车制造业密切相关。汽车制造业在印度尼西亚起步较早，随着国民经济发展、人民生活水平普遍提高及城市化进程不断加速，印度尼西亚汽车制造业面临着新的历史发展机遇。目前，印度尼西亚共有外资和合资汽车企业13家，汽车零配件企业380家，年整车生产能力75万辆。2010年印度尼西亚汽车销量为75万辆，2011年为83万辆，2012年达到95万辆，2013年计划突破100万辆。2000～2012年印度尼西亚汽车制造业产值增长了7.9倍，增长速度排序为第三位，其产值比重排序由2000年的第七位上升为2012年的第三位。汽车制造业快速增长与跨国公司扩大投资有密切关系，全球汽车巨头视印度尼西亚为新的发展机遇。通用、标致汽车公司决定恢复印度尼西亚作为其在东南亚主要汽车组装基地的定位并增加投资，日产、铃木、克莱斯勒、大发和宝马等汽车公司也分别宣布了在印度尼西亚增资和扩张计划，日本最大的汽车公司丰田再次

确认五年内在印度尼西亚投资达13.5亿美元，进行一系列的扩张活动。①

相比重工业，轻工业产值比重有所下降，但仍然占有重要的地位。轻工业增长速度虽然慢于重工业，但由于过去长期以来发展较快、基期产值较高等原因，目前轻工业产值比重仍然较大。食品与饮料制造、烟草制造和纺织服装制造等轻工业是印度尼西亚传统轻工业，近年来虽然增长有所放缓，但它们的产值比重之和仍然较大，2012年仍高达33.3%。

（三）重心偏向资本密集型制造业，但劳动密集型制造业仍占很大比重

按生产要素密集程度划分，制造业可分为劳动密集型、资本密集型、技术密集型制造业。一般地，随着制造业向前发展，资本密集型和技术密集型制造业产值比重会不断上升，而劳动密集型制造业的产值比重则不断下降，从而制造业由低级阶段向高级阶段发展，出现高级化趋势。对印度尼西亚制造业而言，食品与饮料制造、烟草制造、纺织服装制造、皮革制造、木材制造、家具制造、造纸等劳动密集型产业产值比重之和由2000年的48.4%降为2012年的43.4%，12年下降了5个百分点。相对而言，基础金属、金属制品、汽车制造、化工、电力机械制造、其他运输设备等资本密集型产业产值比重之和却由2000年的33.1%上升至2012年的41.2%，12年上升了8个百分点。由此可见，目前印度尼西亚制造业发展重心正由劳动密集型产业逐渐转向资本密集型产业，但是资本密集型产业还没有取得绝对优势，劳动密集型产业仍占较大比重。食品与饮料制造和纺织服装是印度尼西亚主要的劳动密集型产业。近年来由于受各种不利因素的影响，包括劳动力成本上升、技术落后、国际竞争激烈、外资撤资等，纺织服装业增长放缓，逐渐走下坡路；然而食品与饮料制造业恰恰相反，该行业正处于快速增长期，其产值比重在各行业中一直独占鳌头，维持着领先地位，正因为如此，劳动密集型产业整体比重不至于快速下降。

三、制造业内部结构高级化评价

所谓高级化，是指在技术创新的基础上充分发挥主导产业带动作用，使得产业结构整体水平不断提高，从而形成产业快速增长、协调发展和创造更高附加值

① Yulisman L. Toyota plans Rp 13t investment in RI, The Jakarta Post, 2012-11-12.

的过程。产业结构高级化是指产业结构从低级到高级的转换过程，各产业产值比重变化状况可以反映产业结构高级化程度，产业结构高级化可以推进一国工业化向更高级阶段发展，其中制造业结构高级化是产业结构高级化的具体表现。

产业结构高级化与产业增长速度密切相关，而产业增长速度与产业生命周期密切相关，产业在成长、成熟、衰落阶段表现出快速增长、平稳增长、缓慢增长的特征。如果对某一时点截面数据进行静态分析，可以发现某一经济体会同时存在三种不同增长速度的产业，从中可以发现即将进入高速增长的潜在产业。产业之间的相互更替是一个连续不断变化的过程，当某个产业增长放缓，它便可能被其他高速增长的产业所替代，那么潜在的高增长产业便会成为现实的高速增长产业。①

整体来看，目前印度尼西亚制造业主导产业的三大行业（食品与饮料制造、化工、汽车）仍然保持着较高的增长速度，它们的主导地位仍不易替代。从上述分析可知，近年来印度尼西亚制造业内部虽出现了结构性转换，且呈现出高级化趋势，但这种趋势仍然很不明显。第一，从各行业增长速度来看，纺织服装、造纸、食品加工、家具制造等轻工业整体增长虽不断放缓，以汽车、化工为代表的重工业增长步伐虽不断加快，制造业正由轻工业主导逐步向重工业主导过渡，但要完成这个过程仍需要很长时间，因为部分产值比重较大的轻工业仍然保持着快速增长态势，其主导地位仍会保持较长时期，如食品与饮料制造业。第二，新兴产业代表着新技术、新产品、新能源等高科技产业的发展方向，是产业结构升级的前进方向。新兴产业作为朝阳产业，其产值比重在一定程度上是产业结构高级化衡量的风向标。对印度尼西亚而言，新兴产业整体增长缓慢，只有办公、会计及计算机机械制造快速增长，而医疗器械、精密仪器、光学仪器、钟表和无线电、电视、通信设备制造等行业仍然毫无起色。因此，印度尼西亚要想使新兴产业能够在制造业中占据主导地位，这个过程难度很大，需要付出长时间的不懈努力。综上所述，印度尼西亚制造业内部结构正在转型，但高级化趋势仍是漫长的过程，这种格局主要是由当前制造业内部结构现状决定的，食品与饮料制造、化工、纺织服装等传统行业仍然占绝对主导地位，而办公、会计及计算机机械制造

① KLEPPER S, Industry shakeouts and technological change, International Journal of Industrial Organization, 2005, 23 (1-2): 23-43.

和光学仪器、精密仪器制造以及核燃料制造等新兴行业产值比重微乎其微。

第四节 印度尼西亚工业化发展阶段衡量

对一国工业化阶段进行全面衡量是比较困难和相对复杂的，这与该国经济发展条件和所处的时代背景有很大关系，涉及方方面面的内容。从严格意义上来讲，并不存在绝对的衡量标准，但以某种视角为标准对工业化阶段进行评判是可行的和完全可能的。随着工业化战略的推行，印度尼西亚工业和制造业内部结构不断发生转换，共同推动印度尼西亚工业化进程不断向前演进。下面以霍夫曼定律和罗斯托经济发展阶段论为视角对印度尼西亚工业化阶段进行衡量。

一、霍夫曼系数衡量：印度尼西亚工业化处于第三阶段

霍夫曼经验法则是分析一国工业化阶段的标准之一。霍夫曼对 20 多个国家工业化过程进行研究后发现，消费品工业净产值与资本品工业净产值比值（即霍夫曼系数）呈现出不断下降趋势，并且这种趋势不随某个经济体工业化进程起步早晚不同而相异，在此基础上，霍夫曼将一国工业化进程分为四个阶段，如表 5 -4 所示。霍夫曼法则虽提供了一种考察工业化阶段的视角，但应该客观理性地看待衡量结果，因为每个经济体的要素集合是非常复杂的、多层次的，而霍夫曼法则仅仅考察了工业内部比例关系，对产业间生产效率差异考虑有所忽略。

表 5 -4 霍夫曼工业化阶段划分

工业化阶段	霍夫曼系数范围	相应代表国家
第一阶段	5.0（±1.0）	巴西、智利、印度、新西兰
第二阶段	2.5±（1.0）	日本、荷兰、丹麦、加拿大、匈牙利、南非、澳大利亚
第三阶段	1.0±（0.5）	英国、瑞士、美国、法国、德国、比利时、瑞典
第四阶段	1 以下	

注：相应代表国家的衡量时期是 20 世纪 20 年代。

资料来源：Hoffmann，The Growth of Industrial Economies，Jena：Verlag von Gustar Fischer，1931.

第一阶段表现为消费资料工业发展迅速，在制造业中占主导地位，资本资料工业发展相对落后。第二阶段表现为消费资料仍然占主导地位，然而增长速度开始放缓，资本资料工业开始快速增长。第三阶段表现为消费资料主导地位已经弱化，消费资料工业与资本资料工业规模相当。第四阶段表现为资本资料工业规模超过消费资料工业，从而占据主导地位。从低级阶段到高级阶段，一国完整的工业化进程一般都要经历这四个阶段，所处的阶段越高，表明一国工业化程度越高，第四阶段的完成标志着该国基本实现工业化，开始进入后工业化社会。①

通过对资料搜集、整理、统计得到印度尼西亚霍夫曼系数变化情况，如表 5 -5 所示。结合表 5 -4 和表 5 -5，我们可以对印度尼西亚工业化进程所处的阶段进行动态分析。

表 5 -5　印度尼西亚霍夫曼系数变化情况（1970～2012）　　单位:%

年份 / 类别	1970	1980	1990	2001	2005	2009	2010	2011	2012
霍夫曼系数	3. 09	1. 26	1. 29	2. 11	1. 93	1. 59	1. 45	1. 43	1. 42

资料来源：1970～1990 年数据来自汪斌．东亚工业化浪潮中的产业结构研究［M］．杭州：杭州大学出版社，1997：270；其余数据经印度尼西亚中央统计局（http：//www. bps. go. id）制造业相关年份（2000～2012）数据计算得到。

（1）20 世纪 70 年代是印度尼西亚工业化早期阶段，矿业在工业中占主导地位，制造业发展处于起步阶段，1970 年印度尼西亚霍夫曼系数为 3. 09，此时印度尼西亚处于霍夫曼工业化第二阶段。

（2）20 世纪 80 年代中期以前，印度尼西亚推行进口替代工业化战略，制造业得到发展，印度尼西亚工业化水平迅速提升，1980 年霍夫曼系数降为 1. 26，此时印度尼西亚进入了霍夫曼工业化第三阶段。

（3）20 世纪 80 年代中期以后，由于西方发达国家经济危机、石油价格下跌等因素影响，印度尼西亚对经济结构进行了调整，工业化战略由进口替代转为面

① 杨治．产业经济学导论［M］．北京：中国人民大学出版社，1985：60.

向出口，制造业获得快速发展，尤其是面向出口的制造业，1990 年霍夫曼系数为 1.29，与 1980 年的水平相当，印度尼西亚仍处于霍夫曼工业化第三阶段。

（4）1997 年东南亚金融危机爆发后，印度尼西亚经济受到重大的冲击，其中，制造业受到的影响最大，经过几年的整顿与恢复，印度尼西亚经济逐步走出泥潭，2001 年霍夫曼系数为 2.11，印度尼西亚回到霍夫曼工业化第二阶段，由此可见，东南亚金融危机大大阻碍了印度尼西亚工业化进程步伐。

（5）自 2005 年以来，印度尼西亚经济保持平稳增长，霍夫曼系数整体趋势不断下降，工业化水平不断提升，其中，2010 年霍夫曼系数降为 1.45，2012 年进一步降为 1.42（为 2000 年以来最低值），此时，印度尼西亚重新进入霍夫曼工业化第三阶段，这表明印度尼西亚资本资料工业在社会生产中的地位与消费资料工业相当，从中也说明了目前印度尼西亚制造业内部结构确实出现了高级化趋势。

综上所述，目前印度尼西亚工业化进程正处于霍夫曼法则第三阶段。从霍夫曼系数变动轨迹得知，印度尼西亚工业化进程是不稳定的，它经历了曲折的过程，这与外部因素冲击有密切关系。20 世纪 80 年代中期至 90 年代中期，印度尼西亚资本品工业有了较好的发展，受东南亚金融危机冲击后出现了逆转，目前虽已恢复到原来的水平，但霍夫曼系数显示结果表明，资本品工业增速相对之前有所放慢。

二、罗斯托经济发展阶段论衡量：印度尼西亚工业化由起飞阶段进入成熟阶段

罗斯托经济发展阶段论是衡量一国工业化发展阶段的另一种视角，这种视角相对比较宏观。罗斯托将一国经济成长从低到高分为传统社会阶段、为起飞创造前提阶段、起飞阶段、成熟阶段、高额群众消费阶段和追求生活质量阶段六个阶段，并对这六个阶段的主要特征和主导产业体系变更次序进行了分析。为了下文的分析，在此简要叙述“起飞阶段”和“成熟阶段”的相关特征。根据罗斯托本人分析，“起飞阶段”的特征主要有：

（1）“起飞阶段”是一种产业革命，直接关系到生产方法的剧烈变革，能够在比较短的时期内产生具有决定意义的结果，罗斯托把这个阶段看成是“近代社

会的分水岭”，是“社会发展具有决定意义的间歇”；

（2）“起飞阶段”是经济成长关键性阶段之一，该阶段投资率已提高到国民收入的10%以上，一国已经建立了能迅速吸收新技术并使之扩散到经济各领域的主导部门；

（3）“起飞阶段”主要以进口替代制造业体系为主导部门，主要包括非耐用消费品制造业，不同于“起飞准备阶段”的主导部门（以食品、饮料、水泥等部门为主）。①

完成“起飞阶段”后，一国将进入一个较长期的经济持续增长同时充满波动的阶段，即“成熟阶段”（工业化完成阶段）。这个阶段的表现是多方面的：随着现代技术扩散到经济活动的各个领域，国家产业发展以及产品出口开始多样化，高附加值的出口产业不断增多，投资重点从劳动密集型产业逐步转向资本、技术密集型产业，国民生活水平、交通和通信设施显著改善，经济增长成果惠及整个社会，部分有实力的企业开始到国外投资，经济增长逐步转向技术创新型企业，主导部门更换为以“钢铁、电力、重型机器制造业”为代表的重工业部门，并形成综合产业体系。②

以罗斯托经济发展阶段论为视角，结合印度尼西亚自身经济发展历程，可以认为当前印度尼西亚经济发展正由“起飞阶段”向“成熟阶段”过渡。

第一，自1995年以来，印度尼西亚投资率一直占国内生产总值的15%以上，超过了“起飞阶段”10%的标准，并且自2004年以来投资率不断提升，2012年达到33.2%，③ 较高的投资率是经济“起飞阶段”的特征。

第二，从制造业内部结构变动趋势来看，近年来虽然食品与饮料制造、纺织服装等轻工业部门仍然占较大比重，但汽车制造、钢铁、化工、电力机械、核燃料制造等重工业部门也有了发展，并且增长速度较快，制造业主导部门体系正在由轻工业向重工业转换，资本、技术密集型产业逐步成长，制造业各行业走向多

① 王佶．经济起飞的政治条件——罗斯托经济起飞理论的唯物史观研究［D］．中央民族大学硕士学位论文，2010.

② 范家骧．罗斯托经济成长理论（上）［J］．经济纵横，1988（10）．

③ 经相关数据计算得到，原始数据来源于ADB，Key Indicators for Asia and the Pacific 2013，Aug，2013。

元化，产业体系逐步健全，这些是“成熟阶段”产业发展特征。

第三，近年来印度尼西亚经济一直保持平稳快速增长，人均国民收入不断上升，中产阶级数量不断增多，居民消费对国内生产总值拉动作用不断增强，交通、运输、通信等基础设施逐步完善，这些都符合“成熟阶段”的某些特征。

第四，当前印度尼西亚技术创新还处于较低水平，以及收入分配差距和区域经济发展不平衡问题仍然严峻，这些表明印度尼西亚经济发展“成熟阶段”尚未完成。综合来看，印度尼西亚经济正在崛起，从低级阶段走向高级阶段，符合了人类社会经济发展的一般规律，同时还需要解决存在的诸多问题，才能完成由“起飞阶段”向“成熟阶段”过渡，更好地走向“高额群众消费阶段”和“追求生活质量阶段”，进而从发展中国家向发达国家行列转变。

第五节　印度尼西亚工业发展面临的主要问题

工业是印度尼西亚推行工业化以来发展最为快速的部门，尤其是制造业。目前，工业对印度尼西亚国民经济的拉动作用排在第一位，同时工业内部结构演变出现了升级现象，制造业内部也出现了高级化趋势，但受各种因素制约，印度尼西亚工业发展仍有一些比较突出的问题亟须解决。

一、工业部门就业比重与产值比重不匹配

当前工业在印度尼西亚国民经济中占主导地位，已经成为对 GDP 贡献最大的产业部门，然而却是最小的就业部门，2012 年印度尼西亚工业产值比重达到 47%，而就业比重仅为 21%，由此可见，就业比重与产值比重变化并不匹配。从发达国家工业化进程来看，美国工业就业比重于 1960 年达到最高值 35%，[①] 日本于 1980 年达到 35.2%，德国于 1991 年达到 40.3%，[②] 如果以这些发达国家的

① 景跃军．战后美国产业结构演变研究［D］．吉林大学硕士学位论文，2004：72.

② 参见世界银行数据库世界发展指标有关日本和德国相应年份的数据。

数值为标准，则印度尼西亚工业就业比重还处于较低水平。印度尼西亚能否以较低的工业就业比重进入后工业化时期，实现经济全面发展，从而进入高收入发达国家行列呢？答案是这种可能性很小。按照西方主要发达国家工业化所走过的历程来看，它们进入后工业化社会并最终进入高收入国家行列的共同条件是：工业产值比重和就业比重同时达到相当高的饱和点后逐渐下降，接着进入服务业主导时代。发达国家服务业高度发展使得工业劳动力发生转移，从而导致工业就业比重下降，这是一个相对复杂的过程，而印度尼西亚当前服务业发展非常落后，虽然能够大量吸纳劳动力就业，但生产效率非常低，这种现象与发达国家有本质区别。

印度尼西亚工业就业比重明显偏低主要是工业吸收劳动力就业程度相对有限造成的，由工业内部结构所决定，从前面对工业内部各部门产值比重和就业比重偏离度分析可见端倪。

首先，矿业在工业部门中产值比重很大，然而矿业是资本密集型产业，对劳动力吸纳程度不大。

其次，制造业可以吸纳大量的劳动力就业，尤其是劳动密集型制造业，但是，目前印度尼西亚劳动密集型产业增长速度逐渐放缓，制造业正在向资本、技术密集型产业转换，因此制造业对劳动力吸纳程度出现了较大的瓶颈。

最后，建筑业具有较好的劳动力吸纳能力，而且近年来该行业能够保持稳步上升态势，但建筑业在工业中的产值比重不大，所以其吸收劳动力就业程度的效应受到限制。

工业部门劳动力就业相对滞后将会从多方面制约印度尼西亚国民经济发展。首先，会影响农业现代化进程，如果工业部门不能加大承接农业劳动力转移力度，在工业化阶段仅仅依靠服务业承接劳动力并不能有效解决农业部门滞留的大量剩余劳动力，从而农业经营主体难以转变，农业将很难走向产业化、规模化经营，进而束缚农业劳动生产力的解放。其次，会阻碍服务业进一步发展，大量劳动力直接向服务业部门转移会造成服务业部门过度负载，在服务业没有获得充分发展背景下，必然大大降低服务业部门劳动生产率，从而制约服务业转型升级。

二、工业内部结构不协调现象明显

产业结构协调是产业结构合理化的重要内容，对产业可持续发展至关重要。产业之间是相互关联的：一是前向关联，即某产业部门通过供给关系与其他需求部门发生关系，例如，电力供应、交通运输部门与其他产业部门的关系；二是后向关联，即某产业部门通过需求关系与其他供给部门发生关系，例如制成品工业与原材料供应部门的关系。产业结构不协调将制约产业之间发挥关联作用，阻碍产业整体向前发展。

当前印度尼西亚工业内部结构存在很严重的不协调现象，给经济发展带来很多不利影响。第一，矿业在工业部门中产值比重偏大，利弊并存。一方面，进口替代工业化时期，矿业确实发挥了重要作用，为印度尼西亚国内工业发展提供了大量资金，然而矿业与其他产业关联度较低，难以带动国民经济整体发展，在工业化早期，这恰恰印证了“资源诅咒”之说。另一方面，矿业产值比重偏大还会造成国民经济对其依赖过重，从而造成国民经济发展在较大程度上受国际因素影响，给经济发展带来不稳定性，例如，20 世纪 80 年代初国际油价大跌引起印度尼西亚国民经济陷入衰退。再者，矿业产值比重偏大容易对其他产业发展产生挤占效应，表现在出口结构中资源密集型产品占主导地位，而资本、技术密集型产品比重偏低。第二，电力、气、水供应业部门发展非常落后，产值比重过小，成为经济发展短板。该部门是工业基础部门，甚至可以说是整个国民经济的基础部门和其他产业部门发展的原动力，与其他产业前向关联度很大。然而，纵观印度尼西亚整个工业化进程，基础部门发展一直停滞不前，2011 年印度尼西亚人均电力消费量只有 680 度，远远低于同一时期马来西亚（4246 度）、新加坡（8404 度）、泰国（2316 度）等东盟国家水平。[①] 电力、气、水供应业部门严重滞后将长期制约印度尼西亚经济发展，印度尼西亚政府必须花大力气解决该问题。

① 参见世界银行数据库世界发展指标相关年份（2011）数据。

三、制造业内部结构亟须进一步升级

产业结构高级化是产业结构优化升级的体现。衡量产业高级化程度的标准，一是高附加值产业是否占较大比重，二是主导产业能否带动其他产业共同发展，在经济增长中起主导作用。制造业内部结构高级化趋势体现在两方面：一是整体结构由劳动密集型产业向资本、技术密集型产业转变；二是技术密集型产业由技术含量相对较低的传统技术产业向技术含量高的现代技术产业以及高新技术产业转变。

目前，印度尼西亚制造业内部结构已呈现出轻微的高级化趋势。从不同分类标准来看，资本密集型产业、重工业、新兴产业产值比重均有所提高，然而制造业高级化程度仍然较低，与发达国家水平还存在较大的差距。根据 2012 年印度尼西亚制造业各行业产值比重资料可知，占主导地位的食品与饮料制造、化工等行业仍然保持上升趋势，而办公、会计及计算机机械制造和精密仪器、光学仪器、钟表制造等较大程度依赖技术的新兴产业产值比重之和仍然较小（仅为 0.3%）。从世界范围来看，发达国家在工业化进程中，高端技术制造业产值比重都曾达到很高水平。20 世纪 80 年代，美国以微电子、计算机、卫星通信、生物工程、新材料、新能源、光学仪器为核心的高技术制造业产值占制造业总产值比重曾高达 38%；[①] 同样地，日本高端技术制造业发展水平也相当高，其以医药制造、精密仪器、光学设备、计算机为代表的高技术制造业产值占制造业总产值比重高达 10%。[②] 制约印度尼西亚制造业升级的关键因素是科技创新能力较低，目前印度尼西亚科研经费支出仍很低，科技开发人员数量比较缺乏，独立设计新产品和新工艺能力较弱，制造业发展从资金、技术、管理等方面都比较依赖跨国公司。因此，对印度尼西亚而言，如何提升科技进步，促进高端技术制造业发展，实现制造业内部结构优化与升级，使制造业高级化趋势上升到一个较高台阶，从而进一步带动整个产业升级，这是印度尼西亚未来产业结构调整与升级的关键所在。

---

① 刘冲．美国工业结构发展动态研究［J］．工业技术经济，1987（6）．

② 彭华．战后日本制造业的结构演进分析及启示［J］．广西财经学院学报，2013（1）．

第六章　印度尼西亚服务业发展及内部结构演变分析

服务业对国民经济发展起着重要的促进与推动作用。目前，许多发达国家已步入后工业化社会，经济形态由“制造经济”转向“服务经济”，服务业成为带动国民经济发展的主要引擎。印度尼西亚作为发展中国家，自工业化以来服务业也获得了发展，按现价美元核算，2012 年产值达到 3228 亿美元，为 1970 年的 32 倍。此外，印度尼西亚服务业在国民经济中的地位不断提升，其产值比重由 1960 年的 33.5% 上升至 2012 年的 38.6%。随着产出规模不断扩大和相对地位提升，印度尼西亚服务业内部结构也发生了演变，并呈现出特色，同时也存在不少的问题。

第一节　印度尼西亚主要服务业发展分析

自 20 世纪 70 年代以来，服务业逐渐成为世界经济增长新引擎。在这种背景下，印度尼西亚服务业水平虽与发达国家存在较大差距，但也逐步加快了发展步伐，一些主要服务业部门获得了不同程度的发展。作为服务业基础部门，随着印度尼西亚政府加大基础设施建设力度，交通运输业面临着良好的发展机遇。经过整顿与改革，近年来金融业已基本恢复，并逐步走上快速发展轨道。旅游业成为印度尼西亚经济新支柱，在经济建设中发挥积极作用。

一、交通运输业正在完善中，但尚存诸多不足

印度尼西亚是个多岛屿国家，交通运输基础设施建设非常重要，实现岛际互联互通是印度尼西亚政府多年来的施政目标之一。20 世纪 60 年代，苏加诺在执政时提出的“八年建设计划”A 类工程项目支出中，用于改善交通运输基础设施的投资占 25% 之多，但最终收效不大。① 苏哈托上台执政后，为了进一步改善交通运输基础设施，自 20 世纪 80 年代中期开始，印度尼西亚政府开始对私人资本开放了该领域，并于 1994 年取消了外资对该领域投资的最后禁止项目，这些政策极大地鼓励了外资对高速公路和航空港的投资。20 世纪 90 年代中期，印度尼西亚在公路、铁路、水运、海运和航空方面获得了较大发展，交通运输经营范围进一步得到了扩大，农村和落后地区交通运输问题也得到了局部解决。1980 ~ 1992 年印度尼西亚公路运输有了很大改善，各种类型车辆均有不同程度的增长，其中，公共汽车年均增长率为 16. 6% 、货车为 9. 4% 、客车为 8. 6% 、摩托车为 4. 7% ；此外，铁路运输和航空运输也有了发展，铁路客运年均增长率为 4. 5% 、货运年均增长率为 10. 9% ，航空运输国际客运年均增长率为 8. 4% 、国际货运年均增长率为 14. 5% 、国内客运年均增长率为 4. 8% 、国内货运年均增长率为 7. 4% 。②

进入 21 世纪，印度尼西亚交通运输业发展进入了一个新阶段。据印度尼西亚中央统计局数据显示，2005 ~ 2012 年全国机动车辆从 3762. 3 万辆上升至 9437. 3 万辆，其中公共汽车数量从 111 万辆上升至 227. 4 万辆，货车从 287. 5 万辆上升至 528. 6 万辆，客车从 507. 6 万辆上升至 1043. 2 万辆，摩托车从 2856. 1 万辆上升至 7638 万辆，各种车辆增长趋势如图 6 - 1 所示。公路是印度尼西亚最主要的交通运输方式，担负着国内近 90% 的客运和 50% 的货运量。截至 2012 年底，印度尼西亚全国公路总长为 50. 2 万公里，其中柏油路占 57% 左右。铁路运输方面，印度尼西亚只有爪哇和苏门答腊两岛建有铁路，铁路运输在各种运输方式中所占份额较小，2005 ~ 2012 年铁路客运量从 15. 2 千万人次上升为 20. 2 千万

① 厦门大学南洋研究院编写组．东南亚五国经济概况［M］．北京：人民出版社，1976：148.

② Hal Hill. The Indonesia Economy (second edition), Craft Print Pte Ltd, Singapore, 2000: 187.

人次，货物运输量从1734.1万吨上升为2361.9万吨，客运和货运规模均有较大的提高，前者增幅为33%，后者为36%。随着基础设施建设力度不断加强和管理体系、陆地交通配套不断完善，印度尼西亚国内航空运输业发展比较快，截至2012年底，全国共有各种型号飞机950架，民用机场超过200个，涵盖国际机场和国内机场，主要航空公司有鹰记、鸽记、狮航、曼达拉等。2004～2011年印度尼西亚国内航班客运量从2376.4万人次上升至5533.6万人次，货运量从20.9万吨上升至68.2万吨，根据计划，印度尼西亚政府将再兴建14个新机场，客运量将达到6000万人次。

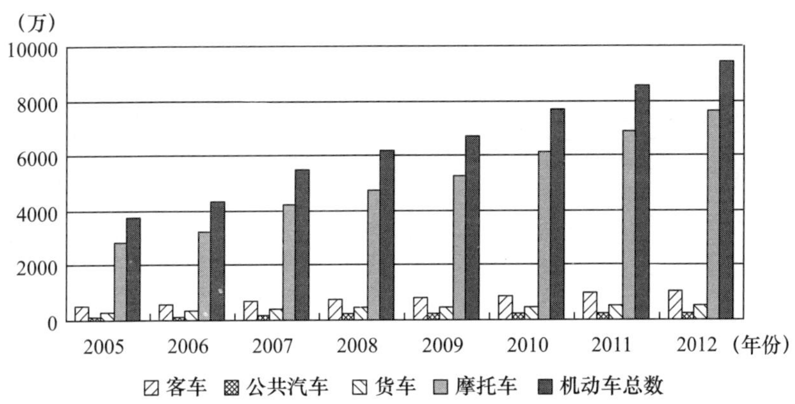

图6－1　印度尼西亚机动车数量变化趋势（2005～2012）

资料来源：根据印度尼西亚中央统计局相关年份（2005～2012）数据编制得到。

当前，印度尼西亚交通运输业还存在诸多不足。印度尼西亚大多数公路是东南亚金融危机前修建的，由于商业区交通设施不足以及农村地区公路网络匮乏，公路运输使用情况紧张、负荷过重，部分公路使用正在恶化。印度尼西亚公路网络发展远远落后于机动车辆增长。据世界银行数据库相关数据，2009年印度尼西亚公路密度[①]仅为25，远低于马来西亚（41）和新加坡（476）的水平。从公路类型来看，印度尼西亚大部分是普通公路，高速公路严重缺乏，当前印度尼西

① 公路密度指陆地每100平方公里内公路的公里数。

亚全国仅有28条高速公路，通车总里程为700公里左右。[①] 印度尼西亚铁路设施状况不佳，很多钢轨、桥梁、信号和通信系统都已超出使用年限，据2008年印度尼西亚交通铁路局统计，印度尼西亚341辆火车中有18%使用时间超过30年，剩余车辆的使用时间至少有16年。[②] 虽然印度尼西亚国内航空业发展很快，但航空运输设施及服务质量仍相对落后，印度尼西亚机场管理水平离国际标准尚有一段距离。交通运输业是国民经济基础部门，印度尼西亚在交通运输业方面发展严重滞后和相对不足，这势必会对经济发展产生巨大的制约作用。

二、银行业改革与恢复

随着国民经济向前发展和人均收入持续增加，印度尼西亚中产阶级人数快速增长，加上汽车等耐用品消费驱动，印度尼西亚银行业发展空间很大，前景明朗。银行业是印度尼西亚金融业的核心，也是东南亚金融危机后率先进行改革和政府重点监管的行业之一。目前银行部门资产在印度尼西亚金融机构资产中所占比重较大，为70%左右，养老金基金、人寿保险、金融公司、证券公司等其他形式金融资产比重相对较小。

印度尼西亚银行业发展历程比较曲折，从膨胀式发展到破产重组再到整顿恢复，印度尼西亚银行业几经波折，逐渐回到稳健成熟的发展模式上来。20世纪80年代中期，为了顺利实现工业化战略转型，印度尼西亚政府对经济体制进行了全面改革。受新自由主义经济理论影响，印度尼西亚政府对金融领域进行了较为彻底的自由化改革，大力开放银行业经营领域，继1983年第一次金融改革后，1988年印度尼西亚政府宣布金融部门改革一揽子政策计划（PAKTO），允许国内私人银行和外资银行进入银行领域，此时国内银行总行及分行开设、外国银行准入都变得相当容易。[③] 相对宽松的经营投资环境虽然存在一些弊端，如金融欺诈、个别银行破产等，但这并不阻碍金融业整体快速发展。在东南亚金融危机爆发前，印度尼西亚金融自由化改革取得了明显成效，银行网络得到迅速发展，银

---

① 袁志丽．印尼高速公路“跑步”发展［N］．经济日报（中），2013－04－03.

② 姜建清．印度尼西亚投资指南［M］．北京：中国金融出版社，2008：433.

③ Miki HAMADA. Impact of Foreign Capital Entering the Indonesian Banking Sector，IDE Discussion Paper，NO. 406.

行机构遍布全国各地。据印度尼西亚中央银行报告，当时印度尼西亚全国的银行机构总数由 1988 年的 124 家上升到 1995 年的 240 家，分支机构由 1900 家上升到 6300 家。[①] 在东南亚金融危机爆发后，印度尼西亚银行业遭受重创，许多国有银行因担负巨额不良债权濒临倒闭，私人银行纷纷遭到破产清算。在日本政府、世界银行和 IMF 等国际组织援助下，印度尼西亚政府推行了不良债权处理、银行兼并、加强监管等措施，对银行机构进行了重组和整顿，先后关闭了 60 多家银行，对 12 家银行实行国有化，5 家国有银行被合并，商业银行总数由 220 家锐减到 2002 年的 142 家。[②] 2004 年以后，印度尼西亚央行开始实施《巴塞尔协议Ⅱ》，公布银行部门结构管理方案，努力构建健全、稳固、有效的银行体系，为此出台了许多与银行部门和非银行金融部门治理相关的具体措施，包括健全的银行结构、基于国际标准的有效银行规则体系、独立有效的银行监管体系、稳固的银行产业体系、切合实际的基础设施配套、存款保护制度等，其中按资本金大小，银行机构被划分为国际性银行、民族银行、专业银行和地方性银行四大类（如图 6－2 所示）。

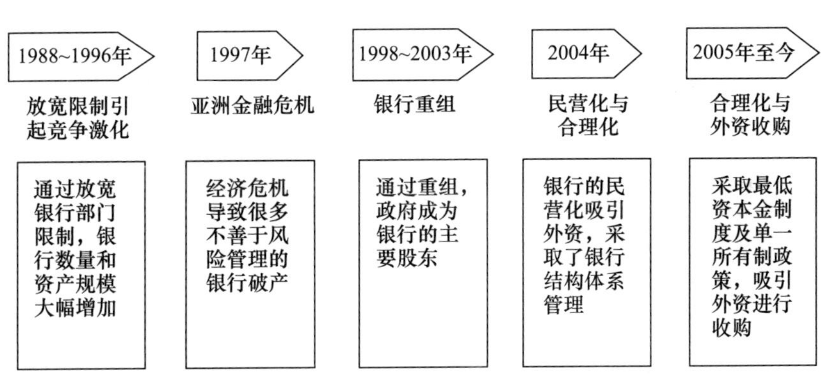

图 6－2　印度尼西亚银行业改革发展历程

资料来源：根据相应资料改制得到，［日］龟山卓二．印尼银行部门的现状与展望［J］．南洋资料译丛，2010（4）．

① 吴崇伯．20 世纪 80 年代以来印度尼西亚金融自由化研究［D］．厦门大学博士学位论文，2005：43.

② 经济报道：印尼商业银行总数减少，但分支机构增加［N］．国际日报（印尼），2004－01－16.

经过改组后，印度尼西亚银行机构主要包括国营银行、地方政府银行、私人银行、外资银行等类型，2008 年这四种银行数量分别为 5 家、26 家、67 家、26 家，总计为 124 家，其中私人银行数量最多，比重为 54%。目前，印度尼西亚共有各类商业银行 120 家，其中 4 家国有银行和 27 家地方开发银行控制了全国 40% 的金融资产，2012 年超过 63% 的银行资产由 11 家大型银行所有。① 由于印度尼西亚政府加快了银行业对外开放速度，以及引进外资对国内银行进行收购兼并，银行业兼并活动还在继续，据印度尼西亚中央银行估计，到 2015 年印度尼西亚国内各类营业银行可能仅剩 70 家左右。

经过数年的努力，在一系列政策有效执行下，印度尼西亚银行业逐渐从东南亚金融危机中恢复，总资产、存贷比率、资产回报率、资本充足率、不良贷款率、净息差等有关商业银行经营的主要财务指标均表现出大幅改善的趋势，如表 6－1 所示。2000～2012 年，印度尼西亚商业银行总资产由 1039 万亿盾增加到 4262 万亿盾，贷款额由 283 万亿盾增加到 2597 万亿盾，存贷比率由 33.4% 上升到 83.5%，资产回报率逐年上升，由 1.56% 上升到 3.11%，不良贷款率持续下降，由 20% 下降到 2.11%，这些指标的变化情况反映了印度尼西亚银行业的良性发展与繁荣。随着国内经济景气上升和消费者信心提升，印度尼西亚消费者贷款和信用卡业务快速增长。2007～2009 年印度尼西亚消费者贷款年均增长率为 25.7%，高于马来西亚、泰国、印度等国家，与我国水平（27.7%）相当。印度尼西亚信用卡业务更是发展迅猛，2009 年印度尼西亚发行信用卡共 1178 万张，相比 2007 年（844 万张）增长了 40%。2012 年印度尼西亚银行业非利息收入② 占总收入的比率为 44%，居亚洲首位，高于马来西亚（42%）、新加坡（41%）、泰国（36%）、中国（20%）、韩国（15%）等国家。③ 较高的非利息收入比率将会提升印度尼西亚银行业在国际上的知名度，以及改善银行业的收入结构和质量。

---

① 李国章．印尼银行业期待迈新步［N］．经济日报，2013－06－05.

② 非利息收入来源于贷款基本收费、保险费、现金管理费、汇款费等。

③ 印度尼西亚银行业非利息收入亚洲最高［N］．印尼商报，2012－01－13，转引自我国驻印度尼西亚大使馆经济商务参赞处。

表6-1　印度尼西亚商业银行主要财务指标（2000~2012）

类别 \ 年份	2000	2005	2009	2010	2011	2012
总资产（万亿盾）	1039.8	1469.8	2534.1	3008.9	3652.8	4262.6
存款额（万亿盾）	699.8	1166.0	1973.0	2274.5	2688.3	3107.4
贷款额（万亿盾）	283.0	695.6	1437.9	1710.6	2117.6	2597.0
存贷款比率（%）	33.41	59.66	72.88	75.21	78.77	83.58
资产回报率（%）	1.56	2.55	2.60	2.86	3.03	3.11
资本充足率（%）	12.46	19.30	17.42	17.18	16.05	17.43
不良贷款率（%）	20.09	7.56	3.31	2.56	2.17	2.11
净息差（%）	2.44	5.63	5.56	5.73	5.91	5.49
营业成本收益比（%）	—	89.5	86.63	86.14	85.4	74.1

注：“—”表示资料不详。

资料来源：根据相关数据编制得到。2000年数据来源于［日］龟山卓二．印尼银行部门的现状与展望［J］．南洋资料译丛，2010（4）；其余数据来源于印度尼西亚中央银行（BANK INDONESIA）相关年份（2005~2012）统计资料。

印度尼西亚银行业不断进行改革，整体情况不断向好，但仍存在不少问题。首先，对信贷而言，印度尼西亚消费信贷增长迅速，但企业信贷增长缓慢，过高的净息差让许多中小企业仍然面临融资难的问题。其次，印度尼西亚银行业整体实力仍然不高，多数银行由于基础薄弱、规模小，难以参与国内市场竞争，在国际上更是缺乏竞争力。再次，印度尼西亚银行业整体营业效率低于东盟同行，仍有待进一步提高，目前印度尼西亚银行业平均营业成本收益比高达74%，高于马来西亚（70%左右）和新加坡（60%左右）。

三、旅游业成为经济新支柱

印度尼西亚地域辽阔，自然风光优美，拥有丰富的旅游资源，火山、湖泊、原始森林、名山古刹等旅游景点遍布各地，印度尼西亚在发展旅游业方面具有很强的国际竞争潜力和比较优势。相比新加坡、马来西亚、泰国等东盟国家，印度尼西亚旅游业起步相对较晚，但从20世纪70年代以后便获得了迅速发展，尤其是80年代中期印度尼西亚调整产业结构以来，20世纪70年代中期至90年代中期，印度尼西亚旅游业年均增长率达到10%以上。[①] 这个时期旅游业快速发展主要得益于政府重视。苏哈托执政时期，印度尼西亚政府设立专门的机构负责制定旅游业有关政策，拟定旅游发展规划，加强旅游管理工作，1986 年苏哈托在国务演讲中强调要把旅游业作为增加外汇收入和扩大就业机会的重要产业。1989 年印度尼西亚政府颁布总统第 3 号法令，按照规定把 1991 年定为印度尼西亚旅游年。种种扶持政策的出台使得印度尼西亚旅游业收效颇丰，1996 年印度尼西亚接待外国游客约达 500 万人次，外汇收入达到最高峰 60. 6 亿美元，比 1995 年增长 16% 。1997 年后，由于受到东南亚金融危机、政局动荡、恐怖暴力事件、“非典”等不利因素影响，因此，这时的印度尼西亚旅游业发展开始相对放缓。

2004 年苏西洛上台执政后，印度尼西亚国内政局稳定，加上印度尼西亚政府积极采取有效措施推动旅游业复苏，因此旅游业近年来发展很快，接待外国游客数量和创汇水平不断创新高。2007 年印度尼西亚旅游业接待外国游客达到 550 万人次，创 10 年来新高，另外创汇水平达到 53 亿美元；2010 年外国游客达到 700 万人次，创汇收入为 76 亿美元；2011 年外国游客达到 765 万人次，外汇收入为 86 亿美元；2012 年外国游客人数创历史新高，为 804 万人次，比 2011 年增长 5. 16% ，创汇水平继续上升，达到 90 亿美元，比 2011 年增长 6% 。

目前，旅游业已经成为印度尼西亚国民经济支柱产业之一，是非油气部门第二大创汇行业，仅次于纺织服装业，2012 年其对国内生产总值贡献率居第四位。此外，旅游业还是服务业中主要的就业部门，能够解决大批社会闲散人员就业问题，据印度尼西亚旅游与创意产业部部长冯慧兰介绍，2012 年印度尼西亚旅游业吸纳的就业人数占全国总就业人数的 6% 左右。近年来，印度尼西亚旅游业国际竞争力不断提升，2009 年在全球 133 个国家中排名第 81 位，2010 年上升到第 74 位。由此可见，印度尼西亚旅游业发展呈现出蓬勃的活力，可以较为乐观地展望，随着区域经济一体化和服务贸易自由化向前推进，以及印度尼西亚国内基础设施、法规建设、营销策划等方面不断完善，印度尼西亚旅游业对国民经济贡献度将进一步得到提升。

---

① 侯献瑞 . 印度尼西亚发展旅游业的策略和措施［J］. 当代亚太，1998（4）.

第二节 印度尼西亚服务业内部结构演变特点

服务业内部结构演变包括各部门产值比重和就业比重演变趋势，以及各部门对服务业整体推动作用演变。发达国家服务业内部结构演变的一般趋势表现为：现代服务业产值比重和就业比重不断上升，并且两者能够保持协调，从而使得服务业对经济推动作用不断增强，现代服务业对经济贡献作用越发显著。对印度尼西亚而言，服务业在三次产业中发展相对滞后，但却是最大的就业部门，这与发达国家服务业发展趋势不尽相同，对印度尼西亚服务业内部结构演变进行研究有助于更好地理解这种特殊现象。

一、产值结构由显著变化转为相对稳定

根据印度尼西亚中央统计局分类标准，印度尼西亚服务业共分为四大类：①贸易、商业；②运输、通信；③金融（包括房地产）；④个人与社会服务业。随着印度尼西亚三次产业产值结构向前演变，服务业内部各部门产值比重也在不停地发生变化，如图6－3所示，在这里需要明确指出，产值比重指服务业各部门产值占服务业总产值的比重。

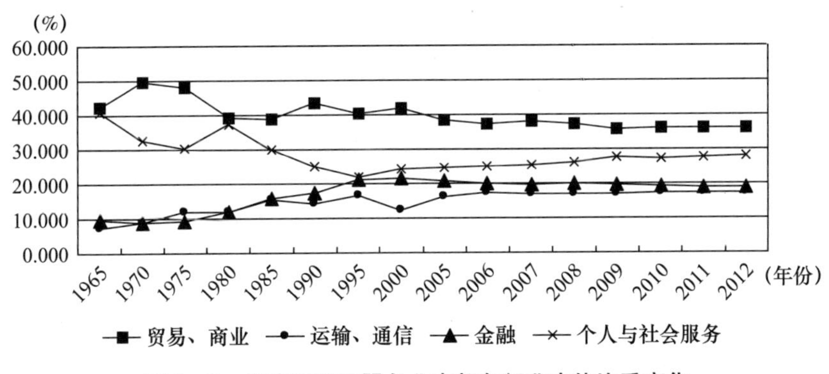

图6－3 印度尼西亚服务业内部各行业产值比重变化

资料来源：1965～1985年数据来源于汪斌．东亚工业化浪潮中的产业结构研究［M］．杭州：杭州大学出版社，1997：216；其余数据经亚洲开发银行（ADB）2013年亚太地区关键指标相关数据计算得到。

随着时间向前推移，服务业内部产值比重较大的部门，其产值比重不断下降，而产值比重较小的部门，结果相反，以至于各部门之间产值比重差距不断缩小，走向趋同，演变轨迹大致呈“反向喇叭”形状。根据产值比重变化显著程度大小，可以将自1965年以来印度尼西亚服务业各部门产值比重演变过程分为两个阶段，即2000年之前显著变化阶段和2000年之后缓慢变化阶段。

1965～2000年，印度尼西亚服务业中除了贸易、商业部门之外，其他部门产值比重均发生了明显变化，尤其是个人与社会服务业以及金融业。第一，个人与社会服务业产值比重由1965年的40.8%迅速降到2000年的24.3%，下降了16.5个百分点；第二，金融业产值比重迅速上升，从1965年的7.5%上升到2000年的21.6%，上升了14个百分点；第三，运输、通信业产值比重稳中有进，产值比重从1965年的7.5%上升到2000年的12.2%；第四，贸易、商业产值比重波动程度较大，1965年达到最高值42.2%，2000年再降到42%，1965～2000年其产值比重几乎保持不变，仅下降0.2个百分点（如表6－2所示）。

表6－2　印度尼西亚服务业各部门产值比重变化　　单位:%

年份 类别	1965	1975	1985	1995	2000	2005	2010	2011	2012
贸易、商业	42.2	48.3	38.8	40.5	42	38.6	36.3	36.1	36.0
运输、通信	7.5	11.9	15.4	16.5	12.2	16.1	17.4	17.3	17.3
金融	9.5	9.3	15.9	21.2	21.6	20.6	19.2	18.9	18.8
个人与社会服务	40.8	30.5	30.0	21.8	24.3	24.7	27.1	27.7	27.9

资料来源：根据印度尼西亚服务业内部各行业产值比重历年数据整理编制，数据来源同图6－3。

2000年是印度尼西亚服务业内部产值结构演变的分水岭。1997年东南亚金融危机爆发给印度尼西亚经济带来了全面影响，服务业也受到了严重打击，不仅造成服务业总量大幅下降，还大大阻碍了服务业内部结构演变的步伐，各部门产值比重基本处于停滞状态。如图6－3所示，2000年以来印度尼西亚服务业各部门产值比重变化都不大，几乎均呈水平状态，各部门之间保持相对平衡。2000～2012年，贸易、商业产值比重变动6个百分点，运输、通信变动5.1个百分点，金融业变动 2.8 个百分点，个人与社会服务变动 3.6 个百分点。2000 年以来，印度尼西亚服务业各部门产值比重保持稳定，这表明印度尼西亚服务业内部结构优化升级现象非常不显著，至今仍然没有哪个部门获得突破，进而带动整个服务业实现质的飞跃。

二、传统服务业目前仍占主导地位

印度尼西亚服务业各部门产值比重虽经历过显著变化阶段，但它们的大小次序格局并没有被打破，贸易、商业产值比重自始至终排在第一位，其次是个人与社会服务业，再次是金融业，最后是运输、通信业。一般来讲，贸易、商业和个人与社会服务业属于传统服务业范畴，现代服务业主要体现在运输、通信业与金融业这两大行业中。纵观印度尼西亚服务业整个发展历程，贸易、商业始终是最主要的推动力，其次是个人与社会服务，两者产值比重之和一直较大，1965 年曾高达 83%，1995 年为 62.3%，2012 年仍高达 64%。自 2000 年以来金融业和运输、通信业产值比重之和虽有了较大幅度提高，但目前还不占优势，两者产值比重之和一直没有超过 40%，并且自 2005 年以来一直停滞不前。由此可知，目前印度尼西亚服务业仍以传统服务业为主。

印度尼西亚服务业内部结构“传统服务业占主导、现代服务业滞后”的结果由众多历史因素决定。一方面，东南亚金融危机给印度尼西亚金融业发展带来了深重的灾难，之前一直蓬勃发展的印度尼西亚金融业遭到了前所未有的打击，以至于金融业元气大伤，发展进程出现了中断，目前金融业虽然已逐步恢复，但要获得快速发展仍需时日。另一方面，印度尼西亚交通运输以及通信基础设施发展过于落后，难以支持现代服务业快速发展。对印度尼西亚而言，运输业、通信业和金融业等现代服务业含量较大的部门产值比重虽出现不断上升的趋势，但受种种因素制约，印度尼西亚服务业目前仍是一个由传统行业占主导地位的产业部门。

印度尼西亚服务业各部门产值比重演变历程跟发达国家相比存在差距，发达国家所走过的路径为印度尼西亚服务业发展指明了方向。20 世纪 70 年代初至 90 年代中期，经济合作与发展组织（OECD）成员国服务业内部结构演变趋势表现为：传统的零售、住宿与餐饮业产值比重不断下降；交通、仓储、通信业产值比重保持稳定；政府服务业产值比重不断下降；金融、保险、房地产及商务服务以及社会与个人服务产值比重均呈上升态势，尤其是金融、保险业。自 20 世纪 80 年代初以来，在 OECD 国家中，金融、保险、房地产及商务服务一直在服务业中占主导地位，这体现了此类服务业高效增长以及对西方国家经济发展起到巨大的推动作用。① 由此可见，在发达国家工业化进程中，随着产业结构整体向前演变，诸如金融、保险以及商务服务等生产性服务业逐渐占据服务业主导地位。印度尼西亚当前处于工业化中后期阶段，产业发展水平相对较低，产业内部结构还存在许多不协调之处，尤其对服务业来说，印度尼西亚与发达国家还存在很大的差距，但随着产业结构不断调整与升级，未来印度尼西亚服务业内部结构也会朝着发达国家所走过的轨迹演变。

三、就业结构向传统服务业部门倾斜

印度尼西亚服务业占国内生产总值的比重一直变化不大，但其就业比重却在不断上升。当前，服务业已成为印度尼西亚在三次产业中最大的就业部门。印度尼西亚服务业出现产值比重和就业比重不匹配现象，与服务业内部就业结构演变有着非常密切的关系。印度尼西亚服务业各部门的就业数据统计不全，在分析服务业内部就业结构时只找到一些历史数据，因此只能对它的变化趋势进行粗略分析。

20 世纪 60 年代初至 90 年代初印度尼西亚服务业内部就业结构如表 6 – 3 所示，贸易、商业以及个人与社会服务业不仅是服务业发展的主要推动力，同时也是吸收劳动力就业的主要部门。1992 年贸易、商业以及个人与社会服务业两者的就业比重之和达到 87.4%，而运输、通信业和金融业的就业比重之和仅为 12.7%，金融业就业比重仅达到 2.3%。印度尼西亚在三次产业就业结构中，劳动力转移主要发生在农业和服务业之间，从服务业内部就业结构特点可以看出，服务业部门中主要是贸易、商业以及个人与社会服务业承接劳动力转移。1992 年以来印度尼西亚服务业各部门就业比重数据比较缺乏，根据前面对服务业整体发展水平和服务业各部门产值比重演变分析，可以谨慎推断：目前贸易、商业和

---

① 郭晓琼．俄罗斯产业结构研究［M］．北京：知识产权出版社，2011：342.

个人与社会服务业等传统服务业仍是吸纳劳动力就业的最主要部门，运输、通信业与金融业就业比重相比20世纪90年代初变化不大，服务业就业结构向传统服务业部门倾斜。

表6-3 印度尼西亚服务业内部就业结构（1961~1992） 单位:%

类别＼年份	1961	1971	1976	1980	1985	1990	1992
贸易、商业	36.6	45.7	49.8	42.9	47.2	48.3	46.0
运输、通信	11.5	10.0	8.9	9.2	9.7	9.9	10.4
金融	0.0	0.9	0.4	2.0	1.3	2.0	2.3
个人与社会服务	51.9	43.5	40.9	44.9	41.8	39.7	41.4

资料来源：汪斌．东亚工业化浪潮中的产业结构研究［M］．杭州：杭州大学出版社，1997：217.

印度尼西亚服务业内部就业结构呈现这样的特点主要由两个因素共同决定。第一，服务业各部门发展现状决定了劳动力要素需求格局。目前印度尼西亚仍是传统服务业占主导，现代服务业发展相对落后，导致劳动力只能大量涌入传统服务业部门。第二，劳动力素质决定了供给格局，印度尼西亚劳动力整体素质并不高，有相当大一部分劳动力只能从事一些比较低级的工作，如开摩托计程车、餐饮、理发、清洁工等，金融、通信、设计方面专业性较强的劳动力仍比较稀缺。由此可见，印度尼西亚政府在大力发展现代服务业的同时，必须提升劳动力整体素质和优化劳动力市场供求关系，只有这样才能解决服务业内部就业结构性失衡问题。

第三节 印度尼西亚服务业发展面临的主要问题

随着国民经济崛起和人均收入提高，印度尼西亚中产阶级队伍日益壮大，包括受高等教育的专业人士、银行家、律师、会计师、企业经理等。中产阶级群体的急剧扩张正在改变印度尼西亚国内服务业市场，旅游、医疗、教育以及娱乐业逐渐成为带动经济发展的新兴产业。长期来看，印度尼西亚服务业拥有巨大的需求潜力和广阔的发展空间，但仍存在一些不容忽视的问题。

一、服务业整体发展水平相对较低

印度尼西亚作为后起的发展中国家，发挥比较优势在较短时期内获得了经济起飞，但也在很大程度上受制于国际经济环境变化，以至于经济发展充满了曲折和反复，从而影响服务业发展水平的提升，当前印度尼西亚产业结构整体发展水平仍然不高，服务业表现更加突出。经过几十年的发展，印度尼西亚服务业发展水平虽有了提高，但与其他同等水平的发展中国家或西方发达国家相比，印度尼西亚服务业仍存在很大差距。世界主要发达国家进入后工业化社会后，服务业成为国民经济第一推动力，对 GDP 贡献率达到 70% 以上，2012 年美国服务业产值占 GDP 比重达到 80%，同一时期日本服务业产值占 GDP 比重达到 73%。除了产值贡献之外，对发达国家而言，服务业同时也是吸收劳动力就业的主要部门，2012 年美国服务业就业比重达到 81%，有学者对美国服务业劳动力就业情况进行研究发现，1948 ~ 2000 年美国净增就业人员 7.7 千万，而服务业新增就业人员竟达到 7.3 千万，占全国新增就业人员的 95%。[①] 相比而言，印度尼西亚服务业产值在整个国民经济体系中所占份额仍然较低，2012 年仅为 38.6%，低于同一时期马来西亚（49%）、菲律宾（56%）、泰国（46%）等东盟国家和印度（56%）、中国（43%）等转型经济体的水平。[②] 此外，服务业虽已成为印度尼西亚最大的就业部门，但从国际比较来看，印度尼西亚服务业就业比重仍处于较低水平，2012 年仅达到 44%，与发达国家相差甚远。

二、服务业基础部门发展落后

东南亚金融危机爆发后，印度尼西亚服务业内部结构演变处于相当稳定的状

① 魏作磊．美国第三产业内部结构的演变规律［J］．改革，2003（4）．

② 有关国家数据参见世界银行数据库世界发展指标相关年份（2012）数据。

态，这跟西方发达国家的演化路径有差异。一般而言，发达国家工业化阶段服务业内部结构呈现出这样的演变路径：传统服务业部门相对地位不断下降，而现代服务业部门不断得到加强；同时服务业基础部门不断完善，基础部门供求逐渐趋向平衡。[①] 自2005年以来，印度尼西亚服务业中贸易、商业和个人与社会服务等传统服务业所占比重仍然较大，并且呈现上升趋势，然而运输、通信等服务业基础部门发展相当滞后，供给远远满足不了需求，特别是高端需求。在印度尼西亚交通运输行业中，公路、铁路、航空运输等基础部门都是相对不足的。2012年，印度尼西亚平均每一千人拥有客车量[②]仅为37辆，马来西亚为325辆，泰国为67辆。据世界银行数据库相关数据，2009年印度尼西亚的公路密度仅为25，远低于同一时期马来西亚（41）和新加坡（476）的水平。交通运输部门落后直接制约印度尼西亚物流业发展。根据世界银行物流导引（LPI）数据，2011年印度尼西亚物流业服务水平虽然提升较大，从2010年的全球第75名上升至第59名，但仍远落后于新加坡（第1名）、马来西亚（第29名）和泰国（第38名）等周边国家。[③] 除了公路网和铁路网密度较低之外，相比邻国，印度尼西亚信息、通信部门发展也较为落后。2012年印度尼西亚每100人中互联网用户仅为15.4人，马来西亚为65人，泰国为26.5人，新加坡为74.2人；印度尼西亚每100人拥有电话线路数量为16条，马来西亚为16条，泰国为9条，新加坡为38条。[④] 当前印度尼西亚固定和移动通信业务由少数几家大型运营商把持，随着行业的迅速扩张，虽然通信基础设施覆盖率有了很大提高，但地区之间差别较大，全国仍有少数地区无法接入通信网络。

三、现代服务业发展相对缓慢

服务业种类繁多，涉及国民经济各个层面，对其他产业部门发展起到润滑剂作用，尤其是工业发展需要用到大量的服务业产品作为中间投入，从而完成初级

---

① 叶树生．论第三产业内部结构的调整与优化［J］．当代财经，1990（2）．

② 客车指的是除两轮车之外的道路机动车，目的是运送旅客，设计座位不超过九人（包括司机）。

③ 2011年印尼物流业全球排名升至59名［N］．雅加达邮报（印尼），2012－06－10．

④ 相关数据来源于世界银行数据库世界发展指标相关年份（2012）数据。

产品到最终产品生产，正所谓“无商不活”。服务业中有一类称为生产性服务业，[①] 大量实证研究表明，生产性服务业与制造业之间是相互作用、相互依赖、共同发展的，两者之间存在密切的联动关系。没有发达的生产性服务业，制造业生产与交易成本难以大幅降低，专业化生产程度也难以提高；另外，制造业是生产性服务业的主要需求部门，同时决定着生产性服务业的发展程度以及国际竞争力水平。[②] 生产性服务业大部分属于现代服务业，对发达国家而言，服务业发展主要由现代服务业带动。然而，印度尼西亚现代服务业发展相对滞后，必然对服务业整体发展的带动作用不足。

根据联合国贸发会议数据显示结果，2009 年印度尼西亚现代服务业占整个服务业产值比重仅为47%，低于同一时期马来西亚、中国等发展中国家（均高于50%）和世界平均水平（69%）。发达国家现代服务业产值比重较高，2012 年美国的生产性服务业产值占整个服务业产值比重达到70%以上，约占 GDP 的48%。[③] 对印度尼西亚而言，2012 年其运输、通信与金融等现代服务业含量较高的部门产值占整个服务业产值的比重仅为36.1%，而贸易、商业及个人与社会服务等传统服务业产值比重仍高达63.9%。印度尼西亚金融业发展还相对落后，不发达的金融业导致企业融资成本过高，减少了中小企业的创新活动和私人投资的资金供给。东南亚金融危机后，因银行业大规模重组和充实核心资本金需要，印度尼西亚银行业企业贷款额度增长缓慢，贷款利率一直居高不下，2009 年末印度尼西亚实际贷款利率为10.9%，远高于新加坡（6.1%）、马来西亚（3.8%）、菲律宾（3.8%）、泰国（2.3%）等其他东盟国家的水平。[④] 长期以来，交通运输部门基础设施建设滞后使得印度尼西亚物流业发展相对缓慢，以至于企业物流成本快速上升，严重削弱了印度尼西亚企业的国

---

① 生产性服务（也称生产者服务）指那些被其他商品和服务的生产者用作中间投入的服务，生产性服务业指生产性服务企业的集合。格鲁伯·沃克．服务业的增长：原因和影响［M］．上海：上海三联书店，1993.

② 乔均，施建军．生产性服务业与制造业互动发展研究述评［J］．经济学动态，2009（11）．

③ 冯晓玲．美国生产性服务业影响因素的技术层面分析——基于 VAR 模型的实证检验［J］．国际经贸探索，2013（10）．

④ 刘均胜．后危机时代印度尼西亚的发展战略及其影响［J］．亚太经济，2012（5）．

际竞争力。根据印度尼西亚工商业协会公布的数据，印度尼西亚企业成本支出约有 17% 耗费在物流费上，而同一区域的其他经济体，这个比例要低于 10%。[①] 现代服务业发展缓慢将制约印度尼西亚其他产业部门发展，阻碍产业结构调整与升级。

① 刘慧．印度尼西亚竞争力排名提升 12 位［N］．人民日报，2013－09－11.

第七章　印度尼西亚产业结构演变影响因素及实证分析

一国产业结构演变受到诸多因素影响，包括产业政策、供给因素、需求因素、政治因素、文化因素等方面。在开放经济条件下，虽然国际贸易、FDI、技术进步等因素对促进一国产业结构调整和升级有着积极作用，但同时产业结构演变也会对这些因素产生影响。国内需求对印度尼西亚经济增长的拉动作用一直占主导地位。同时，印度尼西亚经济外向性程度较大，国际贸易与FDI对经济影响比较显著。技术进步决定了印度尼西亚产业结构升级水平。纵观整个工业化进程，印度尼西亚产业结构演变之所以表现出独有的特点，正是各种因素综合作用的结果。

第一节　国内需求对印度尼西亚产业结构演变的影响

由于产业结构直接表现为生产不同产品的产业之间的产值结构，因此需求总量及结构变化成为决定产业结构演变的根本性因素。国内需求包括消费品需求和投资品需求，消费品需求受商品价格、人均可支配收入、消费者偏好、文化传统等因素影响，投资品需求主要由边际投资收益率和利率水平共同决定。需求的存在使得产品能够通过市场机制进行交换以顺利实现自身价值，从而社会再生产得以延续和产业结构能够不断向前演变。

一、内需主导与印度尼西亚经济增长

印度尼西亚是世界上少数主要依靠内需拉动经济增长的经济体。2008 年全球金融危机和欧洲主权债务危机时期，西方发达国家经济增长低迷，世界经济不景气。与此相反，印度尼西亚受国际负面因素冲击较小，经济增长率依然保持较高水平，自 2004 年以来连续 9 年保持 5% ~6% 的水平，2012 年达到 6.2% 的水平，印度尼西亚成为全球经济增长最快的几个国家之一。印度尼西亚经济发展一向依赖内需，尤其是国内私人消费，出口依存度较低，由此可见，印度尼西亚经济能够保持快速增长与强大的国内需求密切相关。

用支出法对 GDP 进行衡量，1995 年以来印度尼西亚 GDP 结构如表 7 -1 所示。私人消费支出占印度尼西亚 GDP 比重一直在 50% 以上，2005 年达到最高值 64.4%，2012 年为 54.6%，高于同一时期马来西亚、泰国等东盟国家水平。自 2010 年以来总固定资本形成比重均超过 30%，2012 年私人消费支出与总固定资本形成比重之和达到 90%。印度尼西亚 GDP 构成的另一个特点是净出口比重很低，2005 年印度尼西亚净出口比重为 4.2%，2012 年为 -1.5%。此外，印度尼西亚对外贸易依存度一直以来也处在低位水平，2012 年印度尼西亚整体贸易依存度为 50.1%（其中出口贸易依存度为 24.3%、进口贸易依存度为 25.8%），远低于同一时期马来西亚（163%）和泰国（140%）等其他东盟国家水平。①

表 7 -1　印度尼西亚 GDP 结构（1995 ~2012）　　单位:%

类别＼年份	1995	2000	2005	2010	2011	2012
私人消费支出	61.6	61.7	64.4	56.5	54.6	54.6
政府购买支出	7.8	6.5	8.1	9.1	9.0	8.9
总固定资本形成	31.9	22.2	25.1	32.3	32.9	35.3
净出口	-1.3	10.5	4.2	1.7	1.4	-1.5

资料来源：经亚洲开发银行数据库 2013 年亚太地区关键指标相关数据计算得到。

① 通过整理印度尼西亚、马来西亚、泰国相关数据得到，原始数据来源于 ADB，Key Indicators for Asia and the Pacific 2013，Aug，2013。

印度尼西亚巨大的国内需求潜力跟中产阶级群体迅速成长以及政府大力促进内需发展政策有关。近年来，印度尼西亚中产阶级队伍日益壮大，2006 年印度尼西亚国内年均可支配收入超过 1 万美元的家庭只有 660 万户，而 2011 年达到了 1370 万户，占全国家庭总数的 8.7%，5 年时间数量翻了一番。除了国民经济发展和居民可支配收入增加之外，印度尼西亚人口结构年轻化也是助推中产阶级快速成长的一个因素，目前印度尼西亚 35 岁以下的年轻人占总人口比重达 60.8%。[①] 中产阶级群体的急剧扩张正在改变印度尼西亚国内消费市场，旅游、医疗、教育以及娱乐业逐渐成为印度尼西亚国内新兴支柱产业。近年来，苏西洛政府制定了许多扩大内需和促进消费的政策措施，包括：实施扶贫计划，扩大政府转移性支付，提高低收入家庭收入；加强基础设施投入力度，扩大政府支出比重；控制通货膨胀，提升投资者和消费者信心；实施税收改革，增加居民和企业的可支配收入。[②] 在未来，随着就业改善、工资及居民收入增长，加上政府刺激消费的金融政策激励，印度尼西亚投资者和消费者信心有望维持在较高水平，国内需求将继续在印度尼西亚经济发展中起到关键作用，强劲的国内需求为印度尼西亚经济可持续增长提供了有力保障。

二、国内需求对印度尼西亚产业结构演变的影响

前面分析了国内需求对印度尼西亚经济增长整体水平的影响，下面具体分析其对产业结构演变的影响。根据宏观经济学理论，从支出角度衡量，一国经济增长包括私人消费、投资、政府购买支出和净出口四部分，前三者构成了国内需求，净出口是外国对本国产品的需求，即国外需求。这里主要分析私人消费、投资、政府购买对印度尼西亚产业结构演变的影响，通过总量变化和结构变化两个路径对产业结构演变产生的影响。

消费需求总量与结构变化都会引起相应产业部门扩张或缩小，也会引起新产业部门产生和旧产业部门衰落。根据恩格尔定律可知，随着人均可支配收入的提高，私人消费需求结构将发生变化，食品等基本食品需求比重下降，非食品需求

---

① 贝迪．中产阶级崛起，印尼威胁印度金砖资格［N］．星洲日报（印尼），2012－12－14.

② 吴崇伯．印尼内需主导型经济发展及其政策启示［J］．亚太经济，2012（6）．

上升。[①] 消费结构改变将会催生非食品行业出现和快速增长，例如，旅游、医疗、金融保险、教育、文化等行业。一国收入分配结构转变和人们可支配收入增加都将会改变某些行业的有效需求，从而诱发新行业出现，进一步改变产业结构。投资结构对产业结构演变有着直接影响，投资是企业扩大再生产和产业扩张的重要条件，能够创造新需求和形成新产业，从而改变原有的产业结构。企业对部分产业进行投资将推动这些产业以更快的速度扩张，进而影响产业结构；对全部产业进行不同比例投资，则会引起产业间发展程度差异，也同样会引起产业结构发生相应变化。

根据印度尼西亚中央统计局数据，印度尼西亚国内需求包括私人消费需求、政府购买支出需求、投资需求（总固定资本形成）。私人消费需求是满足以个人为主体的最终消费需求，包括商品和服务需求；政府购买支出是指政府作为非经济主体在履行政府职能时所进行的财政支出，包括科教文卫、法律、军事、国防支出等；投资需求是指以企业为主要主体的生产性消费或投资，包括私人企业投资和公共部门投资两部分。有效需求是商品由生产环节进入流通环节进而实现价值的根本保证，由于产业结构直接表现为生产不同产品产业之间的产值结构，因此需求变化及其结构分布就成为决定产业结构演变的根本因素。

以普通最小二乘法为原则，建立回归模型分析私人消费、政府购买支出、投资对三次产业部门发展产生的影响。把三次产业部门产值作为被解释变量，其中农业、工业、服务业产值分别用 Y_1、Y_2、Y_3 表示，把私人消费支出、政府购买支出、投资作为解释变量，分别用 X_1、X_2、X_3 表示。由于 X_1、X_2、X_3 只找到 1995 年以后的数据，出于数据可获得性和连续性考虑，以 1995 ~ 2012 年作为分析区间建立相关时间序列数据。根据计量经济学理论，经济领域时间序列数据一般为非平稳数据，直接对原始数据进行回归常会造成“伪回归”现象，从而降低模型对经济现实的解释力度，因此首先对原始数据进行取对数处理，以尽量消除数据非平稳现象。经过处理后的数据已基本平稳，可以进行回归，最后回归结果如表 7 - 2 所示。

---

① H. S. Houthakker, An International Comparison of Household Expenditure Patterns: Commenorating the Centenary of Engel's Law, Journal of the Econometric Society, 1957.

表 7-2　三次产业与私人消费、政府购买支出、总固定资本形成回归结果

类别	回归结果	
农业	$Y_1 = 0.155 \times X_1 + 0.188 \times X_3$ (10.34)　(6.54)	① $R^2 = 0.9943$
工业	$Y_2 = 0.468 \times X_1 + 0.421 \times X_2 + 0.536 \times X_3$ (9.43)　(7.65)　(4.31)	② $R^2 = 0.9989$
服务业	$Y_3 = 0.24 \times X_1 + 0.268 \times X_2 + 0.264 \times X_3$ (5.36)　(4.42)　(2.34)	③ $R^2 = 0.9967$

资料来源：根据 Eviews 6.0 计量得到。三次产业产值来源于世界银行世界发展指标相关年份（1995～2012）数据，其余数据来源于亚洲开发银行2013 年亚太地区关键指标相关数据。

由表 7-2 回归方程①可知，政府购买支出对农业影响不显著，印度尼西亚农业发展主要由私人消费和投资拉动，从自变量系数大小可以看出，投资拉动效果显著于私人消费拉动效果。一般而言，农业是政府政策扶持和公共投资最多的部门，以至于投资对农业影响比较显著。由回归方程②可知，私人消费、政府购买支出、投资三个变量对工业影响效果都比较显著，尤其是投资因素，其变量系数为 0.536。在印度尼西亚整个工业化进程中，工业是发展最快速的部门，其地位在整个国民经济体系中迅速提升，这与众多因素的共同推动密切相关，尤其是投资推动，包括公共部门和私人部门投资，私人消费支出和政府购买支出对工业发展的影响相当。由回归方程③可知，私人消费、政府购买支出、投资对服务业的影响也比较显著，并且各因素对服务业的拉动效果大致相同。对比回归方程①、②、③各自变量系数大小可知，私人消费、政府购买支出、投资对工业发展影响程度最大，其次是服务业，对农业发展影响程度相对较小。

第二节　国际贸易对印度尼西亚产业结构演变的影响

国际贸易是国际经济关系的重要组成部分，是全球生产分工深化发展的必然结果。国际贸易使得一国可以利用国际市场和国际资源发展本国经济，从而促进产业结构调整与升级，同样地，一国产业结构发展状况也在决定着该国在世界市场中的贸易结构。一国经济开放度越大，产业结构演变与国际贸易互动关系越紧密。本节将从出口贸易、进口贸易、货物贸易、服务贸易等视角对印度尼西亚国际贸易结构与产业结构演变的联动关系进行定性和实证定量分析。

一、印度尼西亚贸易额与贸易结构演变

国际分工是国际贸易的基础，国际贸易向前发展推动国际分工不断深化，从而促使各国更好地发挥本国比较优势，增加贸易双方福利，进一步带动产业结构调整与转型升级。国际比较利益机制是国际贸易对产业结构产生影响的主要机制。从世界范围来看，由于各国生产要素禀赋存在差异，导致各国之间的比较优势与竞争优势不同，进而各国获得的比较利益也不同。所以各国之间的比较利益格局会因为各种原因随着时间推移而变化，进而推动一国国际贸易规模和结构发生变化。

（一）印度尼西亚国际贸易额呈现阶段性变化趋势

按照贸易标的属性进行分类，国际贸易包括货物贸易和服务贸易。20 世纪 70 年代末以前，印度尼西亚国际贸易主要以货物贸易为主，规模不大，1970 年货物贸易出口额仅为 10.55 亿美元，进口额仅为 10 亿美元。[①] 进入 20 世纪 80 年代后，由于国内经济快速增长和外资大量涌入，印度尼西亚国际贸易规模扩张很快，尤其是货物贸易，如图 7－1 和表 7－3 所示。

由图 7－1 可以发现，1981～2012 年印度尼西亚货物贸易和服务贸易规模的变化方向几乎一致，可以划分为以下几个阶段，即 1986 年之前缓慢发展阶段、1987～1997 年快速发展阶段、1997～2003 年反复波动不稳定阶段、2004 年至今高速发展阶段。1981 年印度尼西亚贸易出口总额为 238 亿美元，其中货物出口额为 233.5 亿美元、服务出口额为 4.5 亿美元；印度尼西亚贸易进口总额为 215.4 亿美元，其中货物进口额为 165.4 亿美元、服务进口额为 50 亿美元。1997 年印度尼西亚贸易出口总额达到 632.4 亿美元，其中货物出口额为 563 亿美元、服务出口额为 69.4 亿美元；贸易进口总额 628.3 亿美元，其中货物进口额为 462.2

① 姜文辉．开放经济条件下东盟五国产业结构研究［M］．北京：中国经济出版社，2013：102.

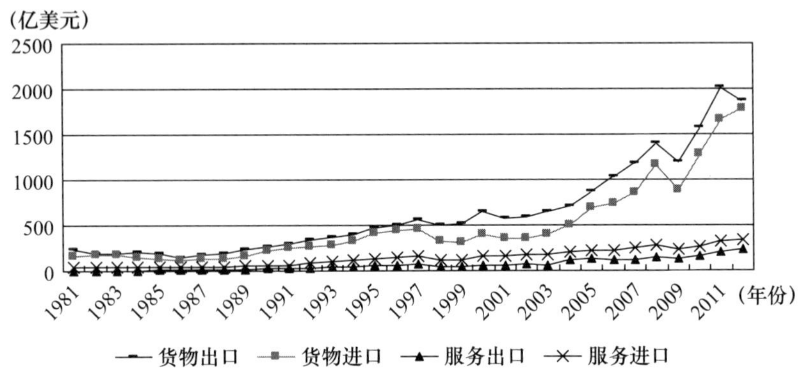

图 7-1 印度尼西亚国际贸易额变化趋势

资料来源：根据世界银行数据库世界发展指标相关年份（1981~2012）数据整理编制。

表 7-3 印度尼西亚国际贸易额变化趋势 单位：亿美元

类别 \ 年份		1981	1985	1990	1995	2000	2005	2010	2012
货物	出口	233.5	185.3	268.1	474.5	654.1	870.0	1580	1873.5
	进口	165.4	127.1	214.6	409.2	403.7	694.6	1274	1786.7
	净出口	68.1	58.2	53.5	65.3	250.4	175.3	306.3	2109.7
服务	出口	4.5	8.4	24.9	54.7	52.1	129.3	167.7	236.3
	进口	50.0	51.4	60.6	135.4	156.4	220.5	260.9	344.6
	净出口	-45.5	-42.9	-35.7	-80.7	-104.0	-91.2	-93.2	-108
总净出口		22.6	15.3	17.8	-15.4	146.2	84.1	213.0	-21.6

注：表中数据均以现价美元核算。

资料来源：根据世界银行数据库世界发展指标相关年份（1981~2012）数据整理编制。

亿美元、服务进口额为 166.1 亿美元。1997~2003 年期间，受东南亚金融危机影响，印度尼西亚国际贸易额变化呈下降趋势。2004 年后，随着经济逐步恢复，印度尼西亚国际贸易规模保持上升趋势，虽在 2008 年受国际金融危机影响出现短暂回落，但 2009 年以后迅速获得恢复，并以更快的速度增长，2012 年印度尼西亚贸易出口总额达到 2109.7 亿美元，其中货物出口额为 1873.5 亿美元、服务出口额为 236.3 亿美元；贸易进口总额达到 2109.7 亿美元，其中货物进口额为

1786.7 亿美元、服务进口额为 344.6 亿美元。

由表 7－3 可知，1981 年以来印度尼西亚服务贸易一直处于逆差状态，而恰恰相反，货物贸易一直处于顺差状态，两者共同作用使得印度尼西亚国际贸易几乎年年处于盈余状态（除 1995 年和 2012 年之外）。结合印度尼西亚经济增长历程可以发现，印度尼西亚国际贸易规模变化与经济增长变动方向存在一致性，即经济快速增长时期，国际贸易规模随即扩大；经济进入调整或衰退时期，国际贸易规模相应保持稳定或收缩。

（二）印度尼西亚货物贸易结构由低级阶段向高级阶段演变

印度尼西亚货物贸易进出口结构由低级阶段到高级阶段，经历多次转变，不同时期表现出不同特点。根据印度尼西亚工业化战略转型和国际贸易额变化特点，可将印度尼西亚货物贸易结构变化历程分为两个阶段：20 世纪 90 年代初以前和 20 世纪 90 年代初以后。

1. 20 世纪 90 年代初以前货物贸易结构变化

（1）货物贸易出口结构变化。20 世纪 70 年代初以前，印度尼西亚出口贸易以农产品为主。1970 年，在印度尼西亚货物出口结构中农产品出口占 50% 以上，矿物、石油与天然气将近 50%，制造业产品所占比重很小，为 1% 左右。20 世纪 70 年代初到 80 年代中期印度尼西亚货物出口结构发生了巨大变化，货物出口由农产品为主转向以矿产品为主。该时期是印度尼西亚推行进口替代工业化战略时期，印度尼西亚政府为了给国内经济建设寻找资金来源，利用本国资源禀赋优势，大量生产和出口石油、天然气初级产品。1973 年印度尼西亚油气产品出口额占总出口额比重的 47%，1974 年达到 72%，1981 年达到最高值 81.9%。这时期，随着油气产品大量出口，农产品出口比重迅速下降，工业制成品出口比重虽有所增加，但仍然不大。

20 世纪 80 年代中后期，印度尼西亚货物贸易出口结构再次发生转换。受国际原油价格下跌和西方发达国家经济衰退冲击，油气产品出口受阻，印度尼西亚政府主动调整经济发展战略和产业结构，推行面向出口工业化战略。随后印度尼西亚制造业获得了迅速发展，这使得印度尼西亚货物贸易出口结构再次发生转换：石油、天然气出口比重迅速下降，工业制成品比重逐渐上升。1986 年开始印度尼西亚货物出口结构从以油气初级产品为主转向以工业制成品为主，1987

年非油气部门出口额首次超过油气部门出口额，前者为95.02亿美元，后者为88.41亿美元。随着货物贸易出口结构再次转换，印度尼西亚制造业内部贸易结构亦发生了变化。1980~2000年印度尼西亚制造业产品出口结构变化如表7-4所示，1980~1993年，制造业中资源密集型产品出口比重迅速下降，低技术产品比重迅速上升，中高等技术产品比重虽上升较快，但幅度还相对较小。

表7-4　印度尼西亚制造业产品出口结构变化　　单位:%

类别＼年份	1980	1993	2002
资源密集型	91	25	30
低技术	4	50	32
中等技术	2	18	21
高技术	3	6	16
总计	100	100	100

资料来源：Haryo Aswicahyono，Tubagus Feridhanusetyawan，The Evolution and Upgrading of Indonesia's Industry，CSIS Working Paper Series，2004.

（2）货物贸易进口结构变化。20世纪90年代初以前，印度尼西亚从石油、天然气等初级产品出口中获得大量外汇收入，因为经济建设发展需要，印度尼西亚政府从日本、美国、德国等国家进口大量机械与交通设备、工业原料、化学制品及各种制造业产品。20世纪70年代初至90年代初，在印度尼西亚货物进口结构中，机械与交通设备占首位，1970年其占进口比重为35.2%，1990年达到43.4%；其次是制造业产品，1970年其占进口比重为30.4%，1990年为16%。1970年制造业产品、机械与交通设备、化学制品三者占进口比重达到78%，1990年仍高达75%左右。

2.20世纪90年代初以后货物贸易结构变化

以国际贸易标准分类为基础，20世纪90年代初以来印度尼西亚货物进出口结构变化如表7-5所示。从出口商品结构来看，印度尼西亚出口产品中工业制成品比重迅速上升，1990~2012年由37%上升到49%。在工业制成品中，机械及运输设备（SITC7）出口比重增加尤为明显，由1990年的1.4%上升到2012年

的12%。由此可知，印度尼西亚在20世纪80年代中期推行的面向出口工业化战略大大加速了本国工业化进程，工业特别是制造业发展较快，从而使得制成品出口比重迅速提升。与此同时，印度尼西亚初级产品出口比重大幅减少，由1990年的63%降至2012年的51%。从进口商品结构来看，印度尼西亚初级品进口比重上升幅度较大，与此同时制成品比重下降幅度较大，1990～2012年，前者由22%上升到35.6%，后者由78%降至64.4%。从具体产品分类来看，进口比重上升幅度最大的是SITC3（矿物燃料、润滑油及有关原料），下降幅度最大的是SITC7（机械及运输设备）。

表7-5　印度尼西亚货物进出口结构　　单位:%

类别　年份　出口/进口	出口			进口		
	1990	2000	2012	1990	2000	2012
SITC0	8.9	5.64	5.7	3.9	8.30	6.96
SITC1	0.5	0.38	0.5	0.2	0.54	0.44
SITC2	7.7	6.95	9.7	8.6	9.86	4.71
SITC3	43.8	25.24	33.3	9	18.12	22.29
SITC4	1.6	2.85	11.6	0.1	0.12	0.10
SITC5	2.4	5.10	5.6	15.4	17.59	12.33
SITC6	22.1	19.86	11.9	15.9	15.05	15.60
SITC7	1.4	17.33	12.0	43.4	27.49	33.13
SITC8	11.1	16.01	8.7	3.3	2.91	3.26
SITC9	0.5	0.63	1.1	0.1	0.02	1.17

注：①初级产品：SITC0—食品及主要供食用的活动物；SITC1—饮料及烟草类；SITC2—燃料以外的非食用粗原料；SITC3—矿物燃料、润滑油及有关原料；SITC4—动植物油、脂及蜡；SITC9—未列品。②制成品：SITC5—化学品及有关产品；SITC6—主要按原料分类的制成品；SITC7—机械及运输设备；SITC8—杂项制品。

资料来源：根据UN Comtrade数据库相关年份（1990～2012）数据编制得到。

下面从生产要素分类角度出发对印度尼西亚货物贸易进出口结构进行分析，这样可以进一步透视出贸易结构变化情况。一般地，根据1位数国际贸易标准分类，可以将0~4类初级产品定义为资源密集型产品，第6、8类制成品定义为劳动密集型产品，第5、7类制成品定义为资本和技术密集型产品，第9类为其他未分类产品，以此为依据，由表7-5进一步整理得到表7-6。从出口角度来看，目前印度尼西亚出口还是以资源密集型产品为主，1990~2012年资源密集型产品出口比重仅下降了1.7个百分点，由62.5%降至60.8%，仍超过50%。资本、技术密集型产品出口比重有了很大提升，呈现出明显上升态势，由1990年的3.8%上升至2012年的17.6%。从进口角度来看，目前印度尼西亚仍以资本、技术密集型产品为主，但该产品占进口比重已经有了较大幅度下降，由1990年的58.8%下降到2012年的45.5%。劳动密集型产品占进口比重虽有下降，但幅度不大，总体上没有实质性变化。综上所述，印度尼西亚货物进出口结构呈现出高级化趋势，但出口以资源密集型产品为主和进口以资本、技术密集型产品为主的格局短时期内还难以改变。

表7-6　印度尼西亚货物进出口结构变化　　单位:%

比重	资源密集型产品		劳动密集型产品		资本、技术密集型产品	
	1990	2012	1990	2012	1990	2012
占出口比重	62.5	60.8	33.2	20.6	3.8	17.6
占进口比重	21.8	34.5	19.2	18.8	58.8	45.5

资料来源：由表7-5整理得到。

（三）服务贸易结构以传统服务贸易为主

服务贸易结构与服务业发展水平密切相关，服务业发展水平决定了一国服务业在国际上的比较优势，从而决定该国服务贸易结构，同时服务贸易反映了该国服务业的发展方向和内部结构变化趋势。

印度尼西亚服务贸易发展比较缓慢，贸易规模相对较小。服务贸易总额到1996年才首次突破200亿美元，占总贸易额的18.7%，1997年受东南亚金融危机冲击一度下滑，后与印度尼西亚经济一同逐步恢复且2003年以后逐步扩大。2004~2012年印度尼西亚服务贸易结构变化如表7-7所示。

表7-7　印度尼西亚服务贸易进出口结构变化　　单位:%

类别　　年份　　比重	占服务出口比重		占服务进口比重	
	2004	2012	2004	2012
运输	18.9	16.5	26.2	38.1
旅游	39.8	36	16.8	20.0
通信	6.9	4.7	1.7	2.1
建筑	3.9	3.7	3.4	1.9
保险	0.07	0.1	1.7	3.2
金融	2.5	0.8	2.8	1.5
计算机与信息服务	1.1	0.9	2.2	2.1
版权与许可证费	1.8	0.3	4.8	5.3
个人、文化、娱乐	0.4	0.9	0.9	0.8
政府服务	2.4	2.6	1.1	1.7
其他商务服务	22.1	33.5	38.3	23.2

注：其他商务服务包括转口买卖、经营租赁、佣金、回扣等。

资料来源：根据 UNCTAD 数据库（http：//unctadstat. unctad. org）（2004～2012）有关服务贸易数据编制得到。

从出口角度来看，占服务贸易出口比重最大的是旅游业，其次是运输业。2004 年旅游业占服务出口比重达到 39.8%，2012 年为 36%。近年来，由于印度尼西亚政府大力支持旅游业发展，因此旅游业发展处于上升态势，在此背景下旅游业占服务出口比重反而略有下降，主要是其他商务服务发展较快造成的。2004 年运输业占服务贸易出口比重为 18.9%，2012 年为 16.5%。2004 年运输、旅游占服务贸易出口比重之和达到 58.7%，2012 年为 52.5%，仍然超过一半。通信、建筑、金融、计算机与信息服务、版权与许可证费等行业占服务贸易出口比重很低，且呈现下降趋势，2004 年这五项占服务出口比重之和为 16.3%，2012 年为 10.5%。

从进口角度来看，占服务贸易进口比重最大的是运输业，其次是旅游业。运输业发展在印度尼西亚服务业中相对滞后，尤其是国际航空业，2004 年运输业占服务进口比重为 26.2%，2012 年达到 38.1%，上升了 12 个百分点。2004 年旅游业占服务进口比重为 16.8%，2012 年为 20%。2004 年，旅游业和运输业占服务贸易进口比重之和为43%，2012 年达到58.1%。

根据 WTO 统计规则，一般地，在服务贸易内部结构中，运输、旅游属于传统服务贸易范畴，通信、建筑、金融、保险、计算机与信息服务、版权与许可证服务、个人文化与娱乐、其他商务服务等行业属于现代服务贸易范畴。由表7－7可以发现，印度尼西亚服务贸易进出口结构中均以传统服务贸易为主，2004 年传统服务贸易占服务出口比重为58%，2012 年为53.5%，相应地，占服务进口比重为43.5%，2012 年为58.1%。由服务贸易进出口结构变化情况可以推测，目前印度尼西亚服务业发展仍然以传统服务业为主，现代服务业发展相对落后，服务业面临着产业结构优化升级问题，传统服务贸易发达、现代服务贸易不足是印度尼西亚服务贸易一直处于逆差的主要原因。

二、印度尼西亚贸易结构与产业结构演变相关性分析

一国贸易结构反映了该国产品在国际市场上的比较优势，同时也是该国相关产业发展水平的外在体现。

（一）货物贸易结构与产业结构演变关系

印度尼西亚货物贸易出口结构大致经历了这样的转变过程：20 世纪 70 年代初以前以农产品为主，20 世纪 70 年代初到 80 年代中期以石油和天然气初级产品为主，20 世纪 80 年代中期以后以工业制成品为主。货物贸易进口结构演变过程大致为：20 世纪 90 年代初以前资本密集型产品占绝对主导地位，20 世纪 90 年代初以来仍以资本、技术密集型产品为主，但比重逐渐趋于下降。因此，印度尼西亚货物贸易进出口结构演变与产业结构演变存在一致性。首先，苏加诺执政时期，印度尼西亚处于进口替代工业化战略初期阶段，印度尼西亚是农业国，农业在国民经济中占主导地位，矿业和制造业等工业部门还没发展起来，此时期印度尼西亚货物贸易规模较小，结构单一。其次，1965 年至 20 世纪 80 年代中期，苏哈托执政时期，印度尼西亚继续推行进口替代工业化战略，通过大量出口石油和天然气获取国内工业发展资金，矿业获得迅速发展，在国民经济体系中所占比重迅速提高，并占据主导地位，此时矿业产品是货物贸易的主体。最后，20 世纪 80 年代中期以后，随着产业结构调整，制造业部门获得了快速发展，尤其是纺织服装、皮革、造纸、木材制造等劳动密集型产业，制造业取代油气产业成为国

民经济主导部门，货物贸易格局也由矿业产品主导转向工业制成品主导。从工业制成品贸易结构转变角度来看，自20世纪90年代初以来，印度尼西亚货物贸易出口以工业制成品为主，并且资源密集型和劳动密集型产品所占比重较大，资本、技术密集型产品所占比重较小。同样地，当前印度尼西亚制造业仍以传统制造业为主，食品与饮料制造、纺织服装、皮革、造纸等劳动密集型产业所占比重较大，新兴技术密集型产业所占比重较小，因此制造业出口贸易结构与制造业内部结构演变也存在一致性。

（二）服务贸易结构与产业结构演变关系

服务贸易能够体现一国服务业发展水平和内部结构。从印度尼西亚服务贸易进出口结构变化可以看出，印度尼西亚服务贸易对外开放程度较低，滞后于货物贸易，行业过于集中在旅游、运输、转口贸易、经营租赁等劳动密集型或资本密集型低附加值项目上，高附加值服务贸易相对落后。从服务贸易内部结构来看，运输、旅游等传统服务项目所占比重过大，金融、保险、计算机服务、版权与许可证等现代服务项目所占比重过小。目前印度尼西亚服务业发展仍以传统服务业为主，现代服务业发展相对落后。综合两方面可见，印度尼西亚服务贸易结构演变与服务业内部结构演变也存在一致性。

三、国际贸易与印度尼西亚产业结构演变实证分析

印度尼西亚国际贸易结构与产业结构演变关系非常密切，国际贸易结构变化体现了产业结构演变方向，产业结构发展水平决定了国际贸易结构。下面分别对印度尼西亚货物贸易和服务贸易与产业结构演变的联动关系进行实证分析。

（一）货物贸易结构与产业结构演变实证分析

1. 变量定义与数据来源

首先将货物贸易产品划分为初级产品（SITC 0－4、SITC9）和制成品（SITC 5－8）两大类，在此基础上用变量EXPRI和EXMAN分别代表初级产品和制成品出口占货物出口比重，用变量IMPRI和IMMAN分别代表初级产品和制成品进口占货物进口比重，此外用变量AGR、IND、SER分别代替农业、工业、服务业产值占GDP比重。为了保持数据连贯性和一致性，以1980～2012年作为分析区间，并建立相应时间序列数据。印度尼西亚货物贸易相关数据均来源于联合国贸

易数据库（UN Comtrade 数据库，http：//comtrade. un. org/db/）相关年份的数据，三次产业产值比重来源于世界银行数据库（http：//data. worldbank. org/）相关年份的数据。实证分析主要考察三次产业产值比重与初级品、制成品进出口比重之间是否存在协整关系（即长期稳定均衡关系）和格兰杰因果关系。

2. 时间序列数据平稳性检验

根据计量经济学理论，首先对各变量平稳性进行检验，为下一步协整检验和格兰杰因果关系检验做准备，从而避免“伪回归”现象。以 Eviews 6.0 为分析软件，各变量平稳性检验结果如表 7－8 所示。由表 7－8 可知，在 5% 显著性水平下，各变量原始数据都是非平稳的，经过一阶差分处理后都变得平稳，即各变量是一阶单整序列数据，即 I（1）序列。根据协整检验理论，同阶平稳序列数据可以进行协整检验，以进一步判断它们之间是否存在长期稳定均衡关系，从而更好地理解经济系统。

表 7－8 各变量平稳性检验结果

变量	（c，t，n）	ADF 检验值	5% 显著性水平	单位根	结论
AGR	（c，0，0）	－2.615646	－2.998046	存在	非平稳
ΔAGR	（0，0，0）	－4.718885	－1.958088	不存在	平稳
IND	（c，0，0）	－1.748967	－2.998064	存在	非平稳
ΔIND	（0，0，0）	－4.372366	－1.957204	不存在	平稳
SER	（c，0，0）	－1.716380	－2.998064	存在	非平稳
ΔSER	（0，0，0）	－3.476054	－1.957204	不存在	平稳
EXPRI	（c，0，0）	－1.765544	－2.998064	存在	非平稳
ΔEXPRI	（0，0，0）	－3.295717	－1.957204	不存在	平稳
EXMAN	（c，0，0）	－1.765544	－2.998064	存在	非平稳
ΔEXMAN	（0，0，0）	－3.295717	－1.957204	不存在	平稳
IMPRI	（c，0，0）	－1.257084	－2.998064	存在	非平稳
ΔIMPRI	（c，0，0）	－4.191806	－1.957204	不存在	平稳
IMMAN	（c，0，0）	－1.257084	－2.998064	存在	非平稳
ΔIMMAN	（0，0，0）	－4.191806	－1.957204	不存在	平稳

资料来源：根据 Eviews 6.0 计量得到。

3. Johansen 协整关系检验

在这里，本书采用 Johansen 协整检验法，经过比较各种检验结果后，确定变量之间协整检验类型为协整变量不具有线性趋势，并且截距项限制在协整方程内。在检验过程中，因为 EXPRI 与 EXMAN 以及 IMPRI 与 IMMAN 之间均存在完全负相关关系，把它们放在一起进行检验会出现“近奇异矩阵”现象，因此只需将 IMMAN、EXMAN 分别与三次产业产值比重作协整检验即可，由检验结果便可以得到 IMPRI、EXPRI 与三次产业产值比重的协整关系，具体检验结果如表 7－9 所示。

表 7－9　各变量之间协整检验结果

a. AGR 与 EXPRI、EXMAN				
原假设	特征值	最大特征值统计量	5% 显著性水平	P 值
r = 0	0. 387732	10. 79289	15. 49471	0. 1956
r≤1	0. 021295	0. 473540	3. 841466	0. 4914
b. AGR 与 IMPRI、IMMAN				
原假设	特征值	最大特征值统计量	5% 显著性水平	P 值
r = 0	0. 389840	10. 86875	15. 49471	0. 0836
r≤1	0. 131683	3. 106354	3. 841466	0. 0780
c. IND 与 EXPRI、EXMAN				
原假设	特征值	最大特征值统计量	5% 显著性水平	P 值
r = 0*	0. 113544	2. 785895	15. 49471	0. 0474
r≤1	0. 127548	3. 001844	3. 841466	0. 0832
d. IND 与 IMPRI、IMMAN				
原假设	特征值	最大特征值统计量	5% 显著性水平	P 值
r = 0*	0. 137134	0. 643314	15. 49471	0. 0497
r≤1	0. 151019	0. 793302	3. 841466	0. 0577
e. SER 与 EXPRI、EXMAN				
原假设	特征值	最大特征值统计量	5% 显著性水平	P 值
r = 0*	0. 195340	4. 781382	3. 841466	0. 0288
r≤1	0. 300400	7. 859418	15. 49471	0. 1287

续表

f. SER 与 IMPRI、IMMAN				
原假设	特征值	最大特征值统计量	5% 显著性水平	P 值
r=0	0. 213907	5. 294950	15. 49471	0. 4517
r≤1	0. 120880	2. 834353	3. 841466	0. 0923

注：* 表示在 5% 显著性水平下拒绝原假设。

资料来源：根据 Eviews 6. 0 计量得到。

原假设 r=0 表示不存在协整向量，即变量之间不存在协整关系；r≤1 则表示至多存在一个协整向量，即变量之间存在协整关系。表 7-9（a）显示，接受 r=0，因此 AGR 与 EXPRI、EXMAN 均不存在协整关系；表 7-9（b）显示，接受 r=0，因此 AGR 与 IMPRI、IMMAN 均不存在协整关系；表 7-9（c）显示，拒绝 r=0，因此 IND 与 EXPRI、EXMAN 均存在协整关系；表 7-9（d）显示，拒绝 r=0，因此 IND 与 IMPRI、IMMAN 均存在协整关系；表 7-9（e）显示，拒绝 r=0，因此 SER 与 EXPRI、EXMAN 均存在协整关系；表 7-9（f）显示，接受 r=0，因此 SER 与 IMPRI、IMMAN 均不存在协整关系。

综合以上分析可知：①农业产值比重与初级品、制成品进出口比重均不存在协整关系，即不存在长期稳定均衡关系；②工业产值比重与初级品、制成品进出口比重均存在协整关系，即存在长期稳定均衡关系；③服务业产值比重与初级品、制成品进口比重均不存在协整关系（长期稳定均衡关系），而与初级品、制成品出口比重均存在协整关系（长期稳定均衡关系）。因此，从统计意义上来看，货物贸易进出口结构与工业结构演变关系最为密切，其次是服务业，与农业关系不大。

4. 格兰杰因果关系检验

两个变量不存在协整关系，但有可能存在格兰杰因果关系。在时间序列情形下，两个经济变量 X、Y 之间的格兰杰因果关系定义为：若在包含了变量 X、Y 过去信息的条件下，对变量 Y 的预测效果要优于只单独由 Y 的过去信息对 Y 进行的预测效果，即变量 X 有助于解释变量 Y 将来变化，则认为变量 X 是变量 Y 的格兰杰原因。进行格兰杰因果关系检验的一个前提条件是时间序列必须具有平稳性，否则可能会出现“伪回归”问题。经前面变量平稳性检验结果可知各变量一阶差分是平稳序列，因而可以进行格兰杰因果关系检验，EXPRI 与 EXMAN、IMPRI 与 IMMAN 之间存在完全负相关关系，因此只需要用其中的一个变量与其他变量进行检验即可，各变量之间格兰杰因果关系检验结果如表 7－10 所示。

表 7－10　各变量之间格兰杰因果关系检验结果

a. DAGR 与 DEXPRI				
原假设	F 统计量	P 值	滞后阶数	结论
DEXPRI does not Granger Cause DAGR	3. 71765	0. 04578	3	拒绝原假设
DAGR does not Granger Cause DEXPRI	2. 30465	0. 13013		接受原假设
b. DAGR 与 DIMPRI				
原假设	F 统计量	P 值	滞后阶数	结论
DIMPRI does not Granger Cause DAGR	9. 04012	0. 00212	4	拒绝原假设
DAGR does not Granger Cause DIMPRI	0. 40434	0. 67367		接受原假设
c. DIND 与 EXPRI				
原假设	F 统计量	P 值	滞后阶数	结论
DEXPRI does not Granger Cause DIND	3. 29516	0. 04815	5	拒绝原假设
DIND does not Granger Cause DEXPRI	3. 60484	0. 03575		拒绝原假设
d. IND 与 IMPRI				
原假设	F 统计量	P 值	滞后阶数	结论
DIMPRI does not Granger Cause DIND	3. 52869	0. 03817	5	拒绝原假设
DIND does not Granger Cause DIMPRI	4. 40685	0. 02720		拒绝原假设
e. SER 与 EXPRI				
原假设	F 统计量	P 值	滞后阶数	结论
DEXPRI does not Granger Cause DSER	4. 64457	0. 02459	3	拒绝原假设
DSER does not Granger Cause DEXPRI	0. 32170	0. 72924		接受原假设
f. SER 与 IMPRI				
原假设	F 统计量	P 值	滞后阶数	结论
DIMPRI does not Granger Cause DSER	5. 26373	0. 01259	2	拒绝原假设
DSER does not Granger Cause DIMPRI	0. 77425	0. 52751		接受原假设

资料来源：根据 Eviews 6. 0 计量得到。

由表7－10（a）和（b）可知，货物贸易进出口结构是农业产值比重的格兰杰原因，而农业产值比重并不是货物贸易进出口的格兰杰原因。由表7－10（c）和（d）可知，货物贸易进出口和工业产值比重之间存在双向的格兰杰因果关系。由表7－10（e）和（f）可知，货物贸易进出口是服务业产值比重的格兰杰原因，而服务业产值比重不是货物贸易进出口的格兰杰原因。根据格兰杰因果关系的意义，货物贸易进出口对三次产业产值比重影响周期都比较长，存在时滞效应；而农业和服务业产值比重对货物贸易进出口影响周期较短，仅存在当期，不存在时滞效应；三次产业中只有工业产值比重对货物贸易进出口存在时滞效应。由此可以看出，货物贸易结构与工业发展关系较为密切，与农业和服务业的关系较次。

（二）服务贸易结构与产业结构演变实证分析

1. 变量定义与数据来源

根据UNCTAD数据库收集到的数据，将服务贸易出口划分为总出口、运输出口、旅游出口、其他服务出口[①]，用Gexs、Getran、Getrav、Geoth分别代表它们贸易额的增长率；同样地，服务贸易进口划分为总进口、运输进口、旅游进口、其他服务进口，用Gims、Gitran、Gitrav、Gioth分别代表它们贸易额的增长率。此外，用GRA、GRI、GRS分别代表农业、工业、服务业的产值增长率。以1982～2012年作为分析区间，建立对应时间序列变量，服务贸易相关数据来自UNCTAD数据库相关年份数据，三次产业产值相关数据来源于世界银行数据库相关年份数据。

2. 相关性检验

此处将在多重结构断点检验基础上分析印度尼西亚三次产业结构与服务贸易进出口结构相关性。多重结构断点检验可以避免对时间序列数据随意分段造成信息失真问题，Andrews（1996）[②]、Liu和Wu（1997）[③]、Bai和Perron

---

① 根据联合国贸发会议统计，“其他服务”包括通信、建筑、保险、金融、计算机与信息服务、版权与信息服务、个人、文化、娱乐、政府服务、其他商务服务等项目。

② Andrew，Donald W. K and Lee. Inpyo and Ploberger，Werner，Optimal Change Point Tests for Normal Linear Regression，Journal of Econometrics，Elsevier，Vol. 70，1996（1）：9－38.

③ Jian Liu，Shiying Wu and James V. Zidek. On Segmented Multivariate Regression，Statistica Sinica：497－525，1997.

(1998)①、Perron (2003)② 等人对多重结构性断点检验方法多有阐述，姜文辉 (2013) 在此研究基础上采用线性模型对印度尼西亚三次产业结构变化多重结构性断点情况进行了检验，检验结果表明：印度尼西亚在三次产业结构演变中，农业结构性断点出现在1988年和2001年，工业结构性断点出现在1984年和1992年，服务业结构性断点出现在1996年和2002年。③ 本书在此结构性断点分段基础上对印度尼西亚三次产业结构与服务贸易进出口结构的相关系数进行检验。相关系数指标可以衡量两个变量之间相互影响密切程度，取值范围为［-1，1］。一般地，相关系数绝对值越大，表明两个变量之间相关程度越大，绝对值越小，表明相关程度越小。相关系数取正值，则两个变量存在正相关关系，即变化方向一致；反之，两个变量存在负相关关系，变化方向相反。

根据前面三次产业结构多重断点检验结果，用计量经济学数据处理软件 Eviews 6.0 对1982～2012年期间印度尼西亚三次产业结构与服务贸易进出口结构相关性进行检验，结果如表7-11所示。

表7-11　印度尼西亚三次产业结构与服务贸易进出口结构相关性检验结果

年份 \ 类别		服务贸易出口				服务贸易进口			
		Gexs	Getran	Getrav	Geoth	Gims	Gitran	Gitrav	Gioth
GRA (a)	1982～1988	0.38	0.20	-0.22	0.25	0.47	-0.27	0.78	0.52
	1989～2001	0.66	—	0.55	0.72	0.55	0.55	0.37	0.44
	2002～2012	-0.33	-0.32	0.19	-0.34	-0.24	-0.15	0.02	-0.21
GRI (b)	1984～1992	-0.18	0.61	-0.15	0.05	0.34	0.54	0.43	0.00
	1993～2012	0.33	0.34	0.60	0.03	0.61	0.43	0.38	0.45
GRS (c)	1982～1996	-0.18	-0.43	-0.09	-0.25	0.00	0.10	0.26	-0.11
	1997～2002	0.95	—	0.95	0.35	0.88	0.79	0.52	0.85
	2003～2012	-0.01	-0.07	0.78	-0.27	0.77	0.83	0.53	-0.41

资料来源：根据 Eviews 6.0 计量得到。

① Bai, Jushan and Perron, Pierre. Computation and Analysis of Multiple Structural Change Models, Cahiers de Recherché 9807, Universite de Montreal, Departement de Sciences Economiques, 1998.

② Bai, Jushan and Perron, Pierre. Computation and Analysis of Multiple Structural Change Models, Journal of Applied Econometrics, John Wiley and Sons, Ltd, Vol. 18 (1): 1-22, 2003.

③ 姜文辉. 开放经济条件下东盟五国产业结构研究［M］. 北京：中国经济出版社，2013：167.

由表7－11可知，不同时期三次产业结构与服务贸易进出口结构相关系数波动程度很大，两者之间不存在稳定的关系，这种结果主要与两个因素有关：一方面印度尼西亚服务贸易规模相对较小；另一方面印度尼西亚经济主要靠内需拉动，贸易依存度并不大。从具体数值来看，农业、工业与服务贸易结构相关系数较小，几乎都在0.6以下。一般而言，服务贸易结构与服务业关系较为密切，然而印度尼西亚这种关系并不明显。由表7－11（c）可知，1982～2012年期间，服务贸易结构与服务业增长关系最为紧密的时间区间是1997～2002年，该区间内GRS与Gexs、Getrav、Gims、Gitran、Gioth相关系数分别为0.95、0.95、0.88、0.79、0.85，属高度相关，而1982～1996年和2003～2012年这两个时间段，服务业与服务贸易结构相关系数较小。对比表7－11的数值可以发现，所有服务贸易项目中运输业与三次产业相关系数的绝对值相对较大，这与印度尼西亚国内运输业发展相对落后密切相关，印度尼西亚运输贸易以进口为主，在服务贸易中占很大比重，自2005年以来印度尼西亚运输贸易进口占总服务贸易进口比重均超过30%。

第三节　FDI对印度尼西亚产业结构演变的影响

凭借优越的地理位置、丰富的自然资源、劳动力以及广阔的国内市场和较为开放的外资利用政策，印度尼西亚成为东南亚地区承接国际产业转移的最主要国家之一。外资在印度尼西亚经济发展和产业结构演变中扮演着重要角色，尤其是面向出口工业化阶段，外资更是起着绝对主导和牵引作用。在开放经济条件下，FDI与产业结构演变之间是一种动态的联动关系，FDI主要通过流入规模大小和产业分布格局对东道国产业结构演变产生影响，同样东道国产业结构发展状况也对FDI的流入规模和分布产生影响。

一、印度尼西亚FDI净流入变化趋势及产业分布

自苏哈托执政以来印度尼西亚历届政府非常重视外资利用，该政府认识到外

资在弥补国内资本缺口、提升技术水平、减少失业以及促进国民经济发展等方面的重要性。近年来，印度尼西亚国内市场发育不断成熟，外商可投资领域不断放宽，投资环境不断改善，包括基础设施、法律法规、政治环境稳定性等方面，这些条件为外资进一步流入印度尼西亚创造了良好条件。由于经济发展历程曲折，以至于印度尼西亚 FDI 净流入变化及产业分布也表现出许多特色。

（一）FDI 净流入变化趋势

外商直接投资（FDI）流入规模大小受到很多因素影响，包括东道国政治环境、外资利用政策、投资环境、世界经济周期调整、市场规模、劳动力成本、基础设施等。历年来，印度尼西亚 FDI 净流入变化状况如图 7－2 所示，可以将之划分为三个阶段。

1. FDI 净流入起飞阶段（1970～1996）

1970～1996 年是印度尼西亚 FDI 净流入第一次起飞阶段，由缓慢变化到快速上升，并于 1996 年达到高峰，这其中又包括了两个分阶段，即 20 世纪 80 年代中期以前初步发展期和 20 世纪 80 年代中期以后快速发展期。20 世纪 70 年代初至 80 年代中期是印度尼西亚实施进口替代工业化时期，外商投资政策限制程度较大，FDI 流入处于初步发展期，绝对数额不大，但相比 20 世纪 70 年代初前有了很大进步。根据联合国贸发会议统计数据，按现价美元核算，1970 年印度尼西亚 FDI 净流入为 1.45 亿美元，1975 年达到 12.9 亿美元（为 20 世纪 80 年代中期以前的高峰值），随后出现逆转。20 世纪 80 年代上半期，西方发达国家受两次石油危机影响经济普遍出现衰退，对外输出资本减少，这段时间印度尼西亚吸收的外商投资额基本处于停滞状态，从 1979 年持续到 1986 年，其中 1981 年仅为 1.33 亿美元，1986 年为 2.58 亿美元（如图 7－2 所示）。

20 世纪 80 年代中期至 1996 年是印度尼西亚吸收外资快速发展期，此时期印度尼西亚吸收 FDI 净流入一直保持上升趋势，1996 年达到最高值 61.94 亿美元。这段时间 FDI 大量流入印度尼西亚主要有两方面因素：一是印度尼西亚政府推行新工业化战略，由进口替代转为面向出口，对外商投资政策进行了大幅修改，进一步放宽外商可投资领域和增加外资税收优惠政策；二是日本签订“广场协议”后，日元相对美元和其他盯住美元的东南亚国家货币大幅升值，使得日本国内生产成本上升和产品出口竞争力下降，以至于日本国内大量劳动密集型和部分资本

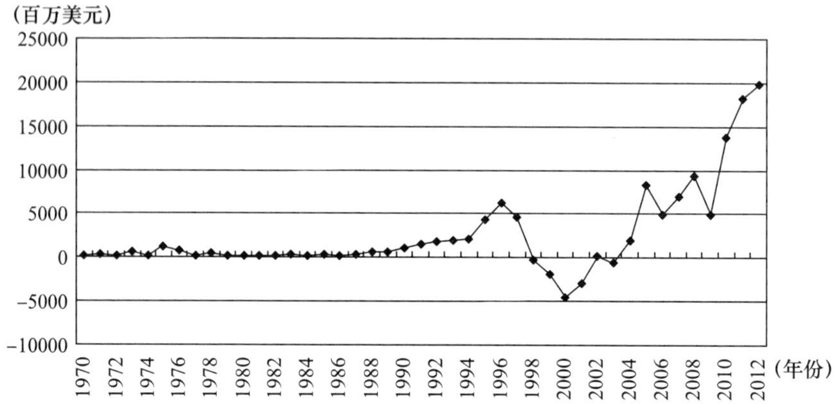

图 7-2 印度尼西亚 FDI 净流入变化趋势(1970~2012)

资料来源:根据联合国贸发会议数据库相关年份(1970~2012)数据整理编制。

密集型产业向印度尼西亚等东盟国家转移。

2. FDI 净流入逆向变化阶段(1997~2000)

1997 年东南亚金融危机爆发后,印度尼西亚经济受到严重冲击,投资环境不断恶化,连续几年出现外资大量撤出的现象,其中制造业、金融业、房地产业外资流出最为严重,1997 年和 2000 年制造业部门外商撤资额分别达到 16 亿美元和 32.7 亿美元,这种局面直到 2003 年才逐步扭转。外资大量流出使得印度尼西亚 FDI 净流入持续走低,1998 年印度尼西亚 FDI 净流入为 -2.4 亿美元,2000 年为 -45.5 亿美元(为历年最低水平)。

3. FDI 净流入快速发展阶段(2000 年至今)

2000 年以后印度尼西亚 FDI 净流入出现转折,从谷底回升,但仍然连续几年为负值,直到 2004 年以后,随着印度尼西亚经济逐步复苏和诸多吸引外商投资政策出台,FDI 净流入才逐步企稳并不断上升,印度尼西亚吸收 FDI 再次进入快速发展期。受全球金融危机影响,2009 年印度尼西亚 FDI 净流入虽出现短期回落,但 2010 年以后迅速恢复并继续创新高。自 2004 年以来,印度尼西亚 FDI 流入虽有波折,但保持整体向上趋势,尤其是最近两年,几乎呈直线上升,2012 年达到 198.5 亿美元,为历年最高水平,比 2011 年增长 9%。印度尼西亚 FDI 净流入快速增长与高速的经济增长和巨大的国内市场潜力有关。据东盟工商咨询理事会调查，目前印度尼西亚已成为东盟区域内最具吸引力的投资目的地。

（二）FDI 产业分布状况

印度尼西亚政府除了通过改善外商投资政策环境以扩大外资流入总额之外，也非常注重引导外资流向，以便有效发挥外资对不同产业的促进作用。印度尼西亚工业化进程经历过不同阶段，外资产业分布结构和偏重程度在不同阶段也有所不同。

20 世纪 70 年代中期以前，外资在印度尼西亚产业分布主要以农业部门和进口替代工业部门为主，属于“资源开发型”和“市场确保型”投资，服务业部门所占比重极小。[①] 20 世纪 70 年代中期至 90 年代初，随着经济结构逐步转型和面向出口工业化战略推行，印度尼西亚外资流向多集中在工业部门，尤其是制造业，包括纺织服装、钢铁制造、食品加工等行业，特别是 20 世纪 80 年代后半期所形成的亚太区域内投资高潮使得印度尼西亚制造业部门的外商投资比重急剧上升。据印度尼西亚投资协调局统计，1967 ~ 1989 年，印度尼西亚外资净流入总额为 284.43 亿美元，其中工业部门占 88.1%，农业部门占 4.1%，服务业部门（此处不包括金融业）占 7.8%。在工业部门中，流入制造业的外资比重最大，主要集中在化学、基础金属、金属制品、造纸、纺织五个部门，这五项吸收的外资净流入额占制造业外资流入总额比重达到 86%，如表 7 – 12 所示。[②] 在外商投资来源国当中，日本对东盟国家的直接投资一直以制造业为核心，20 世纪 60 年代至 70 年代上半期尤其以纤维纺织工业为主，主要集中在印度尼西亚、马来西亚和泰国等国家。在此影响下，东盟国家在工业化进程中纤维纺织产业发展迅速，到 20 世纪 70 年代末，印度尼西亚、马来西亚的化纤产品几乎全是日资企业生产的。[③] 由此可见，外资对印度尼西亚制造业发展起着重要的推动作用。进入 20 世纪 90 年代以后，随着印度尼西亚经济迅速发展和服务业部门开放，外资在服务业部门的投资比重不断加大。此外，外资在制造业内部的行业分布也出现了一些新变化，例如，投资领域技术含量层次明显提高、高附加值行业趋势突出、

① 汪慕恒．东盟国家外资投资的发展特点与趋势［J］．南洋问题研究，2003（1）．

② 赵文骝，吴崇伯．亚太地区产业结构变化与外资的作用［M］．厦门：厦门大学出版社，1992：277.

③ 王勤．东盟国家的外资投资热潮与产业结构调整［J］．科技导报，1992（4）．

金属工业和零部件制造等部门投资比重趋于增加等。1997 年东南亚金融危机爆发后，印度尼西亚经济受到严重冲击，外资连续几年大量撤出，这种现象在制造业部门最为严重，导致印度尼西亚制造业一度陷入严重衰退。

表 7－12　FDI 流入产业分布状况（1967～1989）

类别＼分布状况	件数	金额（千万美元）	金额（%）
农业	131	118	4
工业	1088	2439.1	87
制造业	847	2133.2	75
服务业	159	257.1	9
合计	1362	2844.4	100

注：投资件数与金额均不包括金融与石油、天然气产业部门。

资料来源：赵文骝，吴崇伯．亚太地区产业结构变化与外资的作用［M］．厦门：厦门大学出版社，1992：278.

自 2004 年以来，随着经济逐步恢复和外商可投资领域逐步增多，印度尼西亚 FDI 流入状况不断改善，规模不断扩大，同时产业分布格局出现新变化，包括制造业过度集中的现象逐渐消失、农业和服务业所占比重逐步提升、FDI 产业分布格局趋向平衡与多元。2004～2010 年，首先是印度尼西亚 FDI 流入服务业（包括交通通信、批发零售、金融房地产等）最多，约为 130 亿美元，占 FDI 流入总量的40%；其次是工业（主要是制造业），所占比重约为33%，对农业（包括农、林、渔业和采掘业）投资比重最小，约为 27%。① 据印度尼西亚投资协调局统计数据，2012 年前三个季度印度尼西亚已实现 FDI 流入的行业分布状况如下：化学与医药制造业占 17.6%，采矿业占 16.8%，交通运输与仓储、电信业占 12.8%，造纸、印刷业占 10.3%，汽车及其他交通运输制造业占 8.7%，其他

① 吴婷．苏西洛执政以来印尼外国直接投资流入结构变化及其原因分析［J］．东南亚纵横，2011（11）．

行业占 33.7%。[①] 综上所述，印度尼西亚 FDI 流入产业分布格局逐渐趋向多元化与平衡化，制造业一家独大的现象逐渐消失。

二、FDI 与印度尼西亚产业结构演变相关性分析

关于 FDI 对东道国产业结构演变的影响，诸多学者进行了研究。20 世纪 60 年代，钱纳里从结构主义视角出发提出“双缺口模型”，认为东道国经济发展受到国内资源不足的约束，外商投资有利于弥补东道国储蓄和外汇缺口，进而推动东道国经济增长和产业结构转换。[②] Cavs（1971）[③]、Findlay（1978）[④]、Das（1987）[⑤]、Wang（1992）[⑥]、Koko（1994）[⑦] 等人针对 FDI 对东道国技术扩散效应进行了研究，认为东道国企业能够通过模仿、学习、参与竞争、产业关联（包括前向关联和后向关联）、人员培训等路径提升自身技术水平，从而给东道国产业结构带来升级。FDI 能够通过资本引致效应、技术外溢与转移效应、产业关联效应、示范与竞争效应和先进的企业管理水平等途径对流入的产业产生直接影响和其他产业产生间接影响，从而带动产业结构向前演变。

结合 FDI 流入产业分布状况与产业结构演变历程和特征的相关分析可知，印度尼西亚 FDI 流入产业分布变化与产业结构演变之间有着非常密切的关系。20 世纪 80 年代中期以前，印度尼西亚外资流入以“资源开发型”为主，矿业和进口替代型制造业吸收的外资占了绝大部分，而这时期印度尼西亚产业结构演变非常显著，主要是因为矿业取得了快速发展，从而带动工业产值比重迅速上升，并使工业占主导地位，于是三次产业在国民经济中的地位发生了更替。印度尼西亚

---

① Indonesian Investment Coordinating Board. Domestic and Foreign Direct Investment Realization Quarter Ⅲ and January – September 2012.

② 钟良 . FDI 对东道国产业结构和产业组织的影响研究综述［J］. 经济经纬，2005（2）.

③ Caves. International Corporations：The Industrial Economics of Foreign Investment. Economic New Series，Vol. 38，No. 149，1971：1 – 27.

④ Findlay. Relative Backwardness，Direct Foreign Investment，and the Transfer of Technology：a Simple Dynamic Model，The Quarterly Journal of Economics Vol. 92，No. 1，1978：1 – 16.

⑤ Das. Externalities and Technology Transfer Through Multinational Corporations：A Theoretical Analysis，Journal of International Economics，123，1987：188 – 206.

⑥ Wang. Foreign Investment and Technology Transfer：a Simple Model，NBER Working Paper No. w2958.

⑦ Koko. Technology，Market Characteristics and Spillovers，Journal of Development Economics，43，1994：279 – 293.

工业增长率变化更好地说明 FDI 对工业部门的促进作用，1962 年印度尼西亚工业增长率仅为 2.35%，而 1972 年高达 21%，1970～1980 年工业年均增长率为 10.9%，远远高于农业和服务业，这与 FDI 推动作用是分不开的。20 世纪 80 年代中期至 90 年代末，印度尼西亚 FDI 流入量达到了一定规模，其中大部分流入工业部门，并且高度集中在面向出口制造业的工业部门，与此同时服务业部门吸收的外资数额也有所提高。与之相应，这段时间印度尼西亚产业结构演变速度相对放缓，但工业部门仍然是产业结构演变速度增长最快的部门（尤其是制造业），产值比重上升较快，与此同时服务业产值比重也有所上升。自 2004 年以来，印度尼西亚 FDI 流入在各产业之间分布比较均衡，工业部门所获得的 FDI 比重逐步下降，农业和服务业比重逐步提升，此时服务业已成为 FDI 流入比重最大的部门。同一时期，印度尼西亚在三次产业中服务业增长最快，工业部门增长相对缓慢，三次产业产值比重保持相对稳定格局，印度尼西亚经济进入了平衡增长态势。综上分析可知，FDI 流入越多的产业发展越快，其产值比重上升就越快，印度尼西亚 FDI 流入产业分布状况演变趋势与三次产业结构演变存在高度的一致性。

三、FDI 与印度尼西亚产业结构演变实证分析

在经济全球化背景下，FDI 作为国与国之间经济关系的重要形式，对东道国经济发展产生重大影响。印度尼西亚工业化是一个充分利用外资发展本国经济的历程。前面从 FDI 流入规模及产业分布状况角度定性分析了 FDI 对印度尼西亚产业结构演变的影响，但两者之间的联动关系仍需要用实证工具进一步深入分析，包括两者之间的协整关系和格兰杰因果关系检验。

（一）变量定义与数据来源

AGR、IND、SER 分别代表印度尼西亚三次产业产值，FDI 代表外商直接投资净流入，SFDI 代表外商直接投资存量。从生产函数角度来讲，外商直接投资是总投资一部分，投资往往具有时间滞后效应，当期投入效果可能滞后几期才显示出来，因此用 FDI 流量或存量作为变量进行实证分析都存在合理性。三次产业产值数据来源于世界银行数据库（http：//data.worldbank.org/），其他数据均来源于联合国贸发会议数据库（Unctad stat），数据均以现价美元为核算标准。另

外，由于 SFDI 最早只能找到 1980 年的数据，考虑到时间序列数据时间跨度一致性，因此选择 1980 ~ 2012 年作为分析区间。

（二）时间序列数据平稳性检验

1. 相关检验模型

时间序列数据平稳性检验是协整检验和格兰杰因果关系检验基础。如果时间序列数据的均值和方差与时间 t 无关，而协方差只与时期间隔有关，与时间 t 无关，那么时间序列数据是平稳的；否则，时间序列是非平稳的。对非平稳时间序列数据，可以通过差分处理从而得到平稳序列数据。本书采用 ADF 检验（Augment Dickey - Fuller Test）方法对时间序列平稳性进行检验，该检验是通过在回归模型右边加入因变量 X_t 的滞后差分项来控制高阶序列相关，该方法最优滞后期的选择按 Schwarz Info Criterion（SIC）最小原则来确定，具体的回归模型如下：

模型 1：$\Delta X_t = \delta X_{t-1} + \sum_{i=1}^{m} \beta_i \Delta X_{t-i} + \varepsilon_t$

模型 2：$\Delta X_t = \alpha + \delta X_{t-1} + \sum_{i=1}^{m} \beta_i \Delta X_{t-i} + \varepsilon_t$

模型 3：$\Delta X_t = \alpha + \beta t + \delta X_{t-1} + \sum_{i=1}^{m} \beta_i \Delta X_{t-i} + \varepsilon_t$

ADF 检验主要是对 δ 是否为 0 进行分析，即原假设为 H_0：$\delta = 0$，如果接受原假设，则存在单位根，该时间序列数据非平稳；如果拒绝原假设，则不存在单位根，时间序列数据平稳。

2. 相关变量检验结果

一般地，通常用取对数的方法对经济领域时间序列数据进行平稳性检验，然而 1997 年东南亚金融危机时期，印度尼西亚出现外资大量撤资现象，FDI 连续几年出现负值，导致无法对 FDI 取对数①，从而对数据平稳性进行检验，因此直接对原始数据进行检验，检验结果如表 7 - 13 所示。由表 7 - 13 可知，各变量原始数据在 5% 显著性水平下都接受原假设，即均存在单位根，时间序列数据为非平稳序列。对各变量进行一阶差分后，除 FDI 之外，其他变量都已变得平稳。最终结果显示 FDI 为二阶平稳序列数据，而其他变量都是一阶平稳数据，它们之间

① 根据基本初等函数理论，对数函数的定义域为（0，+∞）。

并不能进行协整检验，因此用 FDI 存量数据（SFDI）跟其他变量进行后面的协整关系和格兰杰因果关系检验。

表 7 - 13　各变量及一阶差分平稳性检验结果

变量	(c, t, n)	ADF 检验值	5% 显著性水平	单位根	结论
AGR	(c, 0, 0)	1.470814	-2.957110	存在	非平稳
ΔAGR	(0, 0, 0)	-3.484659	-1.952066	不存在	平稳
IND	(c, 0, 0)	2.644943	-2.957110	存在	非平稳
ΔIND	(0, 0, 0)	-3.252938	-1.952066	不存在	平稳
SER	(c, 0, 0)	5.380281	-2.957110	存在	非平稳
ΔSER	(c, t, 0)	-3.662054	-3.562882	不存在	平稳
FDI	(c, 0, 4)	2.005739	-2.971853	存在	非平稳
ΔFDI	(c, 0, 3)	-2.546393	-2.971853	存在	非平稳
Δ^2FDI	(0, 0, 3)	-3.81794	-1.953858	不存在	平稳
SFDI	(c, 0, 7)	3.223989	-2.991878	存在	非平稳
ΔSFDI	(c, t, 7)	-5.561174	-3.612199	不存在	平稳

资料来源：根据 Eviews 6.0 计量得到。

（三）Johansen 协整检验

协整检验是对不同变量之间是否存在长期稳定关系进行检验，如果两个不同时间序列是同阶单整，并且它们的线性组合是平稳的，则时间序列之间可能存在协整关系。协整检验有 EG 两步法和 JJ（Johansen - Juselius）协整检验法，本书采用 Johansen 协整检验法，该检验基于向量自回归模型（VAR）的基础上采用最大似然比法，使用迹统计量或最大特征值统计量做假设检验。本书对 AGR、IND、SER 与 SFDI 分别进行协整检验，结果如表 7 - 14 所示。

表 7 - 14　各变量之间协整检验结果

a. AGR 与 SFDI				
原假设	特征值	最大特征值统计量	5% 显著性水平	P 值
r = 0*	0.549081	24.69047	15.49471	0.0011
r≤1	0.025266	0.793302	3.841466	0.3731

续表

b. IND 与 SFDI				
原假设	特征值	最大特征值统计量	5%显著性水平	P值
r=0*	0.437749	17.85000	15.49471	0.0093
r≤1	0.071037	2.284283	3.841466	0.1307
c. SER 与 SFDI				
原假设	特征值	最大特征值统计量	5%显著性水平	P值
r=0*	0.394580	15.55682	15.49471	0.0126
r≤1	0.114271	3.761676	3.841466	0.0724

注：*表示在5%显著性水平下拒绝原假设。

资料来源：根据 Eviews 6.0 计量得到。

在表7-14（a）中，原假设 r=0 表示不存在协整向量，即变量之间不存在协整关系；r≤1 表示至多存在一个协整向量，即变量之间存在协整关系。表7-14（a）显示，拒绝 r=0，而接受 r≤1，因此 AGR 与 SFDI 之间存在协整关系，两者之间存在长期的稳定关系。

同理，表7-14（b）显示，拒绝 r=0，而接受 r≤1，因此 IND 与 SFDI 之间存在协整关系，两者之间存在长期的稳定关系。

同理，表7-14（c）显示，拒绝 r=0，而接受 r≤1，因此 SER 与 SFDI 之间存在协整关系，即两者之间存在长期的稳定关系。

综合以上分析结果可知，AGR、IND、SER 与 SFDI 之间都存在协整关系，即存在长期稳定关系，那么根据“存在协整关系的两个变量，某一变量如果因外部冲击短期内偏离均衡位置在长期内会自动恢复”，从统计意义上讲，印度尼西亚农业、工业、服务业的发展与 FDI 之间有着非常紧密的协同关系。

（四）格兰杰因果关系检验

格兰杰因果关系检验是从统计意义上检验变量之间的因果关系，基本原理是：假设两个变量 X 和 Y 相互影响，如果 X 的滞后项对 Y 有显著性影响，我们就说 X 是 Y 的格兰杰原因；同理，如果 Y 的滞后项对 X 有显著性影响，则 Y 是 X 的格兰杰原因。[①] 由前面协整分析结果可知，农业（AGR）、工业（IND）、服

① 张金艳，卢泽回．外商直接投资与环境污染的实证分析——基于广东省数据（1987~2008）［J］．国际经贸探索，2010（7）．

务业（SER）分别与外商直接投资存量（SFDI）存在协整关系，但这只是衡量了它们之间的长期关系，还需要进一步衡量变量之间是否存在互为因果关系，因而对它们分别进行格兰杰因果关系检验，检验结果如表 7－15 所示，滞后阶数由 AIC 和 SC 最小化原则确定。

表 7－15　各变量格兰杰因果关系检验结果

a. AGR 与 SFDI				
原假设	F 统计量	P 值	滞后阶数	结论
DSFDI does not Granger Cause DAGR	1. 29125	0. 28979	5	接受原假设
DAGR does not Granger Cause DSFDI	4. 78354	0. 00653		拒绝原假设
b. IND 与 SFDI				
原假设	F 统计量	P 值	滞后阶数	结论
DSFDI does not Granger Cause DIND	2. 50656	0. 02323	1	拒绝原假设
DIND does not Granger Cause DSFDI	9. 40151	0. 00466		拒绝原假设
c. SER 与 SFDI				
原假设	F 统计量	P 值	滞后阶数	结论
DSFDI does not Granger Cause DSER	1. 59888	0. 21375	5	接受原假设
DSER does not Granger Cause DSFDI	3. 71975	0. 01858		拒绝原假设

资料来源：根据 Eviews 6. 0 计量得到。

由表 7－15（a）可知，农业是外商直接投资的格兰杰原因，而外商直接投资却不是农业的格兰杰原因。由表 7－15（b）可知，工业和外商直接投资存在双向的格兰杰因果关系。由表 7－15（c）可知，服务业是外商直接投资的格兰杰原因，而外商直接投资不是服务业的格兰杰原因。由实证检验结果可知：第一，从统计学意义上来讲，农业、工业、服务业对外商直接投资影响周期较长，当期和过去的情况都对外商直接投资流入产生影响，存在着滞后效应。第二，外商直接投资对工业影响周期较长，即过去和当期的 FDI 对工业都产生影响，而对农业、服务业影响周期较短，即 FDI 对两者的影响仅存在于当期，没有滞后效应。由此可以得出结论：①印度尼西亚产业整体发展水平是外资选择印度尼西亚作为投资区位的影响因素；②外商直接投资在工业中的技术转移和技术外溢效应程度较大，使得 FDI 对工业影响时间周期较长；而在农业和服务业中较小，以至于 FDI 对这两者的影响时间周期较短。因此，进一步表明，印度尼西亚在外资利用方面还需进行结构性优化，以提升外资对农业和服务业的促进作用。

第四节　技术进步对印度尼西亚产业结构演变的影响

技术进步属于生产要素范畴，对产业结构演变有着全面的影响。首先，技术进步通过主导产业扩散效应推动相关产业同步走向高级化；其次，技术进步存在差异导致产业部门之间劳动生产率不同，从而引起劳动力、资本等生产要素在不同部门之间流动，进而引起产业结构发生变化。印度尼西亚政府非常重视科技进步，但由于投入相对不足以及各种不利因素影响，当前印度尼西亚技术进步处于相对落后状态，这给产业结构调整和升级带来了负面影响。

一、技术进步影响产业结构演变的作用路径

技术进步是一个内涵丰富的概念，有广义和狭义之分，其中，广义技术进步指影响经济增长的诸因素中剔除了资本和劳动力增长因素后剩余因素的综合，即索洛余量，它包括了科技、政治、社会、教育和自然条件等内容。根据西方经济学家丹尼森等人的研究，可以将广义技术进步划分为六个部分：①资源的优化配置；②规模经济性；③知识进展；④生产要素质量的提高；⑤政策影响；⑥不规则因素。狭义技术进步指具体生产方法和手段的改进与变革。[①]

技术进步是重要的供给因素，按照新古典经济增长理论和内生经济增长理论，技术进步是一国经济长期增长的源泉。对产业结构而言，技术进步是推动一国产业结构变化的最主要因素。一国产业结构表现为一定的生产技术结构，技术水平不同决定了部门之间劳动生产率和生产可能性边界的不同，进而对产业结构转换产生影响。技术进步对产业结构变化的影响具有层次性（如图 7 - 3 所示）：

---

① 许庆瑞．技术创新、劳动生产率与产业结构［J］．中国工业经济研究，1991（12）．

第一层次技术进步对产业结构的影响是间接的，但具有基础性意义，是第二层次技术进步的基础。第二层次技术进步对产业结构的影响是潜在的，是第三层次技术进步的基础和前提。当第三层次技术进步出现时，市场出现了新商品、新工艺，使原有的商品成本及要素构成发生变化，而规模经济使劳动生产率大幅提高，使已有的商品数量激增，这一层次的技术进步导致原有产业技术构成和要素构成发生变化，新产业生长点形成，进而直接导致产业结构变化。

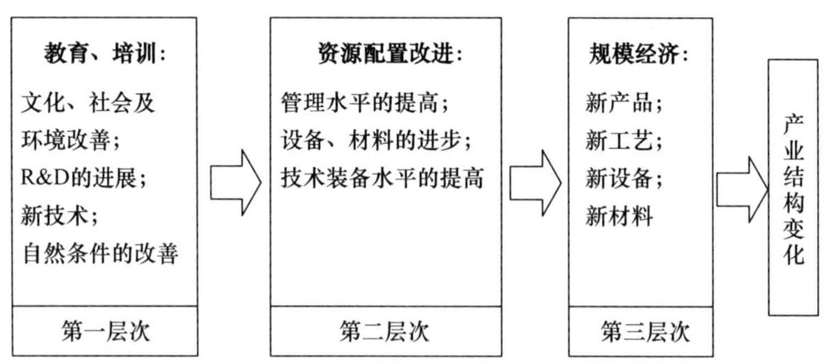

图 7－3　技术进步对产业结构的作用层次

资源来源：许庆瑞．技术创新、劳动生产率与产业结构［J］．中国工业经济研究，1991（12）．

一般地，不同产业之间由于研究与开发投入强度不同，各自技术创新和技术进步速度不同，从而导致产业体系形成不同层级的产业部门，产业结构得以不断获得优化升级。技术创新是产业结构升级的最关键因素，技术创新使得“不断破坏旧结构、创造新结构”，引起“产业突变”，从而推动产业升级。技术创新促进产业结构升级的作用路径大致如图 7－4 所示。

第一，技术创新导致需求结构发生变化。需求结构对产业结构演变有着最直接的作用，技术创新通过影响需求结构，进而促进产业结构发生变化。产品创新直接创造新需求，通过“前向关联”，令产业结构发生横向迁移和分离。新工艺创新可以提高产品质量，降低产品成本，提高生产率，进一步刺激需求，扩大产品市场，使原来的行业发生纵向扩张，并通过“后向关联”使后向产业的需求结构发生变化，从而导致产业结构发生变化。

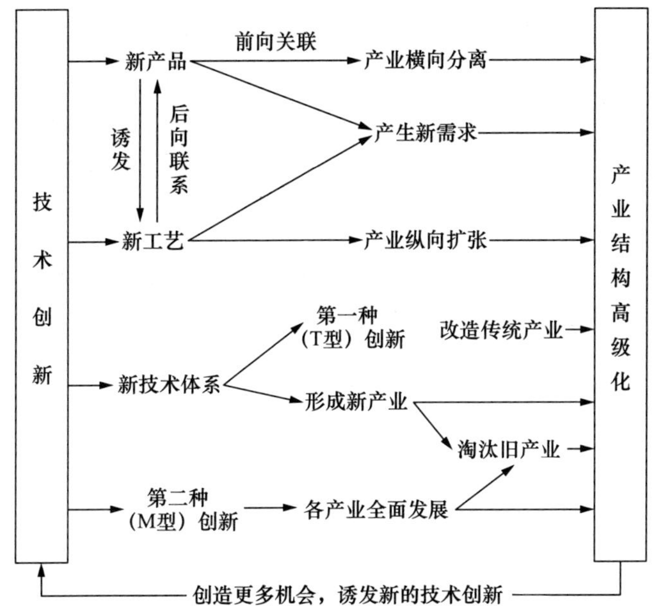

图 7－4 技术创新对产业结构高度化的影响路径

资料来源：许庆瑞. 技术创新、劳动生产率与产业结构［J］. 中国工业经济研究，1991（12）.

第二，新技术体系催生新产业。新技术体系以开辟全新的技术领域及应用为鲜明特征，技术创新导致在新技术基础上出现新产品，辅之以工艺创新，则会迅速形成新产业，如 20 世纪 60 年代后期全球电子信息制造业的出现与扩张。

第三，新技术体系带动其他产业发展。新技术体系促使新产业形成的同时，往往通过创新集群效应带动众多行业实现全面发展，包括同时出现的、在技术上相互关联的创新集群以及在技术上并无直接联系、仅由需求带动或其他有利条件刺激所引起的创新集群，新技术体系"集群"和"放大效应"将对产业结构高级化带来巨大影响。

第四，技术创新促进部分优势产业走向国际化。当技术创新成果达到国际先进水平或在国际上赢得比较优势时，优势产业便可加入国际竞争，从而使优势产业与国际产业格局发生有机联系，在更高层次上推动本国产业结构走向高级化。

二、印度尼西亚技术进步的形成与发展现状

在信息化时代，科学技术是第一生产力，任何国家都不能忽视技术进步对社

会经济带来的巨大变革作用。历年来，印度尼西亚政府非常重视推动科技进步，致力于构建本国的国家创新体系和区域创新体系，然而效果并不显著。同过去相比，印度尼西亚技术进步已取得一定程度的发展，在引进技术解决发展中所面临的技术瓶颈方面也有了突破，但其整体科技水平仍处于技术模仿或起步阶段，在研发投资和人力资本积累方面与发达国家相差甚远。

与东盟区域内国家相比，目前印度尼西亚科技发展整体水平仍不高，远落后于马来西亚、泰国、新加坡等国家。对各项能够反映科技进步水平的指标进行比较，印度尼西亚都处于弱势，如表7－16所示。从科研经费投入角度来看，2009年印度尼西亚 R&D 支出占 GDP 比例仅达到0.08%，与其他三个东盟国家水平差距巨大，其中新加坡 R&D 的支出比例是印度尼西亚30倍之多。印度尼西亚每百万人中科研人员仅为90人，分别为马来西亚的25%、泰国的28%、新加坡的1.5%。从科研成果产出角度来看，相比其他国家，印度尼西亚科研实力较弱，科研成果不多，2009年印度尼西亚发表的科技期刊文章仅有262篇，2011年印度尼西亚居民专利申请仅有541件。2011年印度尼西亚高科技产品出口占制成品出口的比例为8%，远低于马来西亚和新加坡的水平，这表明印度尼西亚在国际贸易结构中仍然以中低端产品为主，反映了印度尼西亚制造业整体水平还处于相对较低的发展阶段。

表7－16　印度尼西亚科学技术发展指标及国际比较

年份 \ 国家		印度尼西亚	马来西亚	泰国	新加坡
2009	R&D 支出占 GDP 比例（%）	0.08	0.63①	0.21②	2.43
	每百万人科研人员数（人）	90	365①	316②	6173
	科技期刊文章（篇）	262	1351	2033	4187
2011	高科技出口占制成品出口比例（%）	8	43	21	45
	高科技出口额（亿美元）	57.3	611.3	332.6	1264.3
	专利申请居民（件）	541	1076	927	1056

注：①为2006年数据；②为2007年数据。

资料来源：根据世界银行数据库世界发展指标相关年份（2009～2011）数据整理编制。

印度尼西亚科技进步整体水平不高，除了由于自身研发能力、国内研究开发费用投入和力度有限等自身因素之外，在开放经济背景下，还跟国际技术转移与跨国公司技术外溢程度高低有关。印度尼西亚在工业化进程中，技术进步在很大程度上由外商直接投资带动，然而在接受国际技术转移和外溢方面，相比马来西亚和泰国等国家，印度尼西亚处于相对劣势。20 世纪 80 年代中期，欧美国家、日本和亚洲“四小龙”的劳动密集型产业和部分资本、技术密集型产业纷纷向东盟国家转移，马来西亚和泰国在区位上获得了比较优势。例如，当时马来西亚吸收的以上类型外来投资有：德国西门子公司在马来西亚建立了世界上的第四家芯片生产厂；Nixdort 计算机有限公司在马来西亚建立软件生产中心；日本松下电器公司在马来西亚建立生产基地，大量生产空调，数量占世界市场供应量的 10% ~15%；[①] 美国在马来西亚建立 13 家半导体生产厂商，使得马来西亚成为当时世界上主要的半导体生产国之一。对泰国而言，拥有大批先进技术的日本松下电器公司、美国夏普公司等陆续到泰国投资。印度尼西亚吸收发达国家高新技术公司投资数量相对较少，主要原因是“在自由市场经济体制下，跨国公司倾向于集中在高科技和资金密集的工业或是大规模的生产上，然而在印度尼西亚这种类型的外来投资工业比例分量并不显著，并非外国资本忽视这个领域，而是外资不是被禁止就是受到打压，相对地，印度尼西亚倾向于建立国营企业”[②]。除了市场限制较多之外，印度尼西亚实行面向出口工业化战略相比马来西亚、泰国等其他东盟国家时间较晚，也是印度尼西亚获得高技术跨国公司投资相对较少的一个重要原因。

三、技术进步对印度尼西亚产业结构演变的影响

技术作为一种必不可少的生产要素，对各个行业都会产生影响，尤其是制造业，印度尼西亚技术进步发展落后直接阻碍制造业结构转型升级。20 世纪 60 年代中期以前，印度尼西亚制造业部门生产技术相当落后，当时印度尼西亚政府主要通过外商直接投资和工程援助项目等途径引进外国先进技术。20 世纪 70 年代

① Lim and Fong. Foreign Direct Investment and Industrialization in Malaysia, Singapore, Taiwan and Thailand, OECD, Paris, 1991.

② 宋镇照．东亚国家之政经发展［M］．台北：五南图书出版公司，1995：399.

进口替代工业化战略时期，印度尼西亚利用外资和国内资金建设了一批重化企业，包括钢铁厂、炼铝厂、液化天然气厂等，同时电子工业、造船、飞机制造等高技术制造业也有了缓慢发展，但其制造业整体仍然没有获得大突破。目前，印度尼西亚制造业发展还面临着以下两个方面技术制约瓶颈：

第一，传统制造业部门遇到技术落后、设备更新升级困难的问题。印度尼西亚是东南亚最大的纺织服装生产基地，纺织服装业在印度尼西亚制造业中占有重要地位，近年来，该行业面临着设备陈旧、技术落后的困扰，导致行业相关企业生产效率低下。根据印度尼西亚企业管理公司调查，截至2004年，印度尼西亚国内纺织成衣设备服务期超过15年的占57%，10~15年的占18%，5~10年的占18%，低于5年的只有7%。[①] 为了扭转这种不良局面，印度尼西亚政府及时采取措施，如为了促进发展纺织服装业，印度尼西亚政府计划拨付资金拟对部分企业设备进行改造更新，到2014年，有50%以上的纺织服装业企业设备老化问题得到解决。

第二，资本密集型和技术密集型产业技术含量不高。近年来印度尼西亚汽车制造业发展很快，其产值在制造业部门中占较大比重，然而印度尼西亚汽车产业既没有自主品牌，也没有研发投入和自有专利技术，印度尼西亚汽车工业主要集中在小轿车生产组装方面。[②] 在印度尼西亚制造业内部行业中，办公、会计及计算机机械制造和精密仪器、光学仪器、钟表制造等技术密集型产业产值占制造业产值比重微乎其微，这些产业之所以迟迟没有获得突破，主要原因是受科技水平落后制约。

科技进步与技术创新是产业结构升级的核心力量，如果不扭转科学技术发展相对落后的现状，印度尼西亚产业结构转型升级将会困难重重，这是因为科技落后既影响农业机械化、现代化的发展，同时也会制约劳动、资本密集型产业向技术密集型产业转型升级，甚至现代服务业发展也会受到极大牵连、制约。

---

① “Indonesia Needs US dollar 1.2 BLN to Upgrade Textile Machinery”. http://asia.news.yahoo.com.

② 吴崇伯．印度尼西亚汽车工业的发展、政策及前景［J］．东南亚南亚研究，2011（3）．

第八章　结论与建议

印度尼西亚独立后开始走上工业化道路，当前已从一个贫穷落后的农业国转变为新兴工业化经济体，这大大提升了印度尼西亚在东盟乃至世界的地位。印度尼西亚经济发展是产业结构演变的结果，其产业结构演变模式有着深远意义。本书以产业结构演变相关理论为依据，充分利用收集到的最新数据和文献，采用定性与定量、实证与规范相结合的研究方法对印度尼西亚三次产业整体及内部结构演变特征、存在的问题、影响因素等方面进行了系统研究，最后得出几点结论，并在此基础上结合我国当前产业结构现状提出几点建议。

第一节　主要结论

印度尼西亚产业结构演变有着丰富的内容，本书在继承前人研究成果的基础上，梳理了现有相关文献，运用相关方法和理论对之进行了研究，内容涉及印度尼西亚三次产业整体及内部结构演变趋势、农业现代化、工业化战略、产业结构演变动力机制等方面，最后加以总结，主要结论有以下几点：

一、印度尼西亚产业结构演变呈现出特殊性

配第、克拉克、库兹涅茨等学者早期对产业结构演变规律进行了研究，他们以大量的样本数据为基础，采用统计学相关方法对各国产业结构演变的客观事实进行了归纳总结，从而得出一国工业化过程中产业结构演变的基本规律，包括三次产业产值比重更迭顺序、劳动力在产业部门间梯度转移顺序等内容。毋庸置

疑，这些规律具有普遍性，基本适用于西方发达国家工业化进程所走过的轨迹，然而并不保证这些规律在任何国度都具有完全适用性。

印度尼西亚作为独立后推行工业化战略的发展中国家，其产业结构演变不完全同于西方发达国家工业化进程的演变路径，也不完全和我国的产业结构演变模式一致，而是有着诸多自身特色。首先，印度尼西亚农业产值比重迅速下降的同时就业比重仍然居高不下，农业劳动力向其他产业部门转移相对滞后。其次，印度尼西亚工业产值比重迅速上升的同时就业比重提升幅度并不大，工业部门吸收劳动力就业程度非常有限。最后，印度尼西亚服务业产值比重一直变化不大，但就业比重反而迅速上升。由此可见，印度尼西亚在产值结构和就业结构演变方面都呈现出特殊性。印度尼西亚劳动力由农业向服务业直接转移的例子并不鲜见，这种特殊性在很多发展中国家工业化进程中都曾出现过，如泰国、马来西亚。从整个世界范围来看，由于各国自身条件和面临的外部环境不同，发展中国家之间以及发展中国家与发达国家之间，各自的产业结构演变路径都存在差异性，这种客观存在的现象既验证了已有产业结构演变规律具有适用性，同时也表明了产业结构演变规律存在多样性，并非只是单一模式。

二、印度尼西亚产业结构演变呈现出合理化与升级趋势

印度尼西亚产业结构演变不断朝着合理方向发展，产业部门之间的协调程度正在逐步改善，此外印度尼西亚产业结构整体演变和三次产业内部结构演变均出现了升级现象。

1. 印度尼西亚产业结构整体升级体现在两个方面

（1）从产值比重演变来看，农业产值比重迅速下降，工业产值比重迅速上升，服务业产值比重也有所提高，当前印度尼西亚国民经济体系已由农业占主导转换为工业占主导；

（2）从霍夫曼法则和罗斯托经济发展阶段理论来看，印度尼西亚工业化进入了霍夫曼第三阶段后期以及经济发展正由“起飞阶段”向“成熟阶段”过渡，这表明印度尼西亚经济发展水平不断向更高级别阶段迈进。

2. 印度尼西亚三次产业内部结构演变升级现象体现在以下三个方面

（1）印度尼西亚农业由单一种植制走向多元化经营大农业体系，农业机械

化、产业化、现代化水平有了较大提升，兼顾发展粮食作物与经济作物的同时，种植业、林、牧、渔业各部门之间的结构正趋向合理与协调。

（2）对工业而言，其中矿业产值比重趋向合理，制造业成为主导部门且当前产值比重居于首位。制造业重心逐步从劳动密集型产业向资本、技术密集型产业转换。新兴制造业取得了一定程度的发展，其产值比重有不断提升的迹象，而传统制造业产值比重逐渐下降。

（3）服务业虽在印度尼西亚整个国民经济中增长缓慢，但当前正由传统服务业向现代服务业过渡，各部门之间差距逐步缩小，金融、运输、通信等现代服务业成分较大的部门产值比重不断提升，生产性服务业发展空间越来越大。

三、印度尼西亚产业结构演变仍存在许多不协调之处

以独特的产业结构演变模式获得经济快速增长，近几年经济增长速度均保持在世界前列，这是印度尼西亚产业结构演变模式的成功之处，同时不可否认印度尼西亚这样的演变模式仍存在不少亟待解决的问题。除了产业结构整体发展水平相对较低之外，印度尼西亚产业结构演变还面临着许多内部结构不协调之处，例如，劳动力在产业部门间转移不协调、制造业升级发展缓慢、现代服务业发展滞后等。

（1）随着经济向前发展和劳动力市场结构转变，劳动力通常会按照次序在产业部门之间发生转移，例如，工业化时期劳动力主要由农业部门向工业部门转移，后工业化时期劳动力主要由工业部门向服务业部门转移，劳动力有序进行梯度转移能够适应三次产业产值结构演变。对印度尼西亚而言，劳动力转移主要发生在农业和服务业之间，工业吸收劳动力就业有限，导致农业部门仍存在大量剩余劳动力，这是引起印度尼西亚产业结构不协调的关键因素。这种问题带来的直接后果是：农业部门劳动生产率低下，农业劳动力人均产值增长缓慢，农村贫困人口比重居高不下，进一步阻碍印度尼西亚二元经济结构转化和城市化进程向前推进。

（2）自 2005 年以来，印度尼西亚三次产业平衡增长使得产业整体结构由显著变化进入相对稳定态势，这个格局非常不利于产业结构高级化，并阻碍印度尼西亚向后工业化社会演进。

（3）当前印度尼西亚工业和制造业部门发展相对缓慢，两者的产值比重和就业比重趋于下降，印度尼西亚面临“去工业化”现象，这种“过早的去工业化”将会制约印度尼西亚经济进一步发展以及带来中等收入陷阱问题。

（4）印度尼西亚服务业产值比重一直停滞不前，与发达国家和同一发展水平的其他东盟国家相比，印度尼西亚服务业发展仍处于偏低水平，以至于经济服务化现象很不明显，总而言之，印度尼西亚服务业发展还相当落后，现代服务业还有待进一步提升。产业结构不协调对印度尼西亚国民经济而言，就像是一个“蹩脚的青年”：表面看起来健壮，但是走不远。虽然目前印度尼西亚国民经济增长率走在世界前列，但是如果不解决产业结构内部的不协调问题，可持续的经济增长就难以保证。

四、国内需求、国际贸易、FDI、技术进步共同影响印度尼西亚产业结构演变

国内需求、国际贸易、FDI、技术进步等因素从不同侧面共同推动印度尼西亚产业结构向前演变。

（1）国内需求是印度尼西亚经济增长的主要推动力，尤其是占主导地位的私人消费。实证分析结果表明：私人消费、政府购买支出、总固定资本形成对印度尼西亚工业和服务业影响相对比较显著，尤其是对工业的影响，对农业影响相对不明显。

（2）在开放经济条件下，国际贸易使一国利用国际市场出口本国具有比较优势的产品和进口不具有比较优势的产品，与其他国家发生产业互动，加强本国产业参与国际分工和合作，利用全球价值链优化本国产业结构。印度尼西亚国际贸易结构演变与产业结构演变存在一致性，实证分析结果表明：货物贸易进出口对印度尼西亚工业影响程度较大，而对农业和服务业影响较小；服务贸易与服务业关系较为密切，与农业和工业关系较次。

（3）印度尼西亚整个工业化进程受外资影响极深。外资通过技术转移和技术外溢等路径促进印度尼西亚产业结构升级，尤其是制造业内部结构调整与升级。实证分析结果表明：印度尼西亚三次产业整体发展水平是外资选择投资印度尼西亚的影响因素；FDI 对印度尼西亚工业演变的影响周期较长，对农业和服务

业影响周期较短。

（4）技术进步是产业结构升级的核心力量。受技术进步发展相对落后制约，当前印度尼西亚产业结构整体升级程度有限，新兴制造业等技术密集型产业发展相对缓慢，现代服务业发展相对滞后。

第二节　对我国产业结构调整和升级的几点建议

我国已成为仅次于美国的世界第二大经济体。随着经济向前发展，我国三次产业结构发生了巨大变化，农业产值比重不断下降，工业和服务业产值比重不断上升，同时劳动力在产业部门间发生了转移。产业结构偏离度指标表明我国产业结构演变整体方向不断趋向合理化与高级化。然而，我国仍是发展中国家，工业化进程还远没有完成。在经济全球化不断深化和世界经济结构转型调整背景下，我国仍面临着经济增长方式粗放、投入产出效益低等困境。我国产业结构在全球价值链体系中仍处于相对不利的地位，因此我国亟须转变经济增长方式和促进产业结构调整与优化升级。

我国和印度尼西亚在经济发展方面具有很多相似的初始条件，在工业化战略推行过程中有着共同的目标取向，同时也面临着类似的发展难题，并且自 2005 年双方建立战略合作伙伴关系以来，两国经济关系不断深化，双边贸易、对外投资、区域经济一体化合作等领域都进入了新阶段。如果能够借鉴印度尼西亚产业结构演变过程中的经验与教训，对促进我国产业结构调整和升级是有积极意义的，因此提出以下几点建议：

一、产业政策制定要顺应普遍规律，同时不能忽略本国特殊性

西方发达国家产业结构调整与升级过程与经济发展阶段有着对应关系，它们的产业结构演变轨迹在很大程度上具有相似性，这种共性特征决定了一国产业结构调整与升级必须顺应一般性规律。因此，必须根据本国经济发展所处的不同阶段制定相应的产业政策，正确引导各种生产要素有序进出及优化配置。另外，各

个经济体之间的发展要素存在差异，因此在遵循一般性规律的前提下也应该考虑经济发展的特殊性。一国应当根据自身的国家战略、经济体制、资源禀赋、比较优势等情况恰当地选择与本国相适应的产业结构调整升级政策和工业化模式。在工业化进程中，印度尼西亚一方面像西方发达国家一样倡导自由宽松的市场环境，让“无形的手”在资源配置中发挥关键性作用；另一方面积极采取各种产业政策，对产业结构调整进行直接和间接的干预。在这两种力量的共同作用下，印度尼西亚产业结构演变模式与发达国家存在着共性特征，同时也有着自身特色。不可否认，印度尼西亚经济在这种印度尼西亚式的产业结构演变模式下取得了快速增长，因此在国民经济建设中考虑产业结构调整与升级的特殊性是合理的，具有现实意义。由于我国经济发展还处于转轨阶段，正朝着市场经济体制升级版方向发展，因此在产业结构调整与升级过程中，一方面要借鉴发达国家成功经验，注重发挥市场机制作用，减少过多的无效行政干预，为产业发展营造良好的自由市场环境；另一方面也要借鉴印度尼西亚的经验，通过制定相关产业政策对产业发展进行有效引导和重点突破，补足薄弱环节，适当通过政策倾斜加快发展核心产业群，实现产业结构跨越式发展。

二、产业结构调整要顺应世界经济发展趋势，加强国际间产业联动

当前，世界经济走向一体化，以跨国公司为主体的全球生产网络正在改变着传统的国际分工与合作格局，全球产业分工不断深化，世界各国产业之间共同形成错综复杂的全球价值链体系，每个国家成为国际产业大循环中的一个环节并占据相应的价值分配地位，这些对一国产业结构调整带来了前所未有的机遇与挑战。在工业化进程中，印度尼西亚非常积极参与经济全球化，充分利用世界经济结构调整机遇，主动承接发达国家和地区的产业转移，从而达到促进本国产业结构调整和优化的目标。印度尼西亚在产业结构调整过程中始终保持着较好的开放性，与发达国家和地区之间保持着较为紧密的产业联动关系。我国应具备全球化视野，应在借鉴印度尼西亚经验的基础上，大力推动产业结构调整与升级，尽可能充分地利用国际市场和国际资源。一方面，要顺应世界经济发展趋势，抓住国际产业结构转型大潮流，因势利导，主动将本国产业发展与结构调整纳入国际分工体系中，创造条件主动承接发达国家先进产业转移；另一方面，也要利用好自

身的比较优势，大力发展劳动密集型产业的同时逐步提升资本密集型、技术密集型产业的国际竞争力，从而在国际分工中获得更多的经济利益。

三、产业结构优化要处理好产业内部结构的协调关系

产业结构调整与升级既要重视产业整体发展水平，同时也必须更加关注产业内部结构的协调发展，两者不可偏废，因为产业内部结构协调是产业可持续发展的必要保证。印度尼西亚农业产值比重不断下降，而工业和服务业产值比重不断上升，产业结构整体格局由农业占主导转变为工业占主导，产值结构演变趋势反映了印度尼西亚三次产业结构不断趋向合理化，这些正是印度尼西亚工业化战略取得显著成效的体现，然而印度尼西亚三次产业内部结构都存在不协调之处，尤其在工业和服务业内部。对印度尼西亚工业而言，制造业和矿业占绝对主导地位，电力、气、水供应业远远供给不足。对印度尼西亚服务业而言，贸易、商业占主导地位，而作为国民经济基础部门的交通运输业和经济新引擎的现代服务业发展相对滞后。产业内部结构不协调令印度尼西亚经济发展产生明显的短板效应，不仅给劳动力在产业间转移带来巨大困难，更是阻碍了印度尼西亚产业结构整体进一步优化升级。当前我国产业结构内部也存在许多不协调问题，技术密集型制造业和现代服务业占比仍然偏低，这种现象应当引起我国政府高度重视。在产业结构调整和升级的未来方向，我国应该加快发展这两个部门，从而改善产业之间和某一产业内部各行业之间的协调关系，尽可能规避类似印度尼西亚产业结构不协调问题的出现。

四、优化国际贸易结构，促进产业结构升级

国际贸易是一国经济活动的重要组成部分，国际贸易结构演变反映了该国产业结构发展状况及演变趋势。当前国际贸易形式不断发展，从产业间贸易走向产业内、产品内贸易，国际贸易自由化使得每个国家可以依据本国比较优势参与国际分工，与他国进行贸易往来，从而决定各自的贸易条件和贸易福利。目前印度尼西亚国际贸易结构演变呈现出高级化趋势：一方面贸易结构由农产品主导转换为工业制成品主导；另一方面工业制成品贸易中劳动密集型产品比重逐步下降，资本、技术密集型产品比重和贸易竞争力不断提升。印度尼西亚国际贸易结构高

级化在很大程度上反映了产业结构演变高级化。印度尼西亚政府十分重视国际贸易结构的调整与升级，适时根据国内外经济形势变化制定相应的贸易策略，从而带动产业结构调整与升级。我国应借鉴印度尼西亚在国际贸易方面的成功经验：首先，在劳动密集型产品出口领域应逐步提高产品的技术含量和国际竞争力，大力促进技术含量高的零部件生产和出口。其次，在加工贸易领域我国可以充分利用外资的技术和销售渠道，深化产品加工环节，融入跨国公司国际产业生产链条，逐步由劳动密集型加工环节转向资本密集型以及技术密集型加工环节，提高加工贸易的技术含量和市场价值，带动相应产业结构升级。

五、优化外资产业分布格局，推动产业结构升级

印度尼西亚政府自苏哈托执政以来一贯主张积极利用外资，不断出台优惠政策扩大外资流入规模。外资在印度尼西亚整个工业化进程中发挥了积极作用，但大部分时期外资主要流向印度尼西亚制造业，农业和服务业获得的外资数额相对较少，导致制造业快速发展的同时农业和服务业并没有取得同步发展，最终外资没能带动印度尼西亚整个产业体系实现全面发展，尤其技术密集型新兴产业和现代服务业发展更是滞后。我国应吸取印度尼西亚的经验与教训，根据自身产业发展状况制定合理利用外资总体战略的同时，在高新技术和先进制造业项目上加大引资力度，鼓励跨国公司在我国建立总部，如经济和研发中心，提升产业技术含量，逐步形成关联作用强、附加值高、创新能力足的产业体系。此外，由于设备更新相对滞后等不利因素，我国纺织服装、普通机械、冶金、建材等传统制造业部门逐步陷入衰退，因此也应该大力吸引外资参与这些部门技术改造，从而提升工艺技术与装备水平，达到传统制造业部门转型升级目标。

六、推动技术进步，以科技发展为核心促进产业结构升级

技术进步对技术密集型产业发展至关重要，是产业结构升级的核心力量。一国获得技术进步主要有两个来源：一是通过外商直接投资、国际贸易、国际技术转移等方式外源式地获取技术；二是通过加大自主研发投入力度内源式地获取技术。印度尼西亚技术进步相对落后的原因：一是科研经费支出和研发人员相对不足；二是承接国际先进产业转移方面不具有区位优势。技术进步相对落后阻碍了

印度尼西亚技术密集型产业发展，进一步制约产业结构整体升级。对我国而言，一方面要注重从国外大力引进先进技术，增强同发达国家的技术交流与项目合作，鼓励跨国公司在国内设立研发中心，进一步扩大跨国公司技术转移和外溢效应，从而带动相关产业的技术进步。另一方面要重视本国研发队伍建设，加大研发经费投入，形成产、研、学一体化的科研体系。再者，因为企业是技术进步的主要供给者和使用者，所以要增强市场主体研发和吸收运用技术的能力，争取在重点领域加快发展具有自主知识产权的关键技术。

参考文献

一、中文文献（按拼音升序排列）

[1] [印尼] 阿里·沃德哈纳. 印尼的结构调整：出口和"高成本"经济 [J]. 印尼季刊，1989（3）.

[2] [美] 保罗·萨缪尔森、威廉·诺德豪斯. 宏观经济学 [M]. 北京：华夏出版社，1998.

[3] 曹景行. 80代中期印尼的经济调整 [J]. 世界经济研究，1988（1）.

[4] 陈文慧. 中国与东盟国家产业结构现状分析 [J]. 东南亚纵横，2009（11）.

[5] [美] 丹尼尔·贝尔. 后工业化社会的来临——对社会预测的探索 [M]. 北京：商务印书馆，1984.

[6] 邓根伟. 产业经济学研究 [M]. 北京：经济管理出版社，2001.

[7] 范家骧. 罗斯托经济成长理论（上）[J]. 经济纵横，1988（10）.

[8] 冯晓玲. 美国生产性服务业影响因素的技术层面分析——基于VAR模型的实证检验 [J]. 国际经贸探索，2013（10）.

[9] 高鸿业. 西方经济学（宏观部分） [M]. 北京：中国人民大学出版社，2007.

[10] 干春晖，郑若谷，余典范. 中国产业结构变迁对经济增长和波动的影响 [J]. 经济研究，2011（5）.

[11] 高传胜. 经济服务化的世界趋势与中国悖论——基于WDI数据的现代实证研究 [J]. 财贸经济，2008（3）.

[12] 高传胜. 经济服务化的中国悖论与中国推进经济服务化的战略选择

[J]. 经济经纬，2007（4）.

[13]［美］格鲁伯・沃克. 服务业的增长：原因和影响［M］. 上海：上海三联书店，1993.

[14] 龚仰军、应勤俭. 产业结构与产业政策［M］. 上海：立信会计出版社，1999.

[15]［日］龟山卓二. 印尼银行部门的现状与展望［J］. 南洋资料译丛，2010（4）.

[16] 郭万达. 现代产业经济辞典［M］. 北京：中信出版社，1991.

[17] 郭晓琼. 俄罗斯产业结构研究［M］. 北京：知识产权出版社，2011.

[18] 侯献瑞. 印度尼西亚发展旅游业的策略和措施［J］. 当代亚太，1998（4）.

[19] 黄少军. 服务业与经济增长［M］. 北京：经济科学出版社，2000.

[20] 黄艳. 2013 印尼橡胶产量可能增加［J］. 世界热带农业信息，2013（2）.

[21] 姜建清. 印度尼西亚投资指南［M］. 北京：中国金融出版社，2008.

[22] 姜文辉. 开放经济条件下东盟五国产业结构研究［M］. 北京：中国经济出版社，2013.

[23] 姜文辉. 浅析东盟五国的对外贸易与产业结构演进［J］. 东南亚纵横，2011（2）.

[24] 金泓汎. 应用发展经济学通论［M］. 北京：中国经济出版社，2005.

[25]［美］西蒙・库兹涅茨. 各国经济的增长［M］. 北京：经济管理出版社，2001.

[26] 李国章. 印尼公布 15 年中期建设规划［N］. 经济日报，2011－06－13.

[27] 李国章. 印尼银行业期待迈新步［N］. 经济日报，2013－06－05.

[28] 李鸿阶. 印尼经济转型及其与中国经贸合作前景［J］. 亚太经济，2011（5）.

[29] 李慧中. 印尼调整经济结构的原因与措施［J］. 世界经济文汇，1989（4）.

[30] 李皖南. 印尼2011年政治、经济、外交形势回顾与展望 [J]. 东南亚研究，2012 (2).

[31] 林梅. 印度尼西亚工业化进程及其政策演变 [J]. 东南亚纵横，2011 (6).

[32] 刘保珺. 产业结构演变成因分析模型及其应用 [M]. 北京：中国统计出版社，2010.

[33] 刘冲. 美国工业结构发展动态研究 [J]. 工业技术经济，1987 (6).

[34] 刘崇仪. 经济周期论 [M]. 北京：人民出版社，2006.

[35] 刘慧. 印度尼西亚竞争力排名提升12位 [N]. 人民日报，2013-09-11.

[36] 刘均胜. 后危机时代印度尼西亚的发展战略及其影响 [J]. 亚太经济，2012 (5).

[37] 卢泽回. 印尼服务业发展现状、结构演变及问题分析 [J]. 生产力研究，2014 (2).

[38] 卢泽回. 经济转型背景下印尼农业结构演变研究 [J]. 生产力研究，2014 (4).

[39] [美] 戴维·罗默. 高级宏观经济学 [M]. 上海：上海财经大学出版社，2009.

[40] 农业部农业机械试验鉴定总站外事处. 赴印度尼西亚、马来西亚农业机械化考察报告 [R]. 中国农业机械化信息网，2000-01-01.

[41] 裴长洪. 国际贸易学 [M]. 北京：中国社会科学出版社，2007.

[42] 彭华. 战后日本制造业的结构演进分析及启示 [J]. 广西财经学院学报，2013 (1).

[43] 乔均、施建军. 生产性服务业与制造业互动发展研究述评 [J]. 经济学动态，2009 (11).

[44] 任佳. 印度工业化进程中产业结构的演变——印度发展模式初探 [M]. 北京：商务印书馆，2007.

[45] [日] 三平则夫，佐藤百合. 印度尼西亚的工业化——集全主义工业化去向 [M]. 日本亚洲经济研究所，1992.

［46］厦门大学南洋研究院．东南亚三国经济［M］．北京：人民出版社，1981.

［47］厦门大学南洋研究院．东南亚五国经济概况［M］．北京：人民出版社，1976.

［48］沈红芳．东盟三国的工业化发展进程与政策比较［J］．南洋问题研究，2002（3）．

［49］沈红芳．东亚经济发展模式比较研究［M］．厦门：厦门大学出版社，2002.

［50］沈红芳．论东亚经济发展多样性［J］．东南学术，2000（6）．

［51］世界银行．东亚奇迹：经济增长与公共政策［M］．北京：中国财政经济出版社，1995.

［52］世界经济年鉴（2008～2009）［M］．北京：经济科学出版社，2009.

［53］［美］斯蒂格利茨，沙希德．东亚奇迹的反思［M］．北京：中国人民大学出版社，2003.

［54］［新加坡］斯亚里尔．1990 东南亚事务［M］．新加坡东南亚研究所，1990.

［55］宋泓明．中国产业结构高级化分析［M］．北京：中国社会科学出版社，2004.

［56］宋镇照．东亚国家之政经发展［M］．台北：五南图书出版公司，1995.

［57］苏东水．产业经济学［M］．北京：高等教育出版社，2000.

［58］苏颖宏．东盟产业结构变动的微观机制［J］．东南亚纵横，2008（6）．

［59］［美］兰斯·泰勒．结构主义宏观经济学［M］．北京：经济科学出版社，1990.

［60］谭崇台．发展经济学导论［M］．武汉：武汉大学出版社，2001.

［61］汤平山．发展中的印度尼西亚经济［M］．厦门：鹭江出版社，1995.

［62］汪斌．东亚工业化浪潮中的产业结构研究［M］．杭州：杭州大学出版社，1997.

[63] 王佶．经济起飞的政治条件——罗斯托经济起飞理论的唯物史观研究［D］．中央民族大学硕士学位论文，2010.

[64] 汪慕恒．东盟国家外资投资的发展特点与趋势［J］．南洋问题研究，2003（1）．

[65] 王勤．东盟国际竞争力研究［M］．北京：中国经济出版社，2007.

[66] 王勤．东盟国家的外资投资热潮与产业结构调整［J］．科技导报，1992（4）．

[67] 王勤．东盟五国产业结构的演变及其国际比较［J］．东南亚研究，2006（6）．

[68] 王秋石．去工业化的内涵、影响与测度指标的构建［J］．当代财经，2010（12）．

[69] 王悦．东亚新兴经济体经济周期特征分析［J］．亚太经济，2012（5）．

[70]［英］威廉·配第．政治算术［M］．上海：商务出版社，1928.

[71] 魏作磊．美国第三产业内部结构的演变规律［J］．改革，2003（4）．

[72] 温北炎．印度尼西亚经济与社会［M］．广州：暨南大学出版社，1997.

[73] 吴崇伯．20 世纪 80 代以来印度尼西亚金融自由化研究［D］．厦门大学博士学位论文，2005.

[74] 吴崇伯．当代印度尼西亚经济研究［M］．厦门：厦门大学出版社，2011.

[75] 吴崇伯．印尼经济的崛起与面临的挑战分析［J］．东南亚纵横，2013（2）．

[76] 吴崇伯．印尼内需主导型经济发展及其政策启示［J］．亚太经济，2012（6）．

[77] 吴崇伯．印尼新政府振兴经济的政策举措与前景透视［J］．南洋问题研究，2005（1）．

[78] 吴崇伯．正在崛起的印尼经济分析与前景透视［J］．南洋问题研究，2012（3）．

［79］吴敬琏．中国增长模式抉择［M］．上海：上海远东出版社，2008.

［80］吴婷．苏西洛执政以来印尼 FDI 流入结构变化及其原因分析［J］．东南亚纵横，2011（11）．

［81］［澳大利亚］哈尔·希尔．石油繁荣期以后的印尼经济结构调整［J］．新加坡东南亚事务，1988.

［82］现代汉语词典［M］．北京：商务印书馆，2002 年增补版．

［83］项俊波．结构经济学［M］．北京：中国人民大学出版社，2009.

［84］［日］小滨裕久．印尼的经济结构调整［J］．东南亚研究，1988（4）．

［85］许庆瑞．技术创新、劳动生产率与产业结构［J］．中国工业经济研究，1991（12）．

［86］［日］盐野谷祐一．美国和瑞典的工业增长模式［J］．东京：一桥大学经济研究，1964.

［87］杨公朴、夏大慰．产业经济教程［M］．上海：上海财经大学出版社，2002.

［88］杨治．产业经济学导论［M］．北京：中国人民大学出版社，1985.

［89］叶树生．论第三产业内部结构的调整与优化［J］．当代财经，1990（2）．

［90］尹翔硕．印尼调整贸易结构促进经济发展［J］．东南亚研究，1990（3）．

［91］袁志丽．印尼高速公路“跑步”发展［N］．经济日报，2013-04-03.

［92］张爱玲．FDI 在中国的技术外溢机制与发展趋势［M］．北京：首都经济贸易大学出版社，2012.

［93］张继军．海南与印尼主要热带经济作物产业对比［J］．海南金融，2009（11）．

［94］张金艳，卢泽回．外商直接投资与环境污染实证分析——基于广东省数据（1987～2008）［J］．国际经贸探索，2010（7）．

［95］张平，王树华．产业结构理论与政策［M］．武汉：武汉大学出版

社，2009.

［96］赵文骝，吴崇伯．亚太地区产业结构变化与外资的作用［M］．厦门：厦门大学出版社，1992.

［97］郑凯捷．分工与产业结构发展——从制造经济到服务经济［D］．复旦大学博士学位论文，2006.

［98］钟良．FDI 对东道国产业结构和产业组织的影响研究综述［J］．经济经纬，2005（2）．

［99］朱晓青，林萍．北京现代服务业的界定与发展研究［J］．北京行政学院学报，2004（4）．

二、英文文献（按字母升序排列）

［1］Abdul Khaliq. Foreign Direct Investment and Economic Growth：Empirical Evidence from Sectoral Data in Indonesia，http：//www. Economics. Hawaii，2007.

［2］ADB. Key Indicators for Asia and the Pacific 2013，Aug，2013.

［3］Agus Gunawan. Increasing the Managerial Capabilities in Indonesian Garment Manufacturing，Int. J，Economic Policy in Emerging Economies，Vol. 3，No. 4，2010.

［4］Andrew，Donald W. K and Lee. Inpyo and Ploberger，Werner，Optimal Change Point Tests for Normal Linear Regression，Journal of Econometrics，Elsevier，Vol. 70，1996（1）：9－38.

［5］Anne Booth. The Indonesian Economy in the Nineteenth and Twentieth Centuries：a History of Missed Opportunities，Hampshire：Macmillan，1998.

［6］Asicahyono，Kelly Bird. What Happens to Industrial Structure When Countries Liberalise? Indonesia Since the Mid 1980s，the Journal of Development Studies Volume 32，Issue 3，1996.

［7］Bai，Jushan and Perron，Pierre. Computation and Analysis of Multiple Structural Change Models，Journal of Applied Econometrics，John Wiley and Sons，Ltd.，Vol. 18（1）：1－22，2003.

［8］Bai，Jushan and Perron，Pierre. Computation and Analysis of Multiple Structural Change Models, Cahiers de Recherché 9807, Universite de Montreal, Departement de Sciences Economiques, 1998.

[9] Bell Daniel. The Coming of Post – industrial Society, Heinemann Educational Books Lt. , 1974.

[10] Benget Besalicto Tnb: RI moves to Raise Coffee Output, The Jakarta Post, July 6, 2009.

[11] Beyers. Producer Services, Progressing Human Geography, 1993 (2) .

[12] Browning, Single. The Emergence of a Service Society: Demographic and Sociological Aspect of the Sector Transformation of the Labor Force in the USA, Springfield, 1975: 9.

[13] Bruce Glassburner. Economic Policy Making in Indonesia, in Bruce Glassburner (ed.), The Economy of Indonesia: Selected Readings, Cornell University Press, 1971: 427.

[14] Caves. International Corporations: The Industrial Economics of Foreign Investment, Economic New Series, Vol. 38, No. 149, 1971: 1 –27.

[15] Caves, R. E, Multinational Firms. Competition and Productivity in Host Country Markets, Economic, 41, 1974.

[16] Chenery, H. B. M. Syrquin. Pattern of Development 1950 – 1970, London: Oxford University Press, 1975.

[17] Chenery. Pattern of Industrial Growth, American Economic Review, 1960 (9) .

[18] Chris Manning, Peter Van Diermen. Indonesia in Transition: Social Aspects of Reformasi and Crisis, Institute of Southeast Asian Studies Singapore, 2000.

[19] Clark. the Conditions of Economic Progress, London: MacMillan, 1940.

[20] Cohen. Manufacturing Matters: The Myth of the Post – industrial Economy, New York: Basic Books, 1987.

[21] Coppel. Indonesia Chinese in Crisis, ASAA Southeast Asia Publication Series, No. 8, Oxford University Press, 1983.

[22] Das. Externalities and Technology Transfer Through Multinational Corpora-

tions: A Theoretical Analysis, Journal of International Economics, 123, 1987: 188 - 206.

[23] Enrique Blanco Armas. Camilo Gomez Osorio, Agriculture Public Spending and Growth in Indonesia, the World Bank Policy Research Working Paper, NO. 5977, February 2012.

[24] Fajar Bambang. The Pattern of Growth in Indonesia After the Economic Crisis 1997/1998: Does the Primary Sector Still Need to Support Economic Growth? CSIS Working Papers, NO. 104.

[25] Findlay. Relative Backwardness, Direct Foreign Investment, and the Transfer of Technology: a Simple Dynamic Model, The Quarterly Journal of Economics Vol. 92, No. 1, 1978: 1 - 16.

[26] Fisher. The Clash of Progress and Security, London: Macmillan, 1935.

[27] Fredirk Sjoholm. Technology Gap, Competition and Spillovers form Foreign Direct Investment: Evidence from Establishment Data, Journal of Development Studies, 1999 (36).

[28] Garrick, Blalock, Paul Gertler. Technology Diffusiion, Competition, and Welfare Gains from Foreign Direct Investment. Working paper, Cornell University and University of California, Berkeley, 2003.

[29] Guerrieri. International Competitiveness in Producer Services, Paper Presented at the SETI Meeting, Rome, 2003.

[30] H. S. Houthakker. An International Comparison of Household Expenditure Patterns: Commenorating the Centenary of Engel's Law, Journal of the Econometric Society, 1957.

[31] H. W. Arndt. The Indonesian Economy: Collected papers, Singapore: Chopmen, 1984.

[32] Hal Hill. Indonesia's Textile and Garment Industries: Developments in an Asian perspective, Singapore: ASEAN Economic Research Unit, Institute of Southeast Asian Studies, 1992.

[33] Hal Hill. The Indonesian Economy Since 1966: Southeast Asia's Emerging

Giant, Cambrige, UK; New York: Cambridge University Press, 1996.

[34] Hal Hill. Indonesia's Industrial Transformation, Institute of Southeast Asian Studies, 1997.

[35] Hal Hill. The Indonesian Economy (second edition), Cambridge University Press, 2000.

[36] Hal Hill. Indonesia's Industrial Policy and Performance: "Orthodoxy" Vindicated. Economic Division WPS95. Research School of Pacific and Asian Studies, Australian National University, Canberra, 1995.

[37] Haryo Aswicahyono, Titik Anas. Towards a Liberalized Trade Regime: Indonesia Trade Policies Review, CSIS WPS Series, NO. 60, 2001.

[38] Hoffmann. The Growth of Industrial Economies, Jena: Verlag von Gustar Fischer, 1931.

[39] Jian Liu. Shiying Wu and James V. Zidek, On Segmented Multivariate Regression, Statistica Sinica: 497 -525, 1997.

[40] Jomo K. S. Southeast Asia's Misunderstood Miracle - Industrial Policy and Economic Development in Thailand, Malaysia and Indonesia, Westview Press, 1997.

[41] Jojo Jacob. International Technology Spillovers and Manufacturing Performance in Indonesia, Working Paper, Technische University Eindhover, 2006.

[42] KLEPPER S. Industry Shakeouts and Technological Change, International Journal of Industrial Organization, 2005, 23 (1 -2): 23 -43.

[43] Koko. Technology, Market Characteristics and Spillovers, Journal of Development Economics, 43, 1994: 279 -293.

[44] Lim and Fong. Foreign Direct Investment and Industrialization in Malaysia, Singapore, Taiwan and Thailand, OECD, Paris, 1991.

[45] Miki HAMADA. Impact of Foreign Capital Entering the Indonesian Banking Sector, IDE Discussion Paper, No. 406.

[46] Ministry Allocates Huge Investment for Forest Restoration, The Jakarta Post, December 26, 2006.

[47] OECD. Agricultural Policies in Non - OECD Countries: Monitoring and

Evaluation, 2007.

[48] Perroux. Economics Space: Theory and Applications, the Quarterly Journal of Economics, Vol. 64, No. 1 (Feb, 1950): 89 - 104, Oxford University Press.

[49] Relative Backwardness. Direct Foreign Investment, and the Transfer of Technology: a Simple Dynamic Model, The Quarterly Journal of Economics Vol. 92, No. 1, 1978: 1 - 16.

[50] Resosudarmo, Ari Kuncoro. The Political Economy of Indonesian Economic Reforms: 1983 - 2000, Oxford Development Studies, Vol. 34, No. 3, September 2006.

[51] RI. Targets Higher Rice and Sugar Production, The Jakarta Post, Dec 30, 2010.

[52] Roehlano Briones, Jesus Felipe. Agriculture and Structural Transformation in Developing Asia: Review and Outlook, ADB Economics Working Paper Series, NO. 363, March 2013.

[53] Rostow. The Stages of Economic Growth: a Non - Communist Manifesto, Cambridge: Cambridge University Press, 1960.

[54] Rowthorn, Ramaswamy. Deindustrialization: Causes and Implications, Washington, IMF Research, Sept, 1997.

[55] Se Hark Park. Industrial Development and Environmental Degradation, Elgar: Edward Publishing, Inc, 1998.

[56] Susila. Contribution of Oil Palm Industry to Economic Growth and Poverty Alleviation in Indonesia, Jurnal Litbang Pertanian, 23 (3), 2004.

[57] Tri Widodo. The Structure of Protection in Indonesian Manufacturing Sector, ASEAN Economic Bulletin, 2008, Vol. 25, No. 2.

[58] Victor Duggan. Service Sector Reform and Manufacturing Productivity Evidence from Indonesia, the World Bank Policy Research Working Paper, NO. 6349, January, 2013.

[59] Wang. Foreign Investment and Technology Transfer: a Simple Model, NBER Working Paper No. w2958.

[60] World Bank. The East Asian Miracle – Economic Growth and Public Policy, Oxford University Press, 1993.

[61] World Bank. World Development Report, Washington DC: The World Bank, 2012.

[62] W. M. Corden. Booming Sector and Dutch Disease Economics: Survey and Consolidation, Oxford Economic Papers 36 (1984): 359 – 380, Oxford University Press.

[63] Yulisman L. Toyota Plans Rp 13t Investment in RI, The Jakarta Post, 2012 – 11 – 12.